# Mes amours éponymes T.1

TIPHAINE BLEUVENN

Eden
*New romance*

Retrouvez tous les titres Eden :

www.city-editions.com/EDEN/


Publié pour la première fois sous le titre *Les Amours éponymes*,
sous le pseudonyme DuBleuDansSesVeines,
sur la plateforme Wattpad WEBTOON Studios Inc.
Cet auteur est représenté par Wattpad WEBTOON Studios.
Couverture : Shutterstock / Studio City

ISBN : 978-2-8246-3867-6
Code Hachette : 59 4096 8
Collection dirigée par Christian English et Frédéric Thibaud
Catalogues et manuscrits : city-editions.com



Dépôt légal : Août 2024

*« C'était* ***elle****.*
*Du plus profond de mon cœur*
*jusqu'aux ténèbres de mon âme,*
*je le jure, c'était elle.*
*Elle était mes espoirs,*
*mes rêves, mes illusions.*
*Elle était mon tout. »*

— Eliott Scott

# 1

# Emy au pays des merveilles

*Mardi 9 avril 2024, à l'Espace Culturel Leclerc de Crozon…*

Aujourd'hui, j'ai été témoin du pire crime qu'on puisse commettre.

Corner la page d'un livre.

Délibérément.

Sans *aucune* pitié pour les yeux d'une libraire au bord de la crise de nerfs.

C'est moi, la libraire au bord de la crise de nerfs. Émilie Jaouen, enchantée ! J'aime le thé, le pain à l'ail, les histoires d'amour qui finissent bien, et je hais profondément toute personne qui maltraite un bouquin.

Le coupable ? Un enfant d'une dizaine d'années.

Neuf, si j'en juge l'état de ses dents. La chute de ses canines a laissé dans sa bouche des trous aussi béants que la plaie se formant dans mon âme, là, tout de suite, maintenant.

— EH, TOI ! REVIENS ICI !

C'est comme ça que je me retrouve à courser un gamin au sourire édenté entre les rayons du Leclerc de Crozon…

Un tel crime ne peut rester impuni.

— ARRÊTE-TOI, ESPÈCE DE CHOU FARCI À LA CANNELLE !

Après trois allers-retours et au moins autant de points de côté, je suis la première à abandonner la course, à bout de souffle. Ma condition physique ne me permet pas de courir plus de cinq minutes sans m'effondrer. Encore sept secondes, et c'était le malaise assuré !

— S'il te plaît… imploré-je en levant mes yeux marron en direction du petit garçon.

Mais ce diablotin sur pattes n'a que faire de mes supplications : il s'approche de moi, et laisse tomber le dernier tome de *La Passe-Miroir* sur ma tête.

Le plus gros.

Le plus lourd.

— AÏE !

— C'est quoi, ce raffut ? couine une voix depuis la réserve. On croirait entendre une truie égorgée !

La pimbêche qui vient de me traiter de « truie égorgée », c'est Jade, ma patronne. La mesquinerie à l'état pur. Fainéantise, abus de pouvoir… Rien que ses machinations et ses cheveux blonds suffisent à me donner envie de démissionner.

— J… Jade ! sursauté-je, prise de sueurs froides.

J'articule un « aide-moi » désespéré du bout des lèvres, mais son regard reste vrillé sur le rouquin qui vient d'attenter à ma vie.

Malgré mes efforts pour me contenir, je ne parviens pas à retenir un soupir de contentement. Ma course folle n'aura pas servi à rien ! Jade va lui flanquer une correction digne de Georges R. R. Martin.

Ça y est, elle s'avance vers lui. Il fait moins le malin, là ! Il va voir ce qui se passe quand on martyrise un bouquin ! Elle lève la main, et… Attendez. Elle ne va pas le gifler en plein milieu du magasin, si ? C'est un coup à se mettre les parents sur le dos !

Et les journalistes.

Et la police.

Non, elle… LUI ÉBOURIFFE LES CHEVEUX ?

— Qu'est-ce que tu fais là, Théo ?

— Je passais faire coucou à ma grande sœur adorée ! piaille le mioche.

SA GRANDE SŒUR ?

— Et c'est une raison pour terroriser mes employés ?

— C'est pas moi qui ai commencé. C'est elle, là, avec sa tronche de castor.

Moi ? Mais je suis l'innocence incarnée ! Je n'ai jamais tué un seul de mes personnages, et je fonds en larmes chaque fois que les chats de mes parents ramènent des souris à la maison.

Mortes, les souris.

Et généralement décapitées.

— Émilie… Combien de fois je t'ai dit de NE PAS parler aux clients ? Nos chiffres de vente sont toujours plus élevés quand tu n'es pas là.

— Mais…

— Et ce n'est pas une coïncidence, conclut Jade en tournant les talons.

Ça, c'est la meilleure ! Patronne ou pas, hors de question que je reste sans rien dire.

— Il a corné la page d'un roman. *Exprès* ! Et il a tenté de m'assassiner. Je n'ai fait que sauver ma peau ! Ce gamin n'est pas un client, c'est…

Un suppôt de Satan ?

Un *serial killer* en puissance ?

Un futur tyran ?

— Mon frère, complète la blonde. Garde bien ça en tête, si tu veux conserver ton travail.

Nom d'un manchot poilu ! J'ai franchi la ligne blanche, je le sais. Il ne me reste que trois possibilités :

1. Crier au scandale et simuler ma propre mort par empoisonnement – comme Phèdre, mais en moins incestueux.

2. Enlever Jade et Théo, les séquestrer pendant trois ans, puis jeter leurs corps dans la mer en priant pour que personne ne les retrouve.

3. Me la fermer. Encore.

En bonne trouillarde, je privilégie la troisième option et me relève péniblement. Lorsque Théo me nargue avec sa langue pleine de pustules, je regrette de ne pas avoir opté pour le kidnapping. J'aurais passé le reste de ma vie en prison, mais la souffrance endurée en aurait valu la peine… je crois.

Et puis, on peut lire, en prison. C'est un avantage non négligeable… si on fait abstraction des cellules, de la promiscuité avec les autres criminels et de la violence du système carcéral.

— Au fait, précise ma patronne, si tu n'as pas vendu cet exemplaire et les trois tomes qui vont avec avant la fin de la journée, ce n'est pas la peine de revenir demain. Ni après-demain. Ni…

C'est compliqué, quand on n'est pas autorisé à parler aux clients…

— J'ai… j'ai compris, bégayé-je, pétrifiée.

Je me raccroche désespérément à l'étagère orange au fond du magasin.

C'est mon point d'ancrage.

La seule et unique raison qui m'empêche de disjoncter.

Comme le suggère sa couleur, elle regroupe des dizaines de romans issus d'une énorme plateforme de lecture en ligne : Wattpad.

Je les ai tous, chez moi. Enfin… chez Gabin, mon copain. Il est footballeur. C'est pas la classe, ça ? Il s'entraîne à l'US Crozon Morgat, et devrait bientôt rejoindre les bancs du PSG.

Quand ?

« Prochainement », comme dirait Netflix. Pour le moment, je le soutiens en beuglant depuis les tribunes. Je suis sa plus grande fan – pour ne pas dire la seule !

Mes doigts accompagnent ma rêverie en effleurant les couvertures, jusqu'à s'arrêter sur un trou dans l'étagère. La hantise de tout libraire : un livre vendu qui n'a pas été remplacé. Heureusement, cette situation se produit tellement souvent ces derniers temps que je sais d'instinct quel titre manque à l'appel : *On the leaves of Autumn*, le *best-seller* d'Eliott Scott.

Et, accessoirement, mon plus gros coup de cœur sur Wattpad.

J'ai même renommé mon compte @TheAutumnToMyFalls en référence aux deux héroïnes, Autumn Dale et Macy Falls.

Suis-je obsédée par cette histoire ? Pas du tout ! Je l'ai juste relue trois cent quarante-sept fois, mais à part ça, tout va bien.

— Eh, Mademoiselle !

Je me fige, pleine d'espoir. Est-ce que je tiens mon acheteur de *La Passe-Miroir* ?

— J'ai le gosier desséché, si vous voyez ce que je veux dire.

— Hein ? Que ? Quoi ? Quiche ?

— J'ai soif !

Surprise, je découvre Jean Le Guen, un auteur de polars breton très prisé à Crozon.

Jade l'a invité à dédicacer son ouvrage le plus célèbre, *Riboul à Tréboul*, pour *booster* l'attractivité de l'Espace Culturel. Il s'est fait connaître avec sa saga *Les Colboets à Quimperlé*, mais je préfère sa trilogie d'anticipation, *Kenavo les bigorneaux*, dont le dernier tome vient de sortir.

Or, voilà que Jean Le Guen *en personne* me fixe comme si j'étais une pelote de réjection de chouette.

Mes joues prennent feu, ma bouche s'assèche sous l'effet du stress, et je me retrouve à bredouiller piteusement :

— Moi aussi, j'écris.

Nom d'un poisson cramé ! Pourquoi j'ai dit ça ?

— Ah oui ? Vous êtes éditée chez qui ? s'enquiert-il, visiblement intrigué.

— C'est-à-dire que…

Je n'ai jamais fini un livre de ma vie.

— Laissez-moi deviner, reprend-il, l'air goguenard. Vous « écrivez » une fois tous les trois mois.

Ce n'est pas une question, encore moins une devinette. C'est un jugement.

Presque une dénonciation.

— Non, je…

Mais il me coupe à nouveau, bien décidé à enfoncer le clou :

— Vous *n'écrivez pas*, Mademoiselle. Vous tapez sur un clavier avec vos doigts, comme tout le monde, mais les seules phrases que vous parvenez à aligner sont médiocres, et probablement bourrées de fautes d'orthographe.

— N'importe quoi !

Pour qui il se prend, ce *débilos*, avec sa barbe mal rasée et sa crème de jour même pas bien étalée ? Mon taux de fautes est plus qu'acceptable, une fois mes textes passés sous correcteur orthographique !

— Et susceptible, en plus de ça… Vous risquez pas de décrocher le prix Goncourt, hein, c'est moi qui vous le dis.

Susceptible, moi ?

— Le prenez pas mal ! Si vous saviez le nombre de nanas qui me baratinent avec leurs historiettes alors qu'elles ne sont même pas fichues d'achever le premier jet…

Pendant que Jean Le Guen prend un plaisir presque sadique à réduire mes rêves à néant, j'ai une pensée émue pour mon roman, *Mon cœur contre tes peurs*. Ça fait quatre ans que je planche dessus… et je n'en suis encore qu'au chapitre 2.

L'héroïne, Meghan, est devenue tueuse à gages pour couvrir les frais médicaux de sa petite amie. Elle vient d'assassiner un boucher à l'aide d'un poison distillé dans la colle de son livre de comptes, mais je n'arrive pas à déterminer quelle sera sa prochaine cible. Un coq qui réveille un Parisien fraîchement arrivé à la campagne, ou un père homophobe ? Le coq paye mieux, mais le pauvre n'a rien demandé, tandis que le père… est homophobe.

Conclusion : le dilemme qui m'empêchait de me lancer n'en est pas un. Meghan ne peut pas ignorer le cri de détresse de son client gay. Quant au voisin citadin, il n'a qu'à retourner en ville.

La pollution aux particules fines se chargera du reste.

— C'est pas fait pour vous, c'est tout, tranche Jean Le Guen.

Je lui offre ma plus belle grimace, bien que mon air de pingouin constipé ne trompe personne – encore moins Jade, qui me surveille depuis le rayon BD.

— Vous avez soif… répété-je mécaniquement, comme assommée.

Ses critiques m'ont fait plus de mal que j'aimerais le laisser paraître.

— C'est ce que j'ai dit.

— Qu'est-ce que je vous sers ? Un café ?

Autant faire comme si cet échange n'avait jamais eu lieu, ça vaudra mieux.

— C'est bien ! se gausse-t-il. Vous pigez vite. Un café, ouais. Sans sucre, sans lait.

Et avec un « merci », c'est possible ?

Non, on dirait. L'écrivain repart vers sa table, satisfait de sa leçon de morale. S'il y a bien un prix qu'il ne décrochera pas, lui, c'est celui de la courtoisie… et il est grand temps que quelqu'un le lui fasse savoir. C'est donc avec un immense sourire que je déclare, plus amère qu'une pomme de terre :

— Je ne le prends pas mal, *je suis juste susceptible.*

Et déterminée à lui prouver qu'il a tort !

Quand j'aurai lu la fin de *Kenavo les bigorneaux* ; ça fait trop longtemps que je l'attends.

# 2

# En voiture, Emy !

On dit qu'un Français sur deux veut publier un roman. Mais qui en a déjà terminé un ?

Pas moi, c'est sûr. Et Jean Le Guen ne s'est pas privé de me le rappeler. Pourtant, j'écris !

Pas toutes les semaines, mais presque.

Quand j'ai le temps…

Je me dirige vers la salle de pause en traînant les pieds, nullement pressée d'être à nouveau la cible de ses remarques mesquines, tueuses d'ego et de confiance en soi.

Je devrais cracher dans son café, après le mépris dont il a fait preuve à mon égard.

Ce serait puéril, mais mérité.

Un soupir m'échappe. Même si la forme n'y est pas, au fond, cet illustre gugusse a raison : difficile de me prétendre auteure alors que je ne suis jamais allée au bout d'une histoire…

— Émilie ?

Je me retourne, ravie de découvrir un visage avenant, mais non : c'est Arielle, ma collègue… et ennemie jurée depuis la fois où j'ai séché l'inventaire annuel parce que Gabin m'avait bloqué le dos.

Comprenez-moi : elle annote ses livres, hait Taylor Swift et s'esclaffe comme une hyène en chaleur chaque fois qu'elle me dépasse avec sa C3 Picasso rouge alors que je poireaute comme une quiche à l'arrêt de bus. Il y a de quoi la détester !

— Bonjour, Arielle… marmotté-je en la gratifiant d'un sourire hypocrite.

— Je ne t'ai pas vue au match, dimanche.

*Le match.* L'US Crozon Morgat contre les Lapins de Guengat.

— J'étais souffrante.

Autrement dit : c'était le deuxième jour de mes règles. J'étais droguée au Spasfon, et j'ai passé l'après-midi à hennir comme un putois mal sapé, roulée en boule sur mon canapé.

— Gabin a failli marquer un but, précise-t-elle sans s'appesantir sur mon état. Trois fois !

— Mais ils ont perdu, non ? 7 à 0.

— L'arbitre était corrompu.

— C'est aussi ce que Gab' a dit… grommelé-je, pensive.

Je commence à me demander si Arielle n'en pince pas pour lui. Elle ne rate aucune rencontre, même lors des déplacements, alors qu'elle ne paraît pas nourrir une quelconque passion pour le football.

Pour mon petit ami, par contre… Elle m'en parle dès qu'elle en a l'occasion, et lui apporte toujours un crumble à la rhubarbe à la sortie des vestiaires, sans savoir que je me l'enfile dès le retour à la maison.

Même s'il prétend le contraire, Gabin n'a jamais aimé la rhubarbe.

— Dis-moi, Arielle…

Mieux vaut arrêter de tourner autour du pot. Ça nous rendra service à toutes les deux.

— ÉMILIE JAOUEN !

Je sursaute, terrorisée par l'aboiement de Jade.

— ÇA FAIT CINQ MINUTES QUE JEAN LE GUEN ATTEND SON CAFÉ.

Zut ! Je l'avais complètement zappé.

— Oui, je… j'arrive !

— ET *LA PASSE-MIROIR* ? TU L'AS OUBLIÉ ?

— Non, je… non, bégayé-je piteusement en me ruant vers la table de dédicaces.

Je renverse la moitié du gobelet au cours du trajet, mais ce n'est pas grave : Jean Le Guen est satisfait de mon humiliation, et je m'apprête à acheter les quatre tomes de *La Passe-Miroir* dans une édition que je possède déjà. Grâce à ces quelques sacrifices, je devrais conserver mon *job* un jour de plus.

Gabin, en revanche… Ça, c'est une autre paire de manches.

*Une vingtaine de minutes plus tard, sur le parking du Leclerc de Crozon…*

Mon bus a du retard.

Jusque-là, rien de très inhabituel. Par dépit, je me prends à imaginer ce à quoi ressemblerait ma vie si le ciel ne se couvrait pas à la vitesse de l'éclair, si j'avais le permis ou si je n'étais pas en train de chialer à cause d'un travail qui ne me plaît même pas. Mais à quoi bon rêver de ce à quoi on ne pourra jamais aspirer ? Ce n'est pas comme si j'allais *vraiment* réussir à écrire un roman, rencontrer Eliott Scott et tomber éperdument amoureuse de lui…

Je ne suis pas à plaindre, en plus : malgré les doutes, malgré les craintes, j'ai toujours eu une constante dans ma vie. Deux, même : Gabin et son haleine de hareng flétri. Jusqu'à présent, ça m'a toujours suffi. Pourquoi devrait-il en être autrement aujourd'hui ?

La réponse s'impose d'elle-même : pour rien.

Car, comme me l'a fait remarquer Jean Le Guen, c'est exactement ce que je vaux : *rien.*

♡♡♡

*Une demi-heure plus tard...*

Ça, c'est la poisse : il pleut à torrents, je pleure toujours autant, mais je n'ai plus de mouchoirs et il n'y a aucun bus à l'horizon. Mon réservoir de morve, lui, est pourtant bien rempli.

Je pourrais appeler Gabin, mais ça m'étonnerait qu'il accepte de venir me chercher. On s'est disputés, ce matin... Pour la même raison qu'hier, avant-hier, et bien des jours auparavant : les enfants.

Il en veut, je n'en veux pas.

Problème : cette situation le frustre de plus en plus, et il ne se prive pas de me le faire savoir.

Tout est prétexte à discuter bébés : le foot, les voisins, les crêpes, les caleçons qui traînent, la couleur de la cuvette des toilettes... Rien n'a de rapport direct avec les gosses, mais certains jours, j'ai l'impression que ma vie ne tourne qu'autour de ça.

Mon copain, mes collègues de travail, ma famille... Ils me considèrent tous comme une poule pondeuse en devenir. Je voudrais m'échapper, voler de mes propres ailes, mais comment s'évader de l'enclos dans lequel on a grandi lorsqu'on comprend qu'on ne pourra jamais, jamais plus y retourner ?

J'ai laissé toute la rébellion de mon patrimoine génétique à ma petite sœur, Rozenn. Elle n'a que treize ans, mais elle a déjà accompli bien plus que moi en vingt-trois ans d'existence. Même si elle se comporte comme une garce parfois, ses crasses n'enlèvent rien à l'affection et à l'estime que je lui porte. Elle est généralement de bon conseil, mais j'ai rarement le courage de l'écouter. Excepté la fois où elle m'a convaincue de regarder toutes les saisons de *Game of Thrones* avec elle. Mes parents trouvaient qu'elle était trop jeune pour voir une série aussi violente, mais ils se sont ravisés quand j'ai commencé à me réveiller au milieu de la nuit en hurlant le nom de Cersei Lannister.

C'est un fait : Rozy a toujours été la plus mature.

Je devrais donc me fier à son jugement, lorsqu'elle m'implore de rompre avec Gabin.

Mais Gab' est mon premier amour. Il est mon premier « tout », en fait. Ma première fois, mon premier emménagement, ma première virée à Disneyland Paris...

Si, si, c'est vrai : il m'y a emmenée pour fêter nos deux ans de relation, après le bac. C'était merveilleux : en un week-end, j'ai rempli tout un carnet de dédicaces de Minnie, Tic et Tac, Belle, Nemo... Ils étaient tous bien plus sympas que Jean Le Guen !

Oui. Moi aussi, je me demande comment Nemo a pu écrire quoi que ce soit avec ses nageoires...

La magie de Disney, j'imagine.

Depuis, le temps a passé. Je suis devenue allergique aux bananes, et Gabin a eu ses premiers cheveux blancs... à vingt-quatre ans. Il m'a aussi fait part de ses réelles – et pressantes – envies de paternité, à peu près au même moment que mes parents.

Je les soupçonne d'avoir comploté derrière mon dos. Ma mère, surtout. Ses questions et remarques déplacées se font de plus en plus insistantes au fil des mois : « Alors, quand est-ce que tu nous fais des petits-enfants ? Pas trop tard, hein ! Il est hors de question que Nathalie devienne mamie avant moi. »

*Nathalie.* La rivale et « amie » de Maman qui, c'est certain, sera grand-mère avant elle.

J'ai déjà du mal à arroser un cactus sans le tuer, alors m'occuper d'un bébé, c'est inenvisageable ! Et puis, j'ai Gabin. Ça revient au même – les biberons et les couches sales en moins.

— Mam'zelle ?

Je relève brusquement la tête, me tordant le cou au passage.

— Eliott Scott ?

Malheureusement, non. Le vieux qui me hèle depuis la route n'a rien à voir avec Eliott. *Rien.* Lui, il est du genre grosse barbe blanche mal entretenue, petite veste en laine et vieux béret de marin.

— Y a un problème sur la ligne de bus ! C'est ma voisine qui l'a dit. Une vraie commère, celle-là.

Zut !

— Merci de m'avoir prévenue, Monsieur.

— Y a pas d'quoi ! Faut s'serrer les coudes, par ici. J'vous ramène chez vous, ou vous préférez rester là à attendre qu'un aut' miracle se produise ? Marie accouche pas tous les jours de l'enfant Jésus, vous savez !

J'ai regardé assez de films d'horreur dans ma vie pour savoir que monter dans la voiture d'un inconnu, seule, reste une très mauvaise idée. Mais ce n'est pas comme si Gabin allait voler à mon secours, et ce papy m'inspire confiance malgré ses expressions bizarres. Et puis, je ne suis plus à une catastrophe près, si ?

Même si la catastrophe en question relève du meurtre.

— Vous n'allez pas me tuer, hein ? plaisanté-je en grimpant dans sa vieille Peugeot 206.

Pourtant, les coups d'œil qu'il me jette à intervalles réguliers sont… flippants.

C'est parce qu'il souffre de strabisme, je suppose. Oui, c'est ça. Je n'ai aucune raison de me mettre à trembler comme une feuille, morte et mâchouillée par des limaces.

Je suis peut-être la reine des quiches, mais pas celle de la malchance.

C'est ce que je croyais, du moins, jusqu'à ce que mon chauffeur quitte la départementale pour une route de campagne tout ce qu'il y a de plus désert, avant de s'arrêter.

Comme ça, d'un coup.

J'ai à peine le temps de comprendre ce qui m'arrive avant qu'il ne déclare, l'air grave :

— *Gast*[1] ! Vous auriez jamais dû monter dans c'te bagnole, vous !

---

1. « Putain », en breton.

# 3

# Meurtre mode d'emploi (à l'usage des vieux schnocks)

CROTTE DE TOUCAN À LA BANANE ! C'est le moment de flipper… ou d'ouvrir la portière pour fuir ce criminel et sa voiture de malheur.

Il me rappelle les tueurs des téléfilms dramatiques de début d'après-midi. Mais si, vous savez, ceux qui découpent des femmes en morceaux, puis gardent leur périnée en guise de souvenir. Un peu comme une relique.

Zut. Pourquoi je pense à ça, moi ? Je n'ai pas mieux à faire, genre… COURIR ?

Comme pour faire écho à mes pensées, le meurtrier tourne la tête dans ma direction et fixe le gros bouton qui orne mon front. Qu'est-ce qui lui prend ? Il veut l'éclater à ma place, peut-être ?

— Vous inquiétez pas, ce s'ra bientôt fini.

Beurk ! Je crois que je vais vomir… Il ne reste plus qu'à espérer que mes dégorgements le dégoûtent assez pour qu'il me laisse m'échapper.

Trop tard ! Ses mains s'approchent de moi, s'arrêtent à quelques centimètres de mes seins, et…

— PAS TOUCHE À MON PÉRINÉE !

… farfouillent dans la boîte à gants.

La seconde suivante, le vieux Schtroumpf en sort une clé à molette.

Je vois. C'est ça, son délire.

Attendez. C'EST ÇA, SON DÉLIRE ?

— Ça va pas, mistinguette ? On dirait qu'vous avez vu un fantôme !

Non, mais je sens que je ne vais pas tarder à en devenir un. Cette fois, mon karma ne me sauvera pas.

Si j'avais su, j'aurais craché dans le café de Jean Le Guen.

— Je vous en supplie, l'imploré-je, ne m'assassinez pas ! J'ai une famille, un copain et un roman à écrire. Au moins un. Je ne veux pas mourir avant d'être vieille, comme vous. Enfin, je ne dis pas que vous êtes vieux, ni vieille d'ailleurs, mais…

Il me scrute comme si j'étais possédée, puis éclate de rire en manquant de s'étouffer avec sa propre salive.

— Ça, c'est fort du bouchon !

Ah, je vois : il cherche à m'attendrir, le filou ! Mais il est hors de question que je le laisse poser ses mains toutes fripées sur ma clavicule, là, tout de suite, maintenant, sans pousser un cri de harpie susceptible de me sauver la vie.

Joignant le geste à la parole – ou, dans ce cas précis, au beuglement –, j'ouvre la portière et me rue à l'extérieur, bien décidée à piquer un sprint à en faire pâlir la championne du monde de 100 mètres, catégorie tortues. Rien de plus simple, pour une quiche qui tombe dans les pommes au bout de cinq minutes de course !

— Eh ! Qu'est-ce qu'vous traficotez ? C'est mon joint d'culasse qui m'a lâché !

Est-ce que je vais faire comme si je n'avais pas saisi cette référence purement sexuelle et revenir sur mes pas pour m'excuser ? Non.

Rozenn serait fière : c'est le moment de montrer à tous ce que je peux faire pour protéger mes ovaires.

Le paysage grisonnant défile en rafale sous mes yeux, si vite que je me trompe de chemin en tentant d'échapper à mon assaillant.

Je savais que j'aurais dû lire plus de thrillers ! Rien de tout ça ne serait arrivé si je ne passais pas mon temps à potasser mes livres préférés, à commencer par *On the leaves of Autumn*…

— MAM'ZELLE !

Nom d'un cookie sans pépites ! Eliott Scott aura ma mort sur la conscience.

♥♥♥

*Quatre minutes et une agonie plus tard…*

Je me laisse tomber sur le bas-côté, soulagée d'avoir semé mon poursuivant, *enfin*.

Encore vingt secondes, et c'était le malaise assuré.

— Vous êtes frappadingue, ma parole !

C'EST PAS POSSIBLE. Le p'tit vieux m'a retrouvée !

Il abat ses bras gélatineux sur mes épaules et m'enserre maladroitement avant que je ne lui crève les tympans d'un autre cri de furie. J'aurais trouvé ça mignon s'il n'avait pas prévu de m'étrangler, mais j'ai trois points de côté, de possibles ampoules aux pieds, et je me noie littéralement dans ma propre sueur. Autant me résigner : cette fois, c'est la fin.

Sans rien dire, je me prépare à mourir, sauf que… rien ne vient. Le vieux Schtroumpf me fait simplement un câlin. Ça y ressemble, en tout cas. Et il sent l'eau de Cologne, comme mon grand-père !

— *Paour-kaezh den*[2] ! Vous avez plus toute vot' tête, vous. Fallait pas prendre la poudre d'escampette comme

2. « Pauvre fille », en breton.

un gibier apeuré ! Allez, j'vais vous appeler un taxi en attendant qu'la dépanneuse se pointe. J'suis pas mécano, et ma Julie risque de crever si on l'astique pas comme y faut.

Il… il ne va pas me tuer ?

Nom d'une biscotte mal beurrée ! Je me suis encore fait des films pour rien, c'est ça ?

Je me redresse, intriguée. Mon dos émet un craquement d'enfer, mais le vieux ne l'entend pas – il doit être sourd.

— Julie ?

— Ouais ! C'était mon premier amour.

— Vous avez donné son prénom à votre voiture ?

Il me regarde comme si c'était l'évidence même.

— Qu'est-ce qu'elle est devenue ? m'enquiers-je en me détournant de lui, gênée par son strabisme.

— *Gast* ! C'est qu'elle est curieuse, la p'tite dame ! J'vous raconterai mes histoires de cœur une prochaine fois, si vous dévalez pas la route comme un baril de cidre.

Et il s'esclaffe de plus belle en sortant son téléphone de sa poche.

Il est grand temps d'appeler les renforts.

♥♥♥

*Un quart d'heure plus tard…*

Quand le taxi se gare au bord de la route, je suis pliée de rire à cause de Gérard, mon pseudo-meurtrier. Lorsque je lui ai raconté mes mésaventures de la journée, il m'a révélé que Jean Le Guen était son cousin éloigné, et qu'il n'avait – je cite – « jamais pu le piffrer », ce que je n'ai pu qu'approuver. Il a aussi traité Jade de « *brammerez*[3] » et m'a conseillé de « dégraisser le mammouth », ce que j'ai traduit par « démissionner ».

3. « Péteuse », en breton. Gérard estime que Jade rencontre quelques problèmes de flatulences à cause de son caractère…

J'aurais aimé lui parler d'Arielle et de sa fascination pour Gabin, mais Lucien, son « pote dépanneur », nous a interrompus. C'est sans doute pour le mieux : deux minutes de plus, et je me serais pissé dessus.

Même si je n'ai pas de quoi le payer, Lucien me rassure d'un « c'est gratuit pour les z'amis de Gégé ».

Suis-je vraiment devenue amie avec un type que je prenais pour un criminel il y a encore vingt minutes ? Pas sûr, mais si ça me permet de rentrer en un seul morceau, je prends.

Quand j'arrive devant chez moi, je marque un temps d'arrêt, comme si mon corps m'implorait de fuir, courir, tout quitter pour partir élever des lamas au fin fond du Pérou.

Comme si, des années durant, j'avais enchaîné les mauvais choix de vie.

Comme si ma place n'était pas ici, tout simplement.

Mais, comme toujours, mes considérations s'envolent à la seconde où je croise le regard de Gab'.

L'amour ne rend pas aveugle : il nous éblouit juste assez pour qu'on ferme les yeux, croyant se protéger d'une lumière à laquelle on ne parviendra jamais à s'accoutumer.

J'ai à peine le temps d'enlever mon manteau dégoulinant de pluie que mon petit ami m'assène un :

— Chérie, ramène-toi !

Zut.

— On n'a plus de petites cuillères !

Double zut.

— Tu les as encore jetées à la poubelle, c'est ça ?

Je ne dis rien. C'est la fois de trop, je le sais.

Gabin m'avait pourtant prévenue : si je le forçais à acheter un nouveau set de couverts, je devrais lui laisser la télé tous les samedis soir jusqu'à la fin de l'année.

Même pour les *primes* de la *Star Academy*.

— Tu sais ce que ça veut dire ?

Je soupire, prête à accepter ma défaite :

— Tu récupères la télé le samedi…

— Je vais enfin pouvoir zieuter les matchs de Brest sur grand écran ! exulte-t-il.

Gabin et le Stade Brestois 29 : une grande histoire d'amour.

C'est le club local, alors forcément, il se doit de le supporter. Chaque Noël, il m'offre une écharpe de la nouvelle saison, immettable en dehors des jours de match – c'est sa technique pour m'obliger à l'accompagner lors des derbys.

Cette équipe est toute sa vie. La simple perspective de la retrouver sur l'écran plat du salon lui suffit pour entamer une danse de la joie, sans réfléchir une seconde aux conséquences désastreuses que ses entrechats façon Zumba risquent d'avoir sur moi.

Je cherche une cachette du regard, mais c'est trop tard : Gab' me fait valser dans les airs en imitant les professionnels de *Danse avec les stars*... sauf qu'il n'en est pas un, et qu'il a momentanément oublié que sa copine avait une scoliose de 56 °. Forcément, ce qui devait arriver arriva.

— Nom d'un…

BOUM.

Il me lâche comme ça, d'un coup, puis file se réfugier dans la cuisine, comme s'il venait de tuer une mouche boiteuse.

Moi, en l'occurrence.

Ça partait d'un bon sentiment, je sais, mais…

— Tu viens de me bloquer le dos.

Et je peux désormais affirmer avec la certitude et la douleur la plus totale que je HAIS le foot.

Le Stade Brestois 29.

Gabin tout court.

# 4

# Entretien avec un interne

*Une heure et demie plus tard, à l'hôpital de la Cavale Blanche, à Brest…*

Je déteste mon dos.

Il ne m'a toujours valu que des ennuis : une opération ratée, un sac à roulettes et un abonnement aux urgences.

D'habitude, j'atterris ici après une partie de jambes en l'air. Gabin et moi essayons une nouvelle position et… Vous connaissez la suite.

Le hic, c'est que nous n'avons plus aucune activité sexuelle depuis des semaines.

Pas ensemble, en tout cas.

Si mon petit ami s'en plaint régulièrement, cette situation me convient parfaitement. Avant ce soir, je n'avais pas mis un pied à l'hôpital depuis quatre mois.

C'est sûrement ce qui explique pourquoi Maxence, mon interne préféré et meilleur ami d'enfance, est étonné de me voir.

— Emy ! Ça faisait longtemps ! Tu veux que je prévienne Jean-Luc ?

Mon père, Jean-Luc, était le coach de son équipe de rugby au collège.

Et Max était mon *crush*, jusqu'à ce que j'entre au lycée ncontre Gabin. Ça n'a pas été le coup de foudre entre

Gab' et moi, mais nous avons sympathisé quand il terminait ses devoirs au CDI à la récré, et je suis rapidement tombée amoureuse de lui.

Depuis, le club a fermé et Max a cessé de jouer, mais Papa et lui ont conservé de bons rapports.

— Non, non, débité-je à toute vitesse, claquant des dents sous l'effet du stress. Pas besoin de le déranger.

— Tu es sûre ? Tu es venue comment ? En taxi ?

— Un… ami m'a conduite.

Un pote de Gérard, plutôt, le gars chelou que je viens à peine de rencontrer.

— S'il y a quoi que ce soit, n'hésite pas.

Maxence est le genre de type qui s'inquiète plus pour les autres que pour lui-même. Il fera un brillant médecin généraliste lorsqu'il sera enfin arrivé au bout de ses études.

— Merci.

— Tout va bien, entre Gabin et toi ? demande-t-il, l'air soucieux.

Je soupire malgré moi. Cette question, on me la pose tous les jours. Et tous les jours, je m'efforce d'offrir un sourire rassurant à mes parents ou à ma belle-famille. J'y parviens avec plus ou moins de réussite, puis ma vie reprend son cours. La parfaite petite menteuse qui n'est plus amoureuse : voilà un rôle qui me va comme un gant.

La vérité, c'est que non, ça ne va pas.

La preuve : Gabin a découché deux fois ce mois-ci. Pour aller où, voir qui… Je ne sais pas, et ça ne m'inquiète pas autant que ça le devrait si *tout allait effectivement pour le mieux.*

Peut-être qu'il me trompe, comme le pense Rozenn. Qui le lui reprocherait ? J'ai toujours été un mauvais coup au lit, et il ne s'est jamais privé de me le rappeler. Physiquement, je ressemble à un sac à patates troué, mélangé à un bout de melon à moitié mastiqué. Et comme si ça ne suffisait pas, je suis incapable de cuisiner, monter un meuble ou tenir une conversation normale plus de deux minutes. Sans parler de mes problèmes de dos.

Ça, c'est la cerise sur la quiche.

Une quiche dégoulinante de graisse, d'angoisse et d'espoirs avortés. Ça fait trop longtemps que Gab' me supporte. Il a besoin de vivre sa vie, de rencontrer de nouvelles personnes, de changer d'air… et je dois le laisser partir.

Un sanglot m'échappe, bientôt suivi d'un autre. C'est comme ça, en tentant d'établir la liste de mes erreurs et de mes faiblesses, que je fonds en larmes à l'hôpital, dans les bras d'un Maxence désemparé qui a eu la mauvaise idée de poser une question pourtant anodine.

Zut. Il voulait se montrer gentil, et moi, je me comporte comme une chochotte qui n'est pas fichue de lui rendre la pareille. Certains jours, je voudrais disparaître. Dès qu'un problème est écarté, j'ai l'impression que des tracas plus gros et plus encombrants encore se profilent à l'horizon, sans que je sache comment me sortir de cette spirale infernale.

— Tout ira bien, tu verras…

D'un geste qui se veut réconfortant, Max pose une main sur mon front. Sans surprise, il est brûlant.

— Va t'allonger dans un bloc. Je reviens tout de suite avec de quoi te faire une prise de sang.

Il m'indique une petite pièce d'un signe de la main, mais je connais le chemin. Le problème, comme toujours, c'est ma maladresse. Aveuglée par mes larmes, je manque de me cogner contre un mur. Heureusement, un infirmier me guide jusqu'au lit pour me prémunir d'une commotion cérébrale ; Maxence et lui ont assez de travail comme ça.

J'ai à peine le temps d'enfiler la blouse qu'il me tend qu'elle se retrouve trempée – la faute à mes sanglots répétés. Du calme, meuf. Respire. Souviens-toi du cours de relaxation que tu as suivi il y a trois ans. OK, tu n'y es allée qu'une fois et il était à 99 % composé de mamies, mais tu peux te débrouiller. Tout ce que tu as à faire, c'est iiiiiinspirer et eeeeeexpi…

— Emy ? Qu'est-ce que tu fabriques ?

Alarmé par mon comportement étrange, Max a la mauvaise idée de s'asseoir au bout du lit, m'arrachant à mes craintes. Je suis tellement désarçonnée que j'avale de travers et lui crache au visage.

— Oh non ! Excuse-moi !

— Tu n'es pas la première à qui ça arrive, me rassure-t-il en me gratifiant d'un sourire solaire qui suffirait à éclipser tous les astres de l'univers.

Nom d'une aubergine trouée ! J'ai besoin d'un Max dans ma vie.

Deux, même – on n'est jamais trop prudent.

— Et je ne serai pas non plus la dernière, c'est ça ?

— J'aimerais bien, mais ça m'étonnerait. Tu peux serrer le poing et tendre ton bras loin, loin, loin devant toi ? On va faire la prise de sang.

— Tu n'en as pas marre, parfois, de t'occuper des patients ? m'enquiers-je en tournant la tête pour ne pas voir l'aiguille s'enfoncer dans mon bras.

D'aussi loin que je m'en souvienne, il a toujours voulu devenir médecin de famille, comme son grand-père. Les urgences ne constituent qu'une étape dans sa carrière, mais j'ai peur que la fatigue et le manque de moyens alloués à l'hôpital public lui fassent oublier sa vocation.

— Honnêtement ? Ça arrive, mais je fais avec. Il y a des jours plus durs que d'autres, tout comme il y a des métiers plus durs que le mien. Je n'ai pas connu les premières vagues du Covid, au moins.

— Je t'admire, Max. Sérieusement.

Il lève la tête et sourit. Il a un beau sourire…

— Pourquoi ?

— Tu t'es toujours battu pour tes idéaux.

Il détourne le regard, l'air gêné.

— C'est vrai ! Tu me fais penser à un superhéros qui aurait troqué sa cape contre une blouse blanche. Tout le monde t'adore. Tout le monde t'a toujours adoré.

C'est moi, ou ça ressemble à une déclaration d'amour ?

Pitié, dites-moi que ça ne ressemble pas à une déclaration d'amour.

— Emy, tu… tu as bu ?

Max, mon sauveur. C'est officiel : je l'aime !

— Si j'ai bu ? Ouais, carrément ! À mort, même ! Je me suis enfilé une bouteille de vodka et trois verres de vin blanc. Nan, quatre !

C'est faux, évidemment, mais il est beaucoup trop franc pour deviner que je mens.

— Ça expliquerait pourquoi Jasper t'a vue foncer dans un mur… marmonne-t-il en tâchant de cacher la pointe de déception dans sa voix.

Je m'esclaffe comme une otarie. L'intégralité du service doit m'entendre, mais je m'en fiche. Il faut TOUT FAIRE pour rendre ce mensonge crédible, même si ça implique de vomir sur les chaussures de Maxence. Tant pis pour lui ! C'est connu : on finit toujours par avoir des ennuis lorsqu'on se montre trop conciliant avec les gens.

Mais alors que je m'apprête à rendre mon déjeuner sur ses Crocs blanches, il m'enfonce un objet froid dans l'oreille. Froid, et pas franchement agréable. Un thermomètre.

— 38,3 °C. Pauvre Emy ! Tu es dans un état… euh…

— Lamentable ? suggéré-je en remerciant intérieurement la fièvre de contribuer à ma ruse.

— Approximatif, tempère-t-il. Reste là, je reviens. Il faut que j'envoie ton échantillon au labo.

Je le gratifie de ma plus belle grimace, puis jette mon dévolu sur mon téléphone… et ses sept SMS. Ils proviennent tous de Rozy, qui s'inquiète pour moi. Elle a probablement appris la nouvelle via mes parents, eux-mêmes avertis par Gabin.

ROZENN :
« Ça va, sœurette ?
Les darons disent que tu t'es encore bloqué le dos.
Pendant ce temps, ton mec bouffe des chips au poulet rôti devant une rediff' d'*Amour, gloire et beauté*. Nan, mais quel *débilos* ! J'en peux plus, Emy : il faut que tu le largues.
Tu serais 10 000 fois mieux sans lui.
Et tu te bloquerais moins souvent le dos, j'en suis sûre.
Il est pas très fute-fute, déjà, puis il pique toute la tartiflette aux repas de famille. J'en ai discuté avec Papa, et on est tous les deux d'accord : il est temps que ça cesse. Il ne te rend même pas heureuse ! La preuve : tu passes plus de temps aux urgences que chez lui. »

À nouveau, les larmes me montent aux yeux. Rozy exagère, bien sûr, mais ce qu'elle dit a du sens. Même si j'ai encore du mal à l'admettre, mon couple avec Gabin est sur le déclin… mais le quitter reviendrait à renier six ans d'amour, de joie et de glaces à la pistache partagées. Le quitter, ce serait me retrouver seule, plus que je ne l'ai jamais été, plus que je ne peux le supporter. Le quitter, ce serait…

— Max, attends !

Sous l'effet de la panique, incapable d'aller au bout de ma pensée, je me précipite dans le couloir sans tenir compte de ma blouse à moitié déboutonnée. J'ai besoin d'être rassurée. L'interne revient sur ses pas, une étrange lueur éclairant son regard azuré. Est-ce de l'espoir ou de l'inquiétude que je lis dans ses yeux bleus ?

— Oui ?

— Tu n'es pas… Tu sais…

— Amoureux de toi ?

# 5

# Emy + Maxence

Est-ce que j'ai bien entendu ce que Max vient de dire, ou j'ai halluciné ?

J'ai halluciné.

C'est ça. C'est *forcément* ça.

Il FAUT que ce soit ça.

— Parce que c'est… lance-t-il, on ne peut plus sérieux.

STOP ! Je ne veux PAS entendre un quelconque aveu amoureux, aussi hypothétique soit-il. Ce serait mal. Dangereux. Et qu'est-ce qu'on fait, quand on cherche à ignorer son interlocuteur ?

DI–VER–SION.

— AAAAAAH, UNE ARAIGNÉE !

Max pâlit instantanément. La petite bête qui effraie la grosse : simple, efficace.

— Où… où ça ?

— Là ! Dans le couloir. Vite, elle s'échappe ! COURS !

Il s'exécute aussitôt et se rue vers la salle d'attente, prêt à éliminer la menace.

C'est ce qui s'appelle une réussite ! Est-ce qu'on va revenir sur ce qui s'est passé, maintenant ? Je voulais juste savoir si… Nom d'une jonquille flétrie ! Non, Emy : tu ne vas pas *revenir sur ce qui s'est passé*. Tu vas enfouir *ça* dans un coin très profond de ta mémoire, prendre ton mal en patience et consulter ton médecin, la prochaine fois que tu te bloqueras le dos. À partir d'aujourd'hui, tu ne te présenteras aux urgences qu'en cas d'extrême nécessité. Les infirmiers n'ont pas besoin d'un blaireau de plus à traiter. L'engorgement médical, ça te dit quelque chose ? À moi non plus, mais on va faire comme si c'était le cas et tu ne remettras plus les pieds ici. Jamais. Même si c'est difficile à admettre, là, tout de suite, maintenant, alors que tu pleures à la simple vue d'un Maxence reconverti en chasseur d'araignées. Ce n'est pas comme si tu avais déjà eu une réelle chance de sortir avec lui, de toute façon. Contente-toi de ce que tu as et, surtout, de ce que tu peux vraiment t'offrir.

Je soupire. Max parti, l'attente commence. Longue. Interminable. Comme un documentaire sur le mode de vie des limaces.

J'envoie un texto à Gabin pour le rassurer, sans obtenir de réponse. Il dort, j'imagine.

Bon gré, mal gré, je reste confinée dans mon bloc et me réfugie sur mon portable. Machinalement, mes doigts glissent sur une icône orange, et le logo de Wattpad apparaît à l'écran. Un rapide coup d'œil à ma bibliothèque m'indique que plusieurs fictions ont été mises à jour : *Le Dernier été*, *Maux Dits*, et même *Kryptonite*, pourtant longtemps laissée à l'abandon.

Je les adore, mais je n'ai pas la tête à lire des romances pour l'instant… Mon couple bat de l'aile, et tout ce à quoi j'aspire, c'est un peu de tranquillité pour faire le point sur ma vie.

Enfin, ça, c'était avant de découvrir la notification qui s'affiche à l'écran.

« *If Gloria Brooks-Smith was still alive* »

Zut, je ne me rappelle pas avoir ajouté cette histoire à ma bibliothèque. Son titre est très poétique, en tout cas !

S'il n'était pas absorbé par les corrections de son prochain roman, je jurerais qu'Eliott Scott en est à l'origine…

Je clique sur le livre, le cœur battant à tout rompre.

Aussitôt, le pseudo de l'auteur s'affiche à l'écran.

@Sparkles_OfHope.

Eliott est l'un de mes écrivains préférés, si ce n'est *mon* écrivain préféré. J'ai dévoré tous ses livres sur Wattpad, et j'ai acheté chacun d'eux le jour de leur sortie en librairie. Ses mots me parlent, m'envoûtent, m'aident à oublier mon quotidien le temps de quelques heures.

Il a commencé à écrire à seize ou dix-sept ans. Depuis, il n'a eu de cesse de charmer les blogueurs, booktokeurs et journalistes, jusqu'à devenir une véritable star de l'écriture : il est suivi par plus d'un million de lecteurs sur les réseaux. Un million ! Ses chiffres de vente sont aussi en constante augmentation : rien que leur vue suffit à me donner le tournis.

@Sparkles_OfHope est plutôt discret sur sa vie privée, mais il est très actif sur TikTok, Instagram et surtout Wattpad, où il s'arrange pour poster un chapitre par jour lorsqu'il met une nouvelle histoire en ligne.

Au fil des années, il est devenu mon rendez-vous quotidien.

Un nouveau soupir m'échappe. Si Gabin me voyait, là, tout de suite, maintenant, il me foutrait de corvée de vaisselle pour la semaine, c'est certain ! Il déteste que je parle d'Eliott.

Il déteste que je parle de Wattpad tout court, d'ailleurs.

Mon plus grand regret, c'est de lui avoir présenté la plateforme. Elle est ce qui se rapproche le plus d'une passion pour moi, et je pensais que Gab' me soutiendrait autant que je le faisais avec ses matchs de foot. Mais depuis que je lui ai révélé mon secret, il me tance chaque fois qu'il me voit pianoter sur mon clavier, estimant que je perds mon temps, un temps que je pourrais consacrer à autre chose.

Lui, par exemple.

Il n'a pas tort, en un sens : je passe la majeure partie de mes journées sur l'application, quand je ne suis pas au boulot. Pas seulement pour y lire… mais aussi pour y écrire.

Et ça, personne ne le sait à part Bleuenn, ma meilleure amie rencontrée sur Wattpad. Nous avons échangé par messages privés pendant le troisième confinement, avant de nous rencontrer dans le monde réel. Elle habite à Brest, à seulement une heure de chez moi. Pour le moment, elle loue un appartement avec sa copine pour son stage de fin d'études. Dès qu'elle aura fini son master d'édition, elle filera à Paris chercher du travail.

C'est son plan, du moins, mais la vie de Blue est tellement imprévisible que je ne serais pas surprise de la voir se reconvertir en éleveuse de canards.

Elle m'encourage à poster *Mon cœur contre tes peurs* depuis des mois, ne serait-ce que pour me motiver à écrire, mais je ne l'écoute pas.

Parce que je ne me sens pas prête.

Parce que j'ai peur, aussi. Peur d'échouer, peur que mon entourage l'apprenne, peur qu'un inconnu critique ces mots que j'ai tant de mal à partager… Mes angoisses sont trop nombreuses pour toutes les compter. Sérieusement, ne perdez pas votre temps.

Désœuvrée, j'hésite à entamer la lecture du nouveau roman d'Eliott Scott pour chasser mes idées noires… À moins que je ne me plonge dans *If Gloria Brooks-Smith was still alive* demain matin, avant d'aller travailler.

Finalement, c'est Max qui tranche pour moi.

— Tu as les résultats de la prise de sang ? m'étonné-je en le voyant revenir. C'était rapide !

Cette fois, le blondinet n'a pas de grand sourire à m'offrir. Il reste parfaitement stoïque et se perd dans la contemplation des murs blancs afin d'éviter de croiser mon regard.

Nom d'un têtard aux épinards ! Il a dû comprendre pourquoi je l'ai éloigné tout à l'heure, et il l'a mal pris.

— Émilie…

— Je suis désolée, je ne voulais pas te ble…

Mais il m'interrompt, concentré sur son discours :

— On a jeté un œil à tes analyses. Ton dos va bien et je ne pense pas qu'il soit nécessaire de faire une radio, mais il y a un petit souci…

— Un « petit souci » ?

Petit comme quoi ? Un caillot de sang annonciateur d'une rupture d'anévrisme ? Un disque intervertébral qu'il faut remplacer ?

Attendez. Est-ce que les prises de sang peuvent détecter ça ?

Max s'approche de moi, pose ses mains sur mes épaules et m'offre son sourire le plus éclatant avant de prononcer ma sentence…

— Félicitations, Émilie. Tu es enceinte.

… et j'ai bien peur qu'elle soit irrévocable.

— Il faudra faire une échographie dans les prochains jours pour surveiller la croissance du fœtus. Sauf si tu préfères avorter, bien sûr, si… si ce n'est pas trop tard…

— DU QUOI ?

# 6

# Au bonheur des hommes

*Deux heures plus tard, mercredi 10 avril 2024, chez Gabin…*

— En-quoi ?

— Enceinte, Gabin. Enceinte.

— Impossible ! s'écrie le futur papa, tiraillé entre la panique et l'excitation.

Il s'effondre sur le canapé du salon et tente tant bien que mal de cacher sa surprise en étouffant un cri – réaction typique de mon petit ami lorsqu'il se trouve dans un état de stress intense. Moi, j'enfile un pyjama tout doux ou j'attrape un bon bouquin pour m'évader. Gab', lui, intoxique un coussin avec son haleine de calamar assoiffé.

Honnêtement, je comprends son étonnement : on n'a pas fait l'amour depuis quatre mois.

— Le fœtus est encore trop petit, c'est pour ça qu'on ne s'en est pas aperçus avant.

— C'est formidable ! Oh, Em'… J'ai jamais été aussi heureux de t'avoir bloqué le dos ! Pour une fois que t'es pas allée aux urgences pour rien.

— Moi aussi, Gabin. Moi aussi… marmonné-je en le gratifiant du sourire le moins sincère du monde.

Il s'en fiche, bien sûr : il va être papa.

Tout ce que je pourrai dire ou faire à partir de maintenant ne suffira pas à gâcher ce moment, *son* moment… celui qu'il attend depuis des mois. Pourtant, un détail semble l'intriguer :

— Il est de moi ? Le bébé. Je suis le père ?

— Nom d'une frite de betterave verte ! Tu crois que j'ai le temps de m'envoyer en l'air avec le facteur… euh, le fleuriste ?

Le facteur, c'est son père.

J'ai bien trop de romans à lire pour tromper mon copain avec un quelconque amant !

Gab' m'observe pendant encore une ou deux secondes, avant de se faire une raison : si je ne suis pas assez attrayante pour lui, je ne le suis pas non plus pour un autre type.

— On va être parents !

Gabin est heureux. Logiquement, je devrais l'être, moi aussi.

Je devrais, oui, sauf que je ne veux pas d'enfant, et cette nouvelle ne fait que conforter mon choix : je n'en voudrai pas. Ni maintenant ni jamais.

Le pire, c'est que Gab' ne cherche même pas à savoir comment je me sens ou ce que j'envisage. Pourtant, c'est mon corps. C'est moi qui vais me taper les nausées et la rééducation du périnée ! Plus affolant encore, c'est *nous* qui allons avoir la responsabilité d'élever ce gosse. Et par « nous », j'entends lui *et* moi. Mais ça, il l'a momentanément oublié.

— J'y crois pas, Em', j'y crois pas ! On va être darons !

Allez, « Em' » ! Prends une grande inspiration et calme-toi. Ce n'est pas le moment d'éclater en sanglots. Quoique… je pourrais mettre ça sur le compte des hormones !

— On va être darons ! répète Gabin en esquissant des petits pas rythmés, annonciateurs d'une nouvelle danse de la joie.

— EH ! BAS LES PATTES, ESPÈCE DE CRIQUET SOMNAMBULE !

Ses pirouettes ont fait assez de dégâts pour la soirée.

Ni une ni deux, j'abandonne mon amoureux et me précipite dans le bureau, le seul endroit capable de m'apporter la paix que je désespère de trouver. Gab' déteste s'y attarder ; il dit que cette pièce ne peut pas abriter deux humains et autant de livres à la fois.

Je ne pense pas que ce soit vrai, mais ça m'arrange qu'il le croie : j'ai au moins un lieu où me réfugier quand ça ne va pas.

Ici, je peux être moi. *Juste* moi. Je peux porter des vieux pyjamas troués ou me balader dans ma culotte à pois préférée, je peux boire des litres et des litres de thé sans m'arrêter, et je peux lire, écrire et faire tout ce qui me passe par la tête sans me sentir jugée.

En résumé : c'est le pied.

Tout ce dont je me souciais, ce matin, c'était arroser mon cactus desséché, faire passer ma PAL[4] sous la barre des cent livres (elle en compte actuellement cent cinquante-trois) et avaler un Daim à chaque fois que Bellamy Blake décide de ne PAS embrasser Clarke Griffin dans *The 100*. Or, tout me paraît dérisoire désormais. Même le comportement nauséabond de Jean Le Guen il y a quelques heures à peine.

Là, tout de suite, maintenant, je veux écrire, écrire et écrire, sans songer à mon possible avortement ou au fœtus qui squatte mon utérus. Reprendre mon histoire à peine commencée là où je l'ai abandonnée. La terminer, cette fois, quitte à laisser ma vie de côté.

Mais ça, c'était compter sans Gabin, qui ouvre la porte à la volée pour psalmodier :

— Ça va, chérie ? Je te dérange pas ?

---

4. Pile à lire : pile de livres qui augmente à chaque anniversaire ou excuse trouvée pour justifier un achat compulsif, jusqu'à atteindre des hauteurs stratosphériques.

Non, bien sûr que non ! Je viens justement d'entamer une scène où Meghan, l'héroïne, doit sacrifier des enfants pour sauver sa vie.

— Chérie ?

Et tu sais quoi ? Elle va le faire. Même si c'est atroce, même si personne ne le lui pardonnera. Elle va appuyer sur la détente et…

— Tu devineras jamais qui est passé nous voir !

# 7

# Le vilain petit caneton

*Dix minutes et un hoquet de stupéfaction plus tard...*

Il est approximativement 2 h du matin, ma tête est encapuchonnée dans un pyjama dinosaure et il est urgent que je prenne une douche avant que les mouches ne deviennent une espèce en voie de disparition. Sauf qu'au lieu d'empêcher une nouvelle extinction de masse, je dois me taper la visite impromptue de ma famille.

Je le répète : IL EST APPROXIMATIVEMENT 2 H DU MATIN.

Mes parents, Jean-Luc et Christelle Jaouen, sont définitivement tombés sur la tête.

— Ah, ma poussinette ! Je suis ravie, ravie, ravie ! Tu as déjà contacté la crèche pour demander une place ? Il faut s'y prendre à l'avance, tu sais. Avant la grossesse. Et l'allaitement, qu'en penses-tu ?

Je l'arrête d'un geste de la main. Suis-je la seule à être terrifiée à l'idée de donner naissance à UN BÉBÉ ?

— Tu as déjà tout d'une super maman ! pépie-t-elle, plus enthousiaste que lors du mariage de Kate et William – qu'elle décrit pourtant comme le plus beau jour de sa vie.

Rozenn, l'unique Jaouen disposant encore d'un quelconque sens moral, compatit :

— Elle parle de la bave qui dégouline le long de ton menton, sauf que c'est la tienne et non celle du rejeton que tu vas mettre au monde dans quoi… six mois, maintenant ? Bien joué, sœurette.

— Six mois ? Aucune idée. Je dois faire une échographie de datation dans la semaine.

Le hic, c'est que je n'ai annoncé ma grossesse à personne à part Gabin…

Gabin, qui se mordille la lèvre parce qu'il a merdé. Dans les grandes largeurs.

Je lui lance un regard noir qui signifie : « Vire ces asticots tout de suite si tu ne veux pas passer la nuit sur le canapé. »

Heureusement, son sommeil est plus important que cette petite fête nocturne improvisée : il s'empresse de faire sortir Papa et Maman de la pièce, et me gratifie même d'un sourire.

Profitant de l'agitation générale, ma fouine de cadette se faufile derrière la bibliothèque à l'angle du bureau, et attend que gendre et beaux-parents aient fichu le camp pour me prendre dans ses bras. Pas pour me féliciter, non : parce que je lui fais pitié.

— Tu pues, sœurette.

— Merci, sangloté-je dans ses cheveux.

Rozy est la seule personne de mon entourage à ne pas être effrayée par les livres, ce qui témoigne sans conteste de sa qualité d'être supérieur.

— Maintenant que le berger s'est barré avec son troupeau, explique-moi comment tu t'es retrouvée dans cet état.

Elle précise face à mon air perplexe :

— En cloque, *débilos* ! Et épargne-moi les détails, steuplaît. Je sais comment on fait les bébés !

Je reste interdite, ne sachant quoi penser. Y a-t-il réellement quelque chose à dire ? Ma petite sœur le sait : je ne veux pas être enceinte. Tout comme elle n'a jamais souhaité que Gabin devienne le père de mon hypothétique enfant. Nous nous sommes disputées des milliers de fois à ce sujet. Elle a fini par respecter mon choix en promettant de ne plus m'importuner, mais elle reste convaincue que Gab' n'est « pas assez bien » pour moi.

— Ohé, du bateau ! Ce sont les hormones qui te rendent muette ?

Prise par l'émotion, je me racle la gorge avant de balbutier :

— C'est juste que…

— Tu préférerais avorter, je me trompe ?

Mon silence vaut pour confession.

— C'est ta décision, Emy. Si les autres ne la comprennent pas, ils sont stupides. C'est vrai, quoi : tu n'es pas un utérus sur pattes ! Tu n'as pas envie d'être maman ? OK. Il n'y a aucun mal à ça. Ne laisse pas Gabin, *ce sac poubelle ambulant*, te dicter ta conduite. T'es une femme, ou une larvabée ?

— Une larvabée ? marmotté-je entre deux sanglots.

— Un croisement entre une larve et un scarabée, doté du *sex-appeal* d'un escargot.

Rozenn lâche un soupir face à mon air peiné et se rapproche pour m'observer en contre-plongée.

— Dis donc, sœurette, t'as un sacré double menton !

Je ris. D'un rire vrai, d'un rire franc, d'un rire sans conséquence. Qu'est-ce que ça fait du bien !

— Pardon, Rozy. Papa et Maman n'auraient jamais dû t'emmener ici à cette heure-ci. Tu as un contrôle de français demain.

Et elle a révisé comme une acharnée pour être prête.

— Ouais ! Peut-être que Dame Nature ne t'a pas dépourvue d'un instinct maternel, finalement.

— Tu crois vraiment que Dame Nature a quelque chose à voir là-dedans ?

— Pourquoi pas ? Elle se mêle toujours de ce qui ne la regarde pas, celle-là !

Si on m'avait dit lors de mon emménagement avec Gabin que je tomberais enceinte dans les six mois qui suivraient et que la seule personne capable de me comprendre serait ma petite sœur de treize ans, je n'y aurais pas cru.

— Et ton dos ?

— Rien à signaler, grimacé-je.

— C'est positif, non ?

— Oui, mais...

— Mais t'as super mal, et on t'a quasi rien donné pour te soigner.

Encore une fois, Rozy a visé juste. La grossesse a totalement éclipsé la raison de ma venue aux urgences.

— On m'a dit que ça irait mieux avec du repos.

— Au moins, ils ne t'ont pas foutue dehors comme la dernière fois, relativise-t-elle.

— C'est vrai, concédé-je.

Mais ça, c'est uniquement parce que Max était là.

— J'irai voir mon médecin traitant, à partir de maintenant...

Ma petite sœur acquiesce d'un signe de tête.

— Bon, il vaut mieux que j'aille retrouver les darons. Profites-en pour pioncer un peu, avant que ton copain décérébré décide de se pointer. Et fais attention à ton dos, tu veux ? J'ai pas envie qu'on t'annonce une deuxième grossesse parce que tu t'es prise pour une danseuse étoile.

Un regard ne saurait suffire à exprimer la gratitude que j'éprouve envers elle lorsqu'elle tourne les talons, prend une grande inspiration et fait irruption dans le salon en criant comme un phoque en manque de sardines :

— MAMOUNETTE ! PAPOUNET ! PUISQUE C'EST COMME ÇA, MOI, JE VEUX UN LOUP. GÉANT ! COMME DANS *GAME OF THRONES*.

Rozenn ne fait jamais les choses à moitié. Elle ferait une tata formidable, c'est sûr. Mais que j'aie recours ou non à l'IVG, elle restera la meilleure petite sœur qu'on puisse rêver d'avoir. Sa ruse ne fait que me le rappeler.

Je la suis en claudiquant, pestant contre mon dos cassé. Je jalouse les canards. Ils ont peut-être une dégaine pourrie, mais eux au moins n'ont pas à écouter une future grand-mère surexcitée s'impatienter de la naissance de son premier petit-enfant.

— Nathalie ne va pas en revenir ! Elle m'a toujours assuré que tu finirais vieille fille, mais ça… ça va lui clouer le bec, à cette bécasse.

— Christelle ! s'indigne mon père.

— Quoi ? Je suis loin d'être la seule à le penser ! J'en ai discuté avec Marie-Agnès, l'autre jour, et nous sommes toutes les deux d'accord là-dessus. Attends un peu que je lui montre ton gros bidon tout rond ! Elle fera moins la maline, là !

— Si tu le dis, Maman, si tu le dis… soufflé-je, agacée. Sur ce, mon ventre tout plat et moi allons nous coucher.

Mon ventre tout plat, *mes bourrelets* et moi, bientôt rejoints par un surplus de cellulite et des vergetures à n'en plus finir. Voilà qui devrait m'aider à prendre confiance…

Dépitée, je me rue dans ma chambre et m'effondre sur le lit, sans demander mon reste. De l'autre côté du mur, la bande de joyeux troubadours ignore ma mauvaise humeur et ouvre une bouteille de champagne. Évidemment, personne ne m'a écoutée ou n'a cru bon de m'intégrer aux festivités. Tant pis. Je n'ai plus le droit de toucher à l'alcool avant un moment, de toute façon. Ni aux sushis.

Nom d'un vampire sans dents ! Comment vais-je réussir à me passer de sushis ? J'en mange toutes les semaines !

C'est un cauchemar. UN VÉRITABLE CAUCHEMAR.

Je serais bien partie dans la cuisine me préparer une camomille pour me calmer, mais je refuse de m'y aventurer si c'est pour entendre Papa disserter sur son équipe de rugby favorite, ou Maman planifier mon mariage avec Gabin.

À défaut, je me réfugie sur Wattpad. Ici, au moins, je ne serai pas envahie par les bébés.

Une larme d'émotion roule sur ma joue. Mon réconfort de la journée est là, dans ma bibliothèque virtuelle : le premier chapitre d'*If Gloria Brooks-Smith was still alive.*

C'est drôle. Inconsciemment, j'ai patienté jusqu'au moment propice pour le lire, et ce moment, c'est maintenant. Alors que je suis au plus bas, au plus mal. Alors que je ne parviens pas à arrêter le flot de larmes qui coulent en cascade sur mes joues. Alors que je panique totalement à la perspective d'un avortement, et encore plus à celle de devenir mère dans quelques mois à peine. Mais malgré mes craintes et mes inquiétudes, la magie opère : en quelques lignes seulement, Eliott Scott apaise mes tourments.

Peut-on tomber amoureux d'un auteur qu'on ne connaît qu'à travers ses romans, par pages et chapitres interposés ?

Avec une plume comme la sienne, l'idée me semble presque vraisemblable.

Mes sanglots se transforment en pleurs à mesure que mes doigts pianotent sur le clavier, déterminés à lui témoigner mon soutien.

« *This chapter was amazing ! You let me escape reality for a few minutes, and I could never thank you enough for that. Tonight, your story helped me getting through a hard time like no one did before. I will always be grateful for your words. Please, never stop writing*[5]. »

---

5. « Ce chapitre était incroyable ! Vous m'avez permis de m'échapper de mon quotidien le temps de quelques minutes, et je ne vous remercierai jamais assez pour ça. Ce soir, votre histoire m'a aidée à traverser une période difficile comme personne n'a su le faire auparavant. Je serai toujours reconnaissante pour vos mots. S'il vous plaît, n'arrêtez jamais d'écrire. »

Une fois mon commentaire posté, je reste un moment prostrée face à l'écran, sereine, jusqu'à ce qu'une nouvelle notification me sorte de ma léthargie.

Un autre chapitre ? À cette heure-ci ?

Est-ce vraiment raisonnable de le lire là, tout de suite, maintenant ?

Absolument pas, mais ce n'est pas ça qui va m'arrêter !

En cliquant sur la boîte de réception, je comprends pourtant que je me suis trompée. Ce n'est pas une mise à jour d'histoire : c'est une réponse à mon message. Et elle provient de @Sparkles_OfHope, alias…

# 8

# Les dents du père

ELIOTT SCOTT ! ELIOTT SCOTT M'A LAISSÉ UN COMMENTAIRE !

« *From the bottom of my heart, thank you, @TheAutumn-ToMyFalls ! I really appreciate that. Nice pen name, by the way*[6] *!* »

La bonne nouvelle, c'est que j'ai enfin trouvé le sommeil : je suis plongée dans un rêve. Un merveilleux rêve.

La mauvaise, c'est que Gabin fait irruption dans la pièce, une passoire sur la tête et la télécommande à la main.

— CHOUCHOU ! TU ES OÙ ?

Oh, oh… Il ne m'appelle jamais « chouchou », sauf quand il est bourré.

Sans crier gare, il prend son élan, se jette sur le lit et atterrit sur mes jambes.

— MAIS ÇA VA PAS ! Je suis enceinte, Gabin ! ENCEINTE. Par ta faute, qui plus est. Je ne vais pas me priver de sushis pendant des semaines alors que tu en profites pour te soûler ! Non, remarque, continue. Il n'y aura pas de bébé, de toute façon, parce que je veux… je veux avorter.

6. « Merci du fond du cœur, @TheAutumnToMyFalls ! Ça me fait vraiment plaisir. Super nom de plume, au passage ! »

Voilà, c'est dit. La bombe est lancée.

Je pensais que mon coup de gueule aurait le mérite de le dégriser, mais non : il me gratifie d'un ronflement particulièrement sonore – et énervant.

C'est pas possible ! En temps normal, je suis une personne calme et pacifique qui déserte la pièce, la ville, le pays si le mot « conflit » vient à ses oreilles, mais il semblerait que mes hormones aient décidé de bousculer mes habitudes.

— Réveille-toi, espère de babouin à trois faces !

J'assomme Gab' de coups de passoire jusqu'à ce qu'il émerge enfin, braillant à tue-tête :

— PARDON, CHOUCHOU ! J'peux faire… j'peux faire quelque chose pour toi ?

Incroyable ! J'essaie tant bien que mal de cacher ma surprise en enfouissant mon visage sous la couette, mais je n'en crois pas mes oreilles : j'ai dû attendre de tomber enceinte pour que mon mec se soucie de moi.

— Il faut qu'on parle.

J'ignore son haut-le-cœur et me résous à profiter de l'occasion :

— Mais un petit massage, ce serait bien…

Il s'exécute et va jusqu'à chercher une vieille huile de massage dans la salle de bain – c'est le prétexte qu'il a trouvé pour vomir, j'imagine. Je la lui ai offerte pour notre première Saint-Valentin, il y a six ans. Elle pique un peu, mais tant pis. Rien n'est plus agréable que de sentir les mains de l'homme qu'on aime sur son dos. Rien ! Mes contractures disparaissent les unes après les autres, et je me détends enfin. Elles seront de retour dès le matin, je le sais, mais après la journée que j'ai passée, je ne suis pas contre une nuit de répit.

Gabin est un bon masseur, et j'ai longtemps considéré cette qualité comme son atout charme, ce que ma mère m'a toujours envié ; la seule fois où mon père s'y est essayé, il s'est pris une claque dans la figure.

— Tu kiffes ? susurre Gab' au creux de mon oreille.

Dans ces rares moments de plénitude, il me prend parfois l'envie de l'épouser. *Parfois*.

— Hum…

— Tu veux que j'arrête ?

— NON ! m'écrié-je en relevant la tête si vite et si fort que mon crâne percute sa mâchoire.

Le craquement qui s'ensuit est des plus sinistres… et annonciateur d'un désastre à venir.

— AÏE !

— Oh, non ! Je suis désolée !

— Mes vents !

— Tes quoi ?

— MES VENTS ! beugle-t-il en désignant sa bouche d'un geste de la main.

— Ah ! Tes dents !

Je soulève son menton pour constater l'étendue des dégâts, mais difficile de distinguer quoi que ce soit avec tout ce sang…

— Tu as mal ?

— J'ai verchu ma vent ! gémit-il en me fusillant du regard.

Oups. J'aurais mieux fait de me taire.

— C'est grave ?

C'est moi, ou j'ai le chic pour *toujours* poser les mauvaises questions ?

— VOUI !

Et c'est comme ça que je me retrouve à chercher une canine dans le noir pendant une demi-heure, enceinte, avant de rappeler Lucien, le copain de Gérard, pour conduire mon boulet de petit ami aux urgences.

Mon boulet de petit ami *et sa dent*, précieusement conservée dans le seul emballage que j'aie pu trouver : un sachet de fromage râpé.

Mais malgré tout ce que j'ai subi ce soir, la poisse n'en a pas encore fini avec moi, non : j'ai à peine posé un pied dans la salle d'attente que Max, le visage dégoulinant de sueur et un téléphone à la main, se précipite dans ma direction pour m'achever.

M'achever, oui. M'achever, c'est le mot. Je ne vois pas quelle autre intention il pourrait avoir en m'apprenant ce qui va suivre :

— Emy ! Tu tombes bien ! Il y a un léger problème…

— ENCORE ?

## 9

# Si je mens

*Cinq minutes et une syncope plus tard, à l'hôpital de la Cavale Blanche, à Brest...*

— TU AS QUOI ? éructé-je en découvrant le sourire contrit de Maxence.

— Échangé ton dossier avec celui d'une autre patiente, répète-t-il piteusement. Ça n'arrive jamais, mais je... j'étais perturbé, et je t'ai annoncé une grossesse qui n'est pas la tienne. Tu n'es plus enceinte, Emy.

Il marque un temps d'arrêt, avant de réaliser :

— Tu ne l'as jamais été.

NOM D'UN TACOS AU CANARD.

— Je suis navré, ajoute-t-il précipitamment. C'est tout simplement...

— Merveilleux ! complété-je en me jetant dans ses bras et en posant malencontreusement mes lèvres sur les siennes.

Malencontreusement, j'ai dit !

D'accord : je suis en train de lui rouler un palot. C'est l'émotion, les hormones, tout ça, tout ça...

Zut. S'il n'y a pas de bébé, il n'y a pas d'hormones, c'est ça ?

Je me serais bien penchée plus longuement sur la question, mais là, tout de suite, maintenant, j'ai un problème un poil plus urgent à régler : décoller ma bouche de celle de Max.

Vite.

*Très* vite.

Aaaaaah, pourquoi c'est si difficile ? Ma langue est solidement attachée à la sienne, comme de la Super Glue, mais il faut que je me dépêche : Gabin va revenir d'une minute à l'autre.

Même s'il est à moitié ivre, il ne gobera jamais mon excuse de test buccal s'il me voit embrasser ce beau blond à pleine bouche.

Les blonds ne sont même pas mon type de mecs, d'abord ! Moi, je préfère les bruns.

Les bruns, oui. Et tant pis si Gabin est roux.

Par je ne sais quel miracle, je parviens à m'éloigner de Maxence, bien décidée à cogner ma tête contre le mur aussi longtemps que nécessaire pour tomber dans les pommes et tout oublier de l'horrible, cruelle, terrifiante scène à laquelle je viens de participer.

— Chouchou ? V'est-ce vi se vasse ?

Trop tard. Gabin nous a pris sur le fait. Mon couple est fini, et ma vie le sera aussi lorsque mes parents apprendront que je l'ai trompé.

Ma mère, surtout. Elle l'a toujours considéré comme le fils qu'elle n'a jamais eu.

À bout de nerfs, j'éclate en sanglots dans les bras d'un Max désemparé, à côté d'un futur papa qui n'a plus toutes ses dents – et qui ignore encore qu'il n'est pas futur papa.

AU SECOURS.

— Vourvoi vu vleuves ? minaude-t-il en boitillant jusqu'à moi.

Mais il… il ne réalise pas que j'étais en train d'embrasser mon meilleur ami d'enfance il y a encore dix secondes ?

Si oui, c'est le moment ou jamais : celui où je prouve à tous – mais surtout à Gabin – que j'aurais pu décrocher un Oscar, si j'avais été la nièce de Meryl Streep ou de Leonardo DiCaprio.

Ni une ni deux, je cache mon visage derrière mes mains et me mets à respirer comme un pingouin constipé.

— C'est affreux, mon cœur. AFFREUX ! Il y a eu une erreur, et je... je ne suis pas enceinte.

Cette prestation n'est pas particulièrement brillante, il faut le dire, mais mes filets de bave et mes yeux vitreux suffisent à convaincre Gabin.

En relevant la tête, je rencontre son regard, vide de toute émotion. Le pauvre ! Il me brise le cœur. Je vois tous nos projets d'avenir y rendre l'âme, tout notre amour s'éparpiller sans que je puisse en rassembler les morceaux. Il n'y a que des flammes pour animer ses iris, désormais : celles d'un espoir parti en fumée, remplacé par la haine d'un futur que ni lui ni moi ne pourrons sauver.

— C'est lui vi a fait ça ? demande-t-il en pointant son doigt velu en direction de Maxence.

Il le tient pour responsable, c'est clair. Si je ne trouve pas une diversion, il va lui coller son poing dans la figure, genre... MAINTENANT.

— Calme-toi, mon Gabinou ! Ce n'est pas grave, on n'a qu'à essayer d'en avoir un.

NOM D'UNE TRUITE À LA MARMELADE. QUELQU'UN PEUT-IL ME RÉPÉTER L'ABSURDITÉ QUI VIENT DE SORTIR DE MA BOUCHE ?

« On n'a qu'à essayer d'en avoir un. » Qu'est-ce qui ne tourne pas rond chez moi ? Je sors d'une tombe pour me jeter dans une autre, c'est ça ?

— Vest-ce ve vu viens ve vire ?

Maxence est d'accord avec moi ; ses yeux menacent de sortir de leurs orbites à tout instant.

— Vu veux v'on fasse un vévé ?

Courage, Emy. Tu peux le faire ! Sourire hypocrite, grande inspiration, regard énamouré, et… action !

— On reparlera de tout ça demain, mon cœur. Pars avec Max, il va te soigner.

— Mav ? C'est vi, Mav ?

Ledit « Mav » s'interpose entre nous, blanc comme un yaourt 0 %. C'est lui qui va finir dans un lit d'hôpital, si ça continue !

Sans dire un mot, il fait signe à Gabin de le suivre. Mon idiot de petit ami ne se fait pas prier : plus vite il sera remis sur pied, et plus vite nous pourrons copuler !

BEURK.

— Tu as sa dent ? s'enquiert Maxence avant de s'engager dans le couloir. Ils en auront besoin, aux urgences dentaires.

Je hoche la tête et lui tends le sachet de fromage râpé dans lequel j'ai glissé la canine.

— Shoote-le bien, OK ?

— Non, Emy. Ce serait dangereux, vu son état.

— Ah. Oui. Tu as raison, bien sûr, mais je ne veux pas qu'il soit traumatisé à cause du… euh…

— Bébé ?

— Du bébé, oui. À cause du bébé.

Si mon copain pouvait oublier cette soirée de malheur, ce serait encore mieux.

Mon sourire rassurant ne suffit pas à dissiper le malaise qui s'est installé entre Max et moi. Il part rejoindre Gab' en courant, l'air triste.

Cette fois, c'est sûr : je porte la poisse. Mais en dépit de toutes ces mésaventures, j'aurai appris une chose aujourd'hui : les mensonges peuvent sauver une vie.

Le karma, en revanche, ne se prive pas pour… je ne sais pas, moi… me punir d'avoir égorgé un moustique dans une vie antérieure ? La chaise sur laquelle je m'assieds en salle d'attente est terriblement bancale.

Évidemment, je me casse la gueule.

Lorsque je me relève avec quelques douleurs dorsales en plus et deux ou trois égratignures sur les mains, je suis persuadée que le pire est derrière moi. Pourtant, je ne pouvais pas davantage me tromper : j'ai tout juste le temps de bâiller avant que Max ne revienne, arborant un sourire tout sauf rassurant.

Zut. Ça pue l'embrouille à plein nez, et après cette journée infernale, je ne suis pas sûre de pouvoir entendre la énième bêtise qu'il s'apprête à débiter.

# 10

# L'appel des sushis

— Tu te rappelles, quand je t'ai parlé d'un petit souci, tout à l'heure ?

— À moins d'être amnésique, c'est plutôt difficile à oublier.

Maxence esquisse un sourire gêné, avant d'ajouter :

— En ouvrant ton dossier, j'ai été surpris de découvrir que ta prise de sang avait été analysée aussi vite.

C'est vrai que c'était rapide !

— D'habitude, ça prend plus de temps, poursuit-il, de plus en plus nerveux. Quand les vrais résultats sont arrivés, tu étais déjà partie, et…

Je l'interromps en posant une main sur son bras. S'il continue comme ça, on est encore là demain matin, et vu la façon dont je m'agrippe à lui, pas besoin d'être infirmier pour comprendre que je suis au bord de l'apoplexie.

— Max. J'ai beaucoup d'affection pour toi, crois-moi, mais si tu m'annonces qu'il y a un nouveau problème, je prends cette chaise en plastique et je la fracasse sur ton crâne, d'accord ?

Pardon, petite chaise en plastique. Ce n'est pas ta faute, je t'assure : tu n'es qu'un dommage collatéral.

Mon *alter ego* mobilier, en quelque sorte.

Résigné, Maxence me tend une pile de feuilles et s'assied sur la chaise, qui reste parfaitement stable.

Elle n'est bancale que pour moi, c'est ça ?

J'essaie de déchiffrer les bilans sanguins, sans succès. Mieux vaut laisser mon interne préféré m'expliquer de quoi il en retourne.

— Tu as du cholestérol. Du *mauvais* cholestérol, précise-t-il face à mon air incrédule.

Du mauvais cholestérol ?

Comment ça, « mauvais » ? Mauvais comme Voldemort après avoir tué les parents d'Harry Potter ?

— Tu es sûr que tu n'as pas confondu mon dossier avec celui d'une personne plus… ?

— Âgée ? Non. Pas besoin d'être une mamie de quatre-vingt ans pour avoir un taux élevé de LDL, Emy. La vieillesse n'est qu'un facteur, au même titre que la génétique, l'hygiène de vie ou le tabac. Tu ne fumes pas, au moins ? s'enquiert-il en replongeant le nez dans la liasse de documents.

C'est moi, ou il est inquiet ? C'est trop chou !

Euh… par « chou », j'entends mignon, gentil, poli. Pas « chou » au sens de « j'ai envie de lui sauter dessus », hein ! Pas totalement.

— J'ai allumé une cigarette au collège, mais j'en suis restée là.

— Oh. Tant mieux.

— Oui, c'est sûr.

La vérité, c'est que l'odeur du tabac m'a donné la nausée. Mais genre beaucoup. En revenant en cours, après la pause-déjeuner, j'ai rendu mon repas devant toute la classe.

Je me souviendrai toujours de la tête de la prof de maths lorsque j'ai dégobillé sur son bureau. Tant pis pour elle : elle n'avait qu'à pas me placer au premier rang. Si elle m'avait laissée au fond de la salle, c'est Mathieu Le Menn qui aurait tout pris. Pas les copies qu'elle s'apprêtait à nous rendre.

Bref, j'ai été dégoûtée à vie, ce jour-là. Des maths, et de tout ce qui se fume.

Pas sûr qu'il y ait une grande différence, cela dit.

À son tour, Maxence pose sa main sur mon bras. Il ne se doute pas qu'au moindre contact physique, une série de frissons irradie l'ensemble de mon corps.

Zut. La situation est plus désespérée que je ne le pensais : moi qui croyais que ma libido m'avait définitivement abandonnée, voilà qu'elle resurgit au pire moment, au pire endroit et avec la pire personne possible – quelqu'un d'autre que Gabin.

— Il faudra que tu te rendes chez ton médecin avec tes résultats d'analyses pour qu'il t'explique la marche à suivre. Tu es jeune et en bonne santé, donc certains facteurs aggravants ne sont pas encore entrés en jeu, mais c'est important de surveiller ton taux. D'ici là, veille à réduire ta consommation de matière grasse. Beurre, huiles végétales, fromage et charcuterie sont à proscrire.

C'est pas vrai ! Déjà que je dois me coltiner une scoliose pour le restant de mes jours, je ne vais pas *non plus* faire de la place à Monsieur le Méchant Cholestérol, si ? Autant accueillir Voldemort tout de suite, dans ce cas !

— Et les sushis ? grigné-je, au comble de l'angoisse. Je peux toujours en manger ?

Un large sourire s'étire sur ses lèvres : voilà au moins une bonne nouvelle qu'il peut partager avec moi.

— Oui, bien sûr !

Miracle ! Je sais ce que je vais manger demain midi. Et demain soir. Et après-demain midi. Et après-dem…

— On peut en commander ensemble, si tu veux. Je connais une bonne adresse, à Brest.

Hein ? Que ? Quoi ? Quiche ?

— Manger au restaurant ? Avec… avec toi ?

C'est moi, ou il me propose un rencard ? On n'invite pas une fille à dîner juste après l'avoir embrassée sans vouloir sortir avec elle, non ?

NOM D'UN ESQUIMAU FONDU ! MAX VIENT DE ME PROPOSER UN RENCARD !

« Rencard ». Le mot à fuir quand on est en couple.

Même s'il est question de sushis.

C'est donc pour ça que je réponds :

— …

# 11

# Les malheurs d'Emy

— Un ren… restau ? Avec plaisir !

J'offre à Maxence le sourire le plus niais qui soit et le laisse rentrer chez lui en songeant au merveilleux moment que nous allons passer, lui et moi, avant qu'une infime partie de mon cerveau ne se rappelle que J'AI UN COPAIN, NOM D'UN BURGER AU COUSCOUS.

Résultat : je vais devoir appeler Max pour lui dire d'oublier notre sortie sushis.

Tant pis si ça le réveille. C'est sa faute, aussi ! Pourquoi me proposer ça après notre bisou, alors qu'il sait que je suis en couple ? Il n'avait aucune excuse pour répondre à mon baiser.

Et moi, je n'en avais aucune pour l'embrasser, d'accord.

Mais j'étais stressée, désemparée, et… Ah ! C'est précisément pour ça que je dois l'éviter. Dès qu'il est dans les parages, je commence à dérailler.

Le temps que Gabin revienne, je m'efforce de le chasser de mes pensées en me réfugiant sur Wattpad. L'appli est toujours ouverte sur la section que je parcourais avant que mon copain ne perde une dent : *If Gloria Brooks-Smith was still alive,* chapitre 1. Plus précisément : la réponse de @Sparkles_OfHope à mon commentaire.

Je l'avais presque oubliée, avec tout ce qui s'est passé. *Presque.*

Maintenant que l'excitation est retombée, je commence à relativiser : Eliott Scott échange avec énormément de lecteurs, je suis loin d'être une exception. Il ne se souvient probablement même pas de ce que je lui ai écrit ou de ce qu'il m'a dit tout à l'heure.

Ce n'est pas grave : il m'a lue, puis a pris la peine de me remercier. Et ça, ça vaut toutes les glaces à la pistache du monde.

Nerveux, mes doigts restent un instant suspendus au-dessus de l'écran, désireux de lui exprimer toute ma gratitude. Après dix minutes à me prendre la tête sur la formulation de ma réponse, j'appuie enfin sur « Publier ».

« *Thank you so much, @Sparkles_OfHope ! I love your books ! My Wattpad username is actually inspired by* On the leaves of Autumn, *my favourite one. Not because it's a bestseller – well, not only –, but mostly 'cause for the first time in my life, I saw myself as a human being who has constant choices to make and a future to build. So "*merci*", as we say in French*[7]. »

Je me suis toujours débrouillée en anglais, plus grâce à un visionnage excessif de *teen series* américaines qu'à mes cours au lycée. Wattpad a bien mis en place un traducteur automatique permettant à ses utilisateurs de lire des histoires dans plusieurs langues, mais cette fonctionnalité n'est pas encore très performante, alors d'ici à ce qu'elle le devienne, je me repasse *Gossip Girl* et *Teen Wolf* en boucle.

J'ai à peine refermé l'application que Gabin revient avec sa dent en place et trois feuilles d'ordonnance. *Trois* !

---

7. « Merci infiniment, @Sparkles_OfHope ! J'aime tellement vos livres ! Mon pseudo Wattpad est d'ailleurs inspiré d'*On the leaves of Autumn*, mon préféré. Pas parce que c'est un *best-seller* – enfin, pas seulement –, mais parce que pour la première fois de ma vie, je me suis vue comme un être humain confronté à des choix et ayant un futur à construire. Alors "merci", comme on dit en français ! »

Tant mieux ! Avec ça, il oubliera peut-être ce qu'il a entendu ce soir. Si ça pouvait l'empêcher de me reparler de bébé avant quelques jours, ça m'arrangerait.

Le temps que je fasse le point sur ma vie, au moins.

— On y va, grommelle-t-il sans même me laisser le temps de lui demander si ça va, s'il n'a pas trop mal ou s'il m'a vue rouler une pelle à un autre mec.

Lucien nous attend sur le parking. Dépitée, je me glisse à l'intérieur de la voiture et m'étale sur le siège passager. Le trajet se déroule en silence, si bien que je dois me retenir de crier lorsqu'une nouvelle réponse de @Sparkles_OfHope me parvient :

*« Awh, you're French ? I've always loved French people ! I hope we could talk someday ! What about you, @TheAutumnToMyFalls ? Do you write*[8] *? »*

— T'as froid ? s'enquiert Gabin, assis à l'arrière, lorsque nous entrons dans Crozon, une expression indéchiffrable plaquée sur le visage.

— Non, pourquoi ?

Je suis juste tellement touchée par les mots d'un inconnu que je sanglote comme un chaton en manque de lait, mais à part ça, tout va bien.

— Tu trembles.

Sans me laisser le temps de réagir, il me jette un plaid à la figure. Je ne vais pas me plaindre – j'adore les plaids –, mais Gab' aurait su que c'était parfaitement inutile s'il avait pris la peine de m'écouter.

Mes poings se crispent sous la couverture. J'hésite à le lui faire remarquer, mais ce ne serait pas raisonnable après cette soirée de malheur, et encore moins après le baiser que j'ai échangé avec Max. Un autre jour, peut-être…

---

8. « Oh, vous êtes française ? J'ai toujours aimé les Français ! J'espère que nous pourrons échanger un jour ! Et vous, @TheAutumnToMyFalls ? Vous écrivez ? »

En soupirant, je reporte mon attention sur le téléphone : Eliott Scott a sauvé ma journée. À deux reprises. Ça ne va strictement rien changer à sa vie, mais à la mienne, si, et je lui en serai toujours extrêmement reconnaissante.

« *Do you write ?* »

Oui, j'écris. C'est plus ou moins mon oxygène. Sans ça, j'étouffe, je suffoque, je me noie. Que je les pose ou non sur le papier, les mots m'accompagnent au quotidien. Ils sont là, à portée de main, toujours prêts à m'aider en cas de besoin. Ce sont mes piliers, mes médicaments, mon échappatoire.

Sans eux, j'ignore si je serais encore là.

— On est arrivés, m'informe Gabin d'une voix sans émotion, aussi rocailleuse qu'une pierre enfouie au fond d'une grotte.

Une pierre terne, une pierre triste, une pierre qui n'a jamais vu la lumière du jour.

J'ouvre la portière et fonce jusqu'au lit sans m'arrêter, retenant les larmes qui menacent de couler sur mes joues pour la je ne sais combientième fois de la journée.

Jean Le Guen, Jade, Arielle, mes parents et maintenant Gab'… Il faut que ça s'arrête. Je ne suis pas un distributeur de pleurs, ni un punching-ball verbal. Je suis un être humain. Un être humain certes rongé par les doutes et les incertitudes, mais doté d'une force que personne ne peut lui enlever.

Un sourire s'étire sur mes lèvres lorsque je prends conscience que c'est plus ou moins ce que comprend Autumn Dale à la fin d'*On the leaves of Autumn*. J'aimerais relire le roman pour me remonter le moral, mais il est tard : mon réveil sonne dans trois heures à peine, et malgré mes douleurs lombaires, il est hors de question que je sèche le travail.

Je ne veux pas subir un licenciement pour abandon de poste.

Résignée, j'attends que Gabin pénètre dans la chambre avant de m'autoriser à fermer les yeux, mais il n'en fait rien. Je comprends au silence de plomb qui s'abat dans la maison qu'il s'est écroulé sur le canapé. Il n'a pas de mal à trouver le sommeil, lui, on dirait…

C'est donc comme ça qu'après un blocage de dos, une fausse grossesse, une dent tombée et une intégrale de *La Passe-Miroir* en plus dans ma bibliothèque, je me glisse enfin dans mes draps – définitivement, cette fois.

Les mots d'Eliott me reviennent en tête, comme une berceuse qu'on chante à un nouveau-né dans le vain espoir de l'apaiser :

« *Do you write ?* »

À question simple, réponse simple, pas vrai ? Mais j'ai beau y réfléchir durant le reste de la nuit, rien ne me vient à l'esprit. J'écris, oui. Mais pourquoi ? Pour qui ?

Ce n'est qu'à la lueur du petit matin que l'évidence m'apparaît enfin.

## 12

# La voleuse de mec

J'écris pour me sentir comprise. En vie.

« *Yes, I write. I write to be understood, to feel alive at least once in my life*[9]. »

J'ignore si c'est à cause de la fatigue qui régit mon corps, mais j'ai à peine achevé le message que j'appuie sur la touche « Envoyer » et tombe dans les bras de Morphée, enfin.

♥♥♥

*Une heure plus tard, chez Gabin…*

J'ai un bon pressentiment concernant ce mercredi.

Pourquoi ?

Parce que je l'ai décidé, déjà. Et même si je ressemble actuellement à une chouette à demi déplumée, cette journée ne pourra pas être pire que la précédente. *Jamais*. Je sais, il ne faut jamais dire « jamais », mais écoute-moi bien, cher mercredi :

— Ne me déçois pas. Tu vaux beaucoup mieux que ton idiot de frère, mardi, qui ne t'arrive même pas à la cheville. Il fait une syllabe de moins que toi, déjà, et il rime avec

9. « Oui, j'écris. J'écris pour être compris, pour me sentir vivante au moins une fois dans ma vie. »

« pourri »… Zut, toi aussi tu rimes avec « pourri ». Mais ce n'est pas grave, parce que tu vas me prouver que j'ai raison de te faire confiance, pas vrai ? Je t'aime, tu sais.

— Qui est-ce que tu aimes ? m'interrompt Gabin en ouvrant la porte de la salle de bain à la volée.

— Qui j'aime ? Toi, bien sûr ! Qu'est-ce que… qu'est-ce que tu fais là ? bredouillé-je alors que le visage de Maxence apparaît dans mes pensées.

Comme un GIF, mais qui clignote, et avec un refrain entêtant en arrière-plan, du genre « *And Iiiiiiaïe will aaaaalways loooooove youuuuuuouhouhouhouh whaaaaaa* ».

Mon petit ami s'approche du miroir et offre un grand sourire à mon reflet rempli de pustules.

Stress + faux bébé + quasi-insomnie = gros boutons d'acné. Voilà la seule équation que j'arrive à poser.

Ce que je comprends moins, en revanche, c'est pourquoi il est d'aussi bonne humeur. Il y a anguille sous roche. Pire : baleine sous gravillon.

— Ton pote Max m'a donné un arrêt de travail pour aujourd'hui. Il te l'a pas dit ?

*Max.*

Nom d'un marshmallow à la béarnaise ! Gabin est en train de me parler de Max.

— Max ? Non ! Pourquoi il me l'aurait dit ? Tu sais, on ne discute pas beaucoup, lui et moi. On n'est même plus amis ! Il n'y a pas de raison que…

— Em', me coupe-t-il en me montrant l'écran d'accueil de son *smartphone*. T'es à la bourre.

— Zut. Zut, zut, zut !

Je lui colle un baiser sur les lèvres, aussitôt suivi d'un cri de douleur du principal intéressé. Quelle quiche ! J'ai oublié sa dent.

— Désolée ! m'égosillé-je en quittant la pièce.

— Tu vois que t'avais pas besoin d'aller à l'hosto, ricane-t-il alors que j'attrape ma veste, mes clés et mon sac à la va-vite. Ils t'ont pas donné d'arrêt de travail, à toi !

Je tâche d'ignorer sa remarque sarcastique et me précipite à l'extérieur, mais manque de louper une marche en sortant.

Pas les urgences, Emy. *Pas les urgences.*

♥♥♥

*Cinq minutes et un sprint plus tard...*

Je suis dans le bus, je répète : JE SUIS DANS LE BUS.

C'est grâce à mercredi, ça. Tout aurait été différent, avec mardi. Si, si, c'est vrai : je ne serais même pas arrivée jusqu'à l'arrêt.

Je me raccroche difficilement au poteau le plus proche – plus comme un raton laveur défraîchi qu'une déesse de la *pole dance* – et attrape mon portable dans ma poche. La chute n'est pas loin, mon dos me fait un mal de chien, mais je tiens bon.

Malheureusement, mes efforts sont vains. Eliott Scott ne m'a pas répondu.

Je referme Wattpad, dépitée. À quoi je m'attendais, aussi ? À ce qu'un habitué de la liste des *best-sellers* du *New York Times* m'adresse un commentaire non pas une, non pas deux, mais bien *trois fois* en vingt-quatre heures ?

Il faut croire que oui... Et ça, c'est ce qui s'appelle être *débilos*. Sacrément *débilos*. J'ai intérêt à corriger ça vite si je ne veux pas me transformer en Mme Bovary 2.0.

Eliott est en déplacement aux États-Unis, en plus. C'est ce qu'@EliottScottFans a révélé il y a deux jours sur Threads, lorsqu'un paparazzi a partagé une photo de lui à Los Angeles.

De lui et Lucy Daniels, sa petite amie.

Ils quittent très peu leur immense appartement londonien, mais cette semaine, Eliott est en voyage d'affaires pour planifier la potentielle adaptation d'*On the leaves of Autumn* au cinéma.

Tout en entamant une nouvelle histoire sur Wattpad, oui.

Sérieusement, je ne sais pas comment il fait. Il ne doit pas dormir plus de quelques heures par nuit, impossible autrement ! Après une insomnie, pourtant, j'ai déjà du mal à me motiver à travailler, alors réussir à allumer mon ordinateur pour écrire une ligne, une seule, ça relèverait de l'exploit.

Heureusement, j'ai une solution pour que ça n'impacte pas mon *job* et pour m'empêcher de tomber de fatigue entre deux étagères : avaler des litres et des litres de thé, même si ça implique une dizaine d'allers-retours aux toilettes et le développement d'une carence en fer.

Manque de bol, j'ai à peine le temps de me ruer en salle de pause et brandir ma tasse qu'Arielle m'interrompt, un sourire au coin des lèvres :

— Du thé ? propose-t-elle en scrutant ma tête de déterrée.

Arielle, qui devient officiellement la meilleure collègue que je puisse rêver d'avoir. Croyez-moi, c'est un titre sans précédent – surtout lorsqu'on sait que je la déteste.

— Du thé ? Pour moi ?

— Pour toi, confirme-t-elle en agitant une bouilloire remplie d'eau chaude sous mon nez.

J'amorce un mouvement de recul, méfiante. Elle ne cherche pas à me brûler, tout de même, si ? Je veux bien qu'on ne s'entende pas, mais pas au point de…

— Gabin m'a appelée, précise-t-elle. Super soirée, hein ?

— On peut dire ça…

Ou on pourrait, si elle avait pris place dans un univers parallèle qui aurait troqué ma fausse grossesse contre une nuit de plaisir aux côtés de Maxence.

…

Gabin ! GABIN !

Je voulais dire Gabin.

— Il m'a expliqué, pour sa dent… et pour le bébé.

— Ah. Oui. Le bébé.

— C'est drôle, ajoute-t-elle en s'emparant de ma tasse, je ne t'imagine pas être maman.

*C'est drôle*, moi non plus.

— C'est sans doute pour le mieux, continue-t-elle. J'ai déjà vu Jade se plaindre d'une employée qui lui avait adressé son congé maternité. Six mois après, elle avait disparu, conclut-elle d'une voix triste, comme si elle m'annonçait que son cochon d'Inde venait de rendre l'âme.

— Mais… mais elle n'a pas le droit !

— Parce que tu crois que ça la dérange ? Tu connais Jade, Émilie.

Un frisson d'horreur remonte le long de mon bras, puis de ma clavicule, jusqu'à chatouiller mon cou et provoquer une série de hoquets qui suffisent à écœurer Arielle. Elle s'éloigne sans demander son reste, ma tasse de thé en main, son sourire plus hypocrite que bienveillant toujours collé aux lèvres.

Arielle, gentille… Je me disais, aussi, que c'était trop beau pour être vrai.

J'hésite à piquer un somme avant d'entamer la mise en rayon, mais me résigne rapidement. Il ne manquerait plus que Jade me surprenne en train de gamberger. Je ne sais peut-être pas avec certitude comment elle réagirait si je lui apprenais une grossesse que je ne désire de toute façon pas, mais mon emploi est déjà assez menacé pour que je sois consciente qu'elle dispose de bien d'autres moyens à sa disposition pour me virer, avant de recourir à l'option bébé.

C'est ça, ma réalité. Et même si ce mercredi s'est montré sympa avec moi jusqu'à présent, ce n'est pas une raison pour forcer le destin.

♥♥♥

*Huit heures et douze tasses de thé plus tard...*

Après avoir failli m'endormir quatre fois sur un bouquin et répondu à côté de la plaque à la moitié des demandes des clients, je sors enfin de l'Espace Culturel, lessivée.

Lessivée, mais en vie.

Je songe à courir pour attraper mon bus, mais ça me semble peine perdue à en juger par l'état de mes réserves d'énergie : vides. Lorsque j'arrive à l'arrêt, le panneau d'indication des horaires m'informe que j'ai plus de vingt minutes à attendre.

Zut. Zut, zut, zut.

Tandis que je pique du nez sur le banc trempé, en compagnie d'un commercial à qui je rêve de couper la langue et d'un fumeur qui couve très probablement une bronchite, mon téléphone se met à sonner.

Génial ! Peut-être que Gabin a décidé de venir me chercher, pour une fois – même si je l'imagine davantage comater sur le canapé, un filet de bave dégoulinant le long de son T-shirt « Breton mais pas con ».

Malheureusement, ce n'est pas son nom qui s'affiche à l'écran, mais un numéro inconnu, localisé non pas à Crozon, mais à…

— Brest ?

Quelques secondes de réflexion me suffisent pour deviner l'identité de mon interlocutrice.

# 13

# Crozon-Brest

Bleuenn Le Goff, alias @TasladegainedunMarsu, ma seule amie virtuelle… et réelle.

— Blue ? Pourquoi tu es en appel masqué ?

— C'est une longue histoire… Je te passe les détails, OK ? Y a pas plus chiant que cette journée.

Pas plus chiant que mercredi ? Si : mardi !

— Non, raconte.

— Tu ne veux pas savoir, crois-moi, m'assure-t-elle en soupirant profondément. J'ai perdu mon portable dans le train pour Paris, et *bim* ! Devine sur qui je tombe !

Didier Deschamps ?

Le roi d'Angleterre ?

Brad Pitt déguisé en vache espagnole ?

— Kilian, qui me propose de le localiser en l'appelant. Je lui ai donc donné mon numéro avant de retrouver mon téléphone, et maintenant, je me fais bombarder de textos. Évidemment, je l'ai bloqué, mais tu le connais : ce n'est pas ça qui va l'arrêter.

— Kilian ?

— Mon ex ! L'abruti n° 2 ! Il faut suivre, Emy.

— Pardon, je… je suis un peu à l'ouest aujourd'hui.

Au bout du monde, même[10].

— Pourquoi ?

Comme elle n'obtient pas de réponse, Blue commence à s'agacer :

— Qu'est-ce que tu as fait encore ?

— Rien ! m'indigné-je en m'éloignant de l'abri de bus.

Quitte à me prendre un sermon de ma meilleure amie, autant rentrer à pied.

Ça me fera du bien de prendre l'air. D'après Max, l'exercice physique favorise une bonne hygiène de vie, contribuant ainsi à diminuer le taux de cholestérol. Il faut que je pense à consulter mon médecin traitant, d'ailleurs. J'avais presque oublié, avec tout ce qui s'est passé hier. Oh, et que j'annule notre rendez-vous sushis, aussi ! ÇA, C'EST URGENT.

— Tu sais pourquoi je t'appelle, au moins ? relance Bleuenn en contenant difficilement son excitation.

Un sourire se dessine sur mes lèvres. Je sais *exactement* à quoi elle fait référence.

— Parce que tu as vu mes commentaires sur le nouveau roman d'Eliott… et les siens ?

Blue aussi est fan de ses écrits. Moins que moi, mais fan quand même.

— BIEN SÛR QUE JE LES AI VUS ! Tu te rends compte, Emy ? TU TE RENDS COMPTE ? Ça fait un an que j'attends une réponse de sa part, UN AN, et toi, tu en obtiens trois en même pas une journée !

— Trois ? Tu te trompes, je n'en ai reçu que deux !

— Tu viens d'en avoir une troisième, patate !

Nom d'une tourte à la papaye ! Qu'est-ce que @Sparkles_OfHope a pu trouver à dire à mes lamentations ?

---

10. Littéralement. La presqu'île de Crozon abrite chaque année le festival du Bout du Monde, inspiré de son département, le Finistère (là où finit la Terre), et d'une programmation très éclectique qui célèbre les musiques du monde.

— Je te rappelle, d'accord ?

— Non !

— Mais comment tu veux que je…

— « Ne fais pas ça. Ne fais pas tes adieux. Pas encore », m'interrompt-elle en paraphrasant Jack Dawson.

— Arrête, Blue. Tu n'es pas dans *Titanic* ! Laisse-moi voir ça de mes propres yeux, au moins, si tu ne veux pas que je raccroche.

Alors que je me réfugie à l'entrée d'un champ, je l'entends rouspéter à l'autre bout du fil. C'est bien, ça lui apprendra à être patiente.

Je m'efforce de conserver un rythme cardiaque à peu près normal, mais c'est peine perdue. Mes doigts pianotent à toute vitesse sur le pavé numérique, jusqu'à atterrir sur le premier chapitre d'*If Gloria Brooks-Smith was still alive.*

« *That's awesome ! Would you agree to post one of your novels on Wattpad one day, to try something new ? I'd love to read your work ! Have a nice day, fellow writer*[11] *!* »

— Alors, « *fellow writer* » ? Tu l'as lue ? s'enquiert Blue à l'autre bout du fil.

J'ignore comment je parviens à murmurer un « oui » essoufflé du bout de mes lèvres, mais j'y parviens.

— Parfait. Maintenant qu'Eliott Scott a *personnellement* demandé à lire un de tes textes, tu n'as plus aucune excuse : tu dois partager ton roman sur Wattpad. Et ne prétends pas que tu vas y réfléchir ou que tu attends que les poules aient des dents, parce qu'elles en ont déjà, figure-toi. La seule réponse acceptable, c'est « oui ». Répète après moi, Emy : oui. Oui. OUI.

---

11. « C'est génial ! Accepteriez-vous de poster l'un de vos romans sur Wattpad un jour, pour essayer quelque chose de nouveau ? J'aimerais beaucoup lire votre travail ! Passez une bonne journée, collègue écrivaine ! »

J'hésite à lui dire que ça ne sert à rien qu'elle s'énerve, car ça n'arrivera tout simplement jamais, lorsqu'une voix me devance en fond :

— B., tu peux arrêter avec tes bruits bizarres ? J'essaie de remplir ma feuille d'imposition, *and you are not helping*[12].

L'intéressée réplique aussitôt avec un cri qui ressemble à s'y méprendre à celui d'une vache normande :

— Ferme-la, Axelle. T'avais qu'à demander à ton mec de t'aider, aussi !

Je l'entends faire quelques pas avant de s'adresser à moi :

— Attends, Emy : j'attrape un pot de Nut-Nut et je m'enferme dans la chambre, puis je suis tout à toi.

Tout à moi ?

Je vais faire comme si je n'avais rien entendu, ça vaudra mieux.

— Ça y est. Alors, tu vas le mettre en ligne, ton fichu bouquin ? Peut-être que ça te motivera à l'écrire !

Je prends une grande inspiration, consciente que Bleuenn risque d'encombrer ma boîte aux lettres avec des pots de Nutella vides si je refuse de poster *Mon cœur contre tes peurs*. Elle sait combien ce texte est important pour moi et, comme elle le stipule elle-même, ça lui « donnera une excuse pour racheter du Nut-Nut ».

C'est donc dans un élan d'optimisme, à cause d'une ridicule et stupide envie de lui faire plaisir, que je réponds :

— Oui.

Et le regrette aussitôt, car je viens sans doute de commettre la plus grosse erreur de ma vie.

Dire oui à Blue, c'est comme accepter un pacte avec le Diable, mais en pire. Elle ne me lâchera pas tant que je n'aurai pas écrit, posté, corrigé, réécrit et relu l'intégralité de mon histoire sur Wattpad.

12. « Et tu ne m'aides pas », en anglais.

— C'est pas trop tôt ! Maintenant, raconte-moi ce qui s'est passé pour que tu acceptes aussi rapidement – je mise sur l'apocalypse, ou une invasion d'extraterrestres.

— Tu es sûre ? Ça risque de prendre un moment…

— T'inquiète, j'ai toute la nuit !

Un soupir m'échappe.

— Une nuit entière ne suffirait pas à tout t'expliquer, Blue.

— On s'en fiche ! Commence par le plus important : Gabin l'abruti, par exemple. Sérieux, comment tu peux rester avec ce type en sachant qu'il colle des crottes de nez sous son canapé ? C'est rédhibitoire, ça !

Elle n'a pas tort…

— Oui, mais c'est *son* canapé. Je n'ai pas mon mot à dire sur ce qu'il y fait.

— Parce que si tu le surprends en train de culbuter ta voisine, tu vas fermer ta bouche, peut-être ?

— Impossible ! Mme Le Bihan est beaucoup trop vieille pour ça.

— On s'en fout, Emy. ON S'EN FOUT ! Il est temps que tu prennes tes responsabilités et que tu te débarrasses de ce mec ! C'est ce que *tout le monde* te répète depuis des mois.

— C'est faux ! Ma mère est ravie, elle. Si je romps avec Gabin, tu peux être sûre qu'elle m'interdira de revenir vivre à la maison !

— Et alors ? T'auras qu'à squatter chez Axelle, au pire. Tu veux que je lui pose la question ?

— Arrête ! Je ne vais pas déranger ta pote alors qu'il n'y a presque aucun problème entre Gabin et moi.

*Presque.*

J'aurais voulu l'en empêcher, mais c'est trop tard : Bleuenn lâche son portable et apostrophe son amie, puis revient quelques secondes plus tard avec la bonne nouvelle.

— Tout roule ! Axelle m'a dit que tu pouvais venir roupiller chez elle sans souci, « *whenever you're ready*[13] ».

— C'est gentil, mais…

— Tu ne te sens pas encore prête à larguer cet idiot, c'est ça ?

Mon silence parle pour moi.

— Écoute, Emy : tu mérites mieux que ce boulet. Même Axelle et Scarlet le disent ! Et elles en connaissent un rayon, niveau toxicité masculine. Ton Gabin est gentil, OK, mais la gentillesse, ça ne fait pas tout. Tu as besoin de quelqu'un qui te comprenne, te soutienne… Bref, quelqu'un qui ne soit pas Gabin. Quelqu'un dont tu sois follement amoureuse, aussi, parce que ça fait un bout de temps que vous ne vous aimez plus, tous les deux.

— Tu crois ? murmuré-je. C'est peut-être pour ça que j'ai embrassé Max hier…

— QUE TU AS QUOI ?

Oups.

Oups, oups, oups.

— Embrassé qui, Émilie ? QUI ?

Je m'apprête à lui répondre lorsqu'une Peugeot 206 surgit dans mon champ de vision. Mais pas n'importe quelle Peugeot 206 ! Je suis quasiment certaine qu'il s'agit de Julie, la voiture de Gérard, reconnaissable à ses pétarades et à la fumée noire qui s'échappe de son pot d'échappement.

Comme pour confirmer mes doutes, l'engin s'arrête à côté de moi.

— Bah alors ? Y a plus d'bus à Crozon, ou vous vous entraînez pour l'prochain marathon ?

— Je préfère marcher au lieu d'attendre, expliqué-je en désignant mon portable d'un geste de la main.

13. « Quand tu seras prête », en anglais.

— Pouah, faites pas vot' mijaurée ! J'vais vous ram'ner, moi.

À l'autre bout du fil, Bleuenn perd patience :

— QU'EST-CE QUE TU FOUS, EMY ?

— Vous êtes sûr ?

— Puisque j'vous l'dis !

— TU CROIS QUE JE NE T'ENTENDS PAS, PATATE ?

— Il… il faut que j'y aille, Blue. Je te rappelle dès que possible, promis !

Mon amie a tout de même le temps de lancer un « Quitte Gabin ! » avant que je ne raccroche. Pour la discrétion, on repassera… Heureusement, le vieux Schtroumpf est trop sourd pour l'entendre.

— Dites donc, ma p'tite dame, vous avez une tête de déterrée ! Pire que ma femme, j'vous jure ! s'esclaffe-t-il en se penchant pour ouvrir la portière côté passager.

Je reste un instant sidérée par sa souplesse, avant de monter à l'intérieur. Tant pis pour ma balade anticholestérol.

— Votre femme ? m'enquiers-je, ravie d'entamer la discussion – et laisser les imprécations de Bleuenn derrière moi.

— Corinne, qu'elle s'appelle. Dommage qu'elle soit…

# 14

# Stupeur et sentiments

— … Morte.

Bonjour le malaise !

Gênée, je détourne le regard. Est-ce que j'ai le temps de sortir de la voiture avant que le moteur ne démarre ?

Trop tard. Gérard appuie sur la pédale d'accélérateur et poursuit, goguenard :

— Soyez pas triste pour moi, j'm'en suis r'mis ! Ça fait trente ou quarante ans, maint'nant. C'te filoute m'a laissé seul avec deux Razmoket – deux ! –, alors j'me prive pas de l'insulter ! Ma Jacqu'line était un peu frappée sur les bords, comme vous, mais c'était une brave dame.

Rien ne va dans cette phrase. RIEN.

— Mais… vous venez de me dire que votre femme s'appelait Corinne.

— La première, ouais ! La deuxième, c'était Jacqu'line. Elle vous ressemblait bien, avec ses frisettes et ses fringues de taupe *model*.

— Taupe ?

— Taupe.

Je reste sans voix, croisant les doigts pour qu'il n'y ait pas de troisième « Mme Gérard ». J'aurais peut-être dû attendre un peu avant d'accorder ma confiance à ce vieillard. Il semble changer de femme comme de culotte, et… et il empeste l'eau de Cologne !

En résumé : il a tout d'un *playboy* retraité.

— Le prenez pas mal ! C'était pas pour vous blesser. C'que j'pige pas, c'est pourquoi une future Miss Crozon comme vous s'promène habillée comme une vieille chaussette trouée. C'est vot' technique pour faire fuir les minets, c'est ça ?

« Comme une vieille chaussette trouée » ? Oh. Il fait sans doute allusion à mon T-shirt *Hello Kitty* et à mon legging à pois jauni et rongé par le temps. C'est ce que j'ai porté pour aller travailler. Pour ma défense, ils étaient encore à la mode quand je les ai achetés… il y a treize ans.

— Eh ! C'est ma tenue du dimanche que vous critiquez ! grommelé-je, même si je sais pertinemment que Gérard a raison et qu'il est temps que j'investisse dans une garde-robe digne de ce nom.

Jade serait capable de transformer mon absence de style en motif de licenciement.

— J'espère qu'vous vous pointez pas à l'église comme ça, alors, parce qu'y reste plus qu'un curé à Crozon, et faudrait pas qu'y fasse une crise cardiaque à cause de vous. J'veux pas r'garder la messe sur TuTube, moi !

Nom d'une tourterelle à trois ailes ! Ce type est un phénomène. Si je devais épouser quelqu'un, ce serait lui, pas Gabin ! Le problème, c'est qu'il risque de passer l'arme à gauche avant que je ne profite de notre mariage. S'il était riche, ça irait, mais vu l'état de sa voiture – en ruine –, je doute qu'il roule sur l'or.

— Gérard, je vous promets que je passe tous mes dimanches ainsi.

— *Gast* ! On passe aux familiarités, à c'que j'vois ! C'est d'la triche, ça. J'connais pas encore vot' p'tit nom, et vous m'avez même pas donné vot' 06.

— Émilie, l'informé-je en attrapant le portable à clapet qu'il me tend pour y rentrer mon numéro. Émilie Jaouen.

— Jaouen. C'est joli, ça ! Y a mon pote Jean-François qui s'appelle comme ça. Et José, le poissonnier. Marcel, aussi, le gérant du bar, ajoute-t-il en pilant si fort qu'il manque de nous envoyer dans le fossé. Crotte de caniche en bois ! Qu'est-ce qu'y fout au milieu de la route avec son tracteur, c'ui-ci ? Y va tout cradosser, avec son lisier ! Fallait rester picoler chez Marcel, hein, si c'était pour faire des zigs et des zags !

— Des zigzags ! m'indigné-je, prise d'un fou rire.

— Hein ?

— Des zigzags ! Pas « des zigs et des zags » !

— Bah ! Faut pas m'en vouloir ! J'y pige couic, à vos expressions de jeunots. Vous pouvez pas parler normalement ? C'est pas compliqué ! *Ma Doué*[14], j'ai oublié un Jaouen ! José ? Nan, j'l'ai d'jà dit. Marcel et Jean-François aussi… Qui c'est que j'ai raté ?

Je m'absorbe dans la contemplation du paysage en attendant que le prénom lui revienne, mais lorsque nous arrivons chez moi, quelques minutes plus tard, il ne l'a toujours pas trouvé.

— Ça vous reviendra dans la soirée, relativisé-je en détachant ma ceinture. Merci pour la balade !

Le vieux Schtroumpf se tourne vers moi, révolté, comme s'il refusait de me voir abandonner aussi facilement. Son regard se perd un instant dans le mien, avant de s'attarder sur la plaque d'acné qui couvre ma joue droite. Je m'attends à ce qu'il fasse une réflexion sur mes boutons, mais non.

Au contraire : ils l'aident à retrouver la mémoire.

— Thierry ! Jean-François, José, Marcel et Thierry Jaouen, ma saleté d'gendre. Comment j'ai pu l'oublier,

14. « Mon Dieu », en breton.

c'ui-là ? Ah, sacré Thierry ! Il a pas dû m'donner assez d'chocolats à Noël, ce radin.

Face à mon air incrédule, Gérard juge utile de préciser :

— Me fixez pas comme ça ! C'est malpoli, et ça fait ressortir vot' pif. C'est quand même pas ma faute si y'a autant d'choux-fleurs que d'Jaouen à Crozon, non ?

Le vieux schnock appuie sur le klaxon pour manifester sa joie. Nom d'une chipolata au rutabaga ! Si Gabin ne savait pas encore que je suis rentrée, c'est bon, maintenant.

J'expire nerveusement, soudain anxieuse. J'avais prévu de m'éclipser dans la ruelle d'à côté pour réfléchir à la façon dont je vais annoncer à mon petit ami que je ne veux *plus* être avec lui.

Oui, oui, j'ai décidé de le larguer.

Bleuenn a raison. Je repousse l'échéance depuis des semaines, mais au fond, je sais que notre amour est révolu. Comme une salade : ça vit, ça grandit, puis ça pourrit, sauf que ça fait près d'un an que la date de péremption est dépassée, et il est grand temps de jeter cette ordure à la poubelle. Tout ce qu'il me reste à faire, c'est prendre mon courage à deux mains et quitter Gabin. Facile, non ?

Je tâche d'ignorer l'air dubitatif du conducteur et jette un coup d'œil à la maison qui m'a abritée pendant six mois. Elle va me manquer, quand je serai de retour chez mes parents.

Mon bureau, surtout.

En me voyant sangloter, Gérard s'efforce de rester tranquille, mais c'est visiblement trop difficile pour lui, puisqu'il finit par bafouiller :

— Vous plaignez pas, ma p'tite dame. Vous savez c'que ça veut dire ?

— Ce que veut dire quoi ?

— Vot' pif ! Vous en avez un, vous : pas comme Voldemort !

Je ne sais pas ce qui m'étonne le plus : que le vieux

schnock pense que sa remarque m'a blessée, ou qu'il blague sur *Harry Potter*.

— Eh ! Me faites pas croire que j'suis toc-toc ! J'ai encore toute ma tête, j'suis pas prêt pour la maison de retraite.

— Mais non, pas du tout ! Je… j'étais distraite.

Trop tard. Gégé est vexé. Il m'éjecte de sa voiture, appuie sur l'accélérateur, balance mon sac à main par la vitre et enclenche le levier de vitesse, bien décidé à nous laisser plantés là, mon projet de rupture et moi.

Lorsqu'il m'a dépassée d'une dizaine de mètres, il ouvre sa portière et me lance un « Faites comme les d'jeuns : tapez “toc-toc” sur Gogole ! » avant de filer vers d'autres aventures au volant de sa fidèle Julie.

En ramassant mes serviettes hygiéniques et mouchoirs éparpillés sur la chaussée, j'hésite à courir après lui pour le supplier de m'emmener, mais abandonne rapidement l'idée. J'ai assez fui comme ça, et je suis trop fatiguée pour tenter un sprint.

La journée d'hier était certes désastreuse, mais il y a au moins une chose que je retiens de ce mardi : il est grand temps d'affronter la réalité. Et affronter la réalité, aujourd'hui, ça signifie mettre fin à l'enfer que constitue ma relation avec Gabin, entre piques quotidiennes et intimations à faire des bébés. Impossible d'avancer autrement.

Ce sursaut d'assurance me donne la force d'ouvrir la porte d'entrée et de marcher jusqu'au salon. Je m'attends à le retrouver en PLS sur le canapé, la joue gonflée à cause de sa dent, une manette à la main, mais il n'en est rien. Gab' se tient près du comptoir de la cuisine, prêt à débiter un discours qu'il a visiblement passé la journée à préparer.

Étrange.

Lorsque je m'assieds sur le rebord du sofa, une part de moi ne peut s'empêcher de se demander s'il vient d'y coller une crotte de nez.

Beurk ! Merci Bleuenn…

— Émilie…

Pourquoi il m'appelle Émilie ? Il ne m'appelle *jamais* Émilie ! D'habitude, c'est toujours « Em' » ou « chérie », voire « chouchou » quand il est soûl, mais jamais, *ô grand jamais* « Émilie » !

— Ça ne va pas ? marmotté-je, laissant l'inquiétude prendre le pas sur mes nouvelles résolutions. Tu as mal aux dents ?

— C'est pas le problème.

— Tu es allé chercher tes médicaments ? Et tu as appelé ton dentiste ? Qu'est-ce qu'il t'a dit ? Tu as réussi à avoir un rendez-vous ?

— ARRÊTE ! Je vais bien, ce n'est pas de ça que…

— Ouf, tu m'as fait peur ! soupiré-je en le prenant dans mes bras – pas d'urgences ce soir. Écoute, Gabin… il faut qu'on parle. Vraiment, cette fois.

— Justement, ce serait cool que tu me laisses en placer une, parce que j'ai quelque chose à te dire.

— Pareil ! m'exclamé-je en prenant une grande inspiration. Alors voilà…

# 15

# Comment se débarrasser d'un boulet (amoureux) ?

— … Je te plaque, achevé-je triomphalement.

— Ça tombe bien, moi aussi.

Hein ? Que ? Quoi ? QUICHE ?

— Toi… toi aussi ?

— Je te plaque, acquiesce Gab' en se grattant le bras.

— Comme une affiche au mur ?

Le regard perplexe qu'il me lance conforte mon choix. Désolée, mais s'il est incapable de reconnaître les paroles d'une chanson des BB Brunes, alors oui, nous n'avons plus rien à faire ensemble.

— Nous deux, c'est fini, précise-t-il pourtant, comme si je ne venais pas DÉJÀ de rompre avec lui.

— Ah.

— « Ah » ? C'est tout ce que tu trouves à dire ?

Il faut croire que oui.

— Tu as pris ta décision à quelle heure ? m'enquiers-je, craignant de m'être fait avoir.

— À l'instant, pourquoi ?

Ouf, mon honneur est sauf !

— Ça fait un moment que j'y réfléchis, et je suis parvenue à la même conclusion que toi… mais avant ! Moi aussi, je veux qu'on se sépare. Depuis longtemps, d'ailleurs, sauf que ça fait dix minutes que j'en suis sûre et que je prévois de te l'annoncer. Je… je l'ai dit en premier.

Ce constat me fait jubiler intérieurement. Dans quelques jours, quand je serai roulée en boule dans mon lit, la télécommande dans une main et un bol de glace à la pistache dans l'autre, cette certitude suffira à me réconforter : ce n'est pas moi qui me suis fait larguer comme un vulgaire mouchoir en papier rempli de crottes de nez. C'est lui !

Gabin stipulera que c'est faux, bien sûr.

Ma mère lui donnera peut-être raison, mais vous et moi connaîtrons la vérité, la seule qui vaille la peine d'être rappelée : JE L'AI JETÉ. À partir de maintenant, vous êtes les Gardiens de ce secret.

Ses mèches rousses virevoltent devant ses yeux. Il est furieux. Il faut dire que ça fait un moment qu'il parle dans le vide :

— … et ce sont toutes ces raisons qui m'ont permis de réaliser que je perdais mon temps avec toi, d'où ma volonté de te quitter, conclut-il, satisfait de son monologue.

Je n'y crois pas ! Il a organisé ses idées ! Si notre couple n'était pas sur le point d'imploser, j'aurais applaudi, mais là, tout de suite, maintenant, je hoche frénétiquement la tête en ne pensant qu'à une chose : débarrasser le plancher, et m'empiffrer de crème glacée.

Zut, ça fait deux.

— C'est parfait ! chantonné-je en fonçant sur lui pour lui voler un baiser.

Oups ! Les vieilles habitudes ont la vie dure, on dirait.

— Je ne suis pas sûr que tu aies compris, Émilie…

— Compris quoi ? Que je n'aurai plus à essuyer ta bave de limace à chaque roulage de pelle ? Si, ne t'inquiète pas, j'en suis tout à fait consciente. Je repasse demain prendre mes affaires. Tu pourrais t'arranger pour être absent ? Ça nous évitera des adieux gênants !

Et sans lui laisser le temps de réagir, je me faufile à l'extérieur, fière comme une poule.

Quoi ? Les coqs n'ont pas le monopole de l'attention !

Manque de bol, mon sursaut d'assurance m'en fait oublier les vêtements de rechange que je prévoyais d'emporter. Tant pis. Rozenn me prêtera ses fringues. J'ai l'habitude de mettre du treize ans ; ce n'est pas mon T-shirt *Hello Kitty* et mon legging troué qui diront le contraire.

Sans un adieu pour Gabin, je fuse dans la rue, sidérée par la joie qui explose à l'intérieur de moi. Emy est un elfe libre !

Libre, libre, libre et… et ma tête tourne, je vois des étoiles, je… je crois que je suis sur le point de faire un malaise tellement la réalité me semble délirante. Délirante, démente, géante.

— Em', arrête-toi !

Gabin s'élance à ma suite, de la morve plein les joues. Zut. Je ne pensais pas qu'il pleurerait. Ce n'était plus arrivé depuis la fois où l'En avant de Guingamp est monté en Ligue 1 – et croyez-moi : il ne s'agissait pas de larmes de joie.

Il ne me rattrape que 200 mètres plus loin, lorsque je termine de dévaler la pente débouchant sur le bord de mer. Je m'épate moi-même : manquer de fausser compagnie à un footballeur, c'est un sacré exploit !

Apparemment, je ne suis pas la seule à être surprise.

— Tu t'es… tu t'es entraînée ? suffoque-t-il, exténué.

Non, je suis juste plus motivée pour le fuir que pour lui courir après.

— Qu'est-ce qu'il y a, Gab' ?

— Tu peux rester… dormir… chez moi, si tu veux.

— J'ai déjà un plan pour ce soir.

— Un plan ? répète-t-il, intrigué. Un plan quoi ? Un plan cul ?

J'étouffe un rire, mal à l'aise. Une rupture n'est pas censée se passer ainsi, si ?

— Mieux que ça !

— Y a moyen que je m'incruste ? J'ai toujours voulu essayer un plan à trois.

Ah, les mecs… Comme le disait ce bon vieux Stromae il y a une dizaine d'années : « Tous les mêmes, tous les mêmes, et y en a marre ! »

Certains sont pires que d'autres, c'est tout.

— Va toquer à la porte de Mme Le Bihan, plutôt. Je suis sûre qu'elle et Michel seront plus enclins à…

Mes joues prennent une teinte rouge écrevisse, comme quand j'ai des coups de soleil, mais en plus déstabilisant. Comment vais-je passer pour une femme forte et indépendante si je perds mes mots ?

Par chance, mon ex ne remarque pas mon trouble.

— Michel ? C'est qui, celui-là ?

— Son mari, le type qui vend ses légumes au marché. Si, tu le connais ! Il s'est toujours montré gentil avec moi.

Je me tais en réalisant que c'est probablement pour ça que Gab' n'a pas un souvenir très marqué dudit Michel. Un mec qui se soucie de mon bien-être ne présente aucun intérêt pour lui.

Face à ce constat, des larmes traîtresses s'échappent de mes yeux embrumés. Zut. Elles ne peuvent pas me laisser tranquille ? Je vais finir par me transformer en chutes du Niagara, si ça continue.

— Il… il faut que je te laisse, balbutié-je dans l'espoir de mettre fin à cette conversation et, par là même, à notre relation. Ma mère a préparé une tartiflette pour ce soir, et il n'en restera plus une miette si je ne me dépêche pas, alors bonne nuit, chér… Gabin.

C'était gênant, mais voyons le positif : me connaissant, ça aurait pu être dix fois pire.

— La tartiflette de Christelle… soupire-t-il, un air béat collé au visage. J'en ai jamais goûté de meilleure que la sienne ! Je peux venir ?

Cette fois, il dépasse les bornes. Il m'a prise pour un joueur de tennis ou quoi ? Je n'ai rien contre les joueurs de tennis, mais je déteste les revers. C'est trop facile, de renvoyer la balle quand ça vous chante ! Gab' a beau me l'avoir reproché, j'ai l'impression que c'est *lui* qui n'a pas compris les termes de notre rupture.

Bien sûr, c'est quand je réfléchis à la manière dont je vais me débarrasser de ce boulet que je deviens victime d'une arnaque divine. Pas du genre « la pluie commence à tomber et je me retrouve trempée comme une morue desséchée ». Non : mon téléphone sonne.

Mais ce n'est pas le problème.

Le problème, c'est que je dois ouvrir mon sac pour mettre la main sur mon portable.

Le problème, c'est qu'*une odeur d'eau de Cologne* s'en échappe et asphyxie Gabin au passage.

Le problème, c'est que je vois les accusations de tromperie se refléter dans ses yeux lorsque je décroche, sans savoir qui m'attend au bout du fil.

# 16

# Emy Lagaffe

*Deux secondes et un toussotement indigné plus tard, au centre-ville de Crozon…*

— Allô ? ânonné-je en fuyant le regard désemparé de Gab', qui ne sait décidément pas quoi penser ni de ma réaction ni de l'odeur masculine qui s'échappe de mon sac.

— Mme Jaouen ? Bonjour, et bienvenue chez Finistère Fenêtres : le *leader* de la fenêtre dans le Finistère !

Hein ? Que ? Quoi ? Quiche ?

— Avez-vous un peu de temps à nous accorder ? Nous souhaiterions effectuer une rapide expertise de vos fenêtres, volets et baies vitrées, poursuit la voix mécaniquement, feignant un enthousiasme qui n'est que trop rouillé. Notre équipe de spécialistes n'a besoin que de quelques minutes pour vous offrir un bilan complet et personnalisé sur *toutes* vos fenêtres !

Face au regard suspicieux de Gabin, je m'empresse de couper court à la discussion :

— Oui, bien sûr !

Zut. Pour « couper court à la discussion », on repassera.

— Merci beaucoup ! Alors…

S'ensuit un monologue interminable sur les mérites du double vitrage, de sa conception à son installation, en passant par l'établissement d'un devis dont je n'ai strictement rien à cirer – ce que le démarcheur aurait compris, si j'avais pu en placer une et lui expliquer que je ne suis pas intéressée par la pose de fenêtres en PVC.

Après une demi-heure d'agonie, un Gabin déboussolé sur les talons, j'entends enfin le type me demander :

— Dites-moi, Mme Jaouen : vous êtes bien propriétaire de votre logement ?

— Là, tout de suite, maintenant ? C'est-à-dire que… c'est compliqué.

— C'est tout à fait compréhensible. Restez avec nous, nous allons éclaircir votre situation.

— D'accord, alors disons que je suis SDF.

À l'autre bout du fil, la réponse se fait attendre.

— SDF ?

— SDF, comme « Sans Domicile Fixe », pas « Stade de France ». Je ne vis pas dans la rue, mais je n'ai plus de chez-moi, donc pas de fenêtres…

Je suis interrompue par un *bip bip bip* m'indiquant que l'appel est terminé. Pas possible ! Je viens de me faire raccrocher au nez par un télémarketeur ! Cet événement ne figurait pas sur ma *bucket list*, mais je devrais l'y ajouter, ne serait-ce que pour légitimer le fait d'avoir perdu trente minutes de ma vie à entendre le baratin d'un commercial pas fichu d'écouter ce que sa potentielle cliente a à lui raconter. *Trente minutes.*

Et comme si ça ne suffisait pas, Gabin est toujours planté là, face à la mer, à attendre que je lui explique la provenance de l'eau de Cologne de Gérard ou que je l'invite à dîner. Donc, en plus de coller ses crottes de nez sous le canapé, ce type est opportuniste ? Nom d'une citrouille qui gratouille ! Comment j'ai fait pour rester six ans avec lui ?

— Il ne doit plus y avoir de tartiflette de ta Maman, à l'heure qu'il est.

— Tant pis, j'irai à la crêperie.

Pourquoi j'ai dit ça, moi ?

— Mais elle est à cinq kilomètres !

Je lui lance un regard interrogateur, avant de l'incriminer :

— Comment tu le sais ?

Bleuenn me l'a toujours dit, redit et reredit : la meilleure défense, c'est l'attaque.

— J'y fais un détour le jeudi soir avant de partir à l'entraînement, confesse-t-il en me suivant jusqu'à la plage.

Comme par hasard !

— Si j'ai bien compris, tu t'empiffres de crêpes le seul jour où je prépare le dîner ?

— C'est ça, plastronne-t-il avant de réaliser que son aveu ne contribuera pas à la pacification de notre relation.

La tartiflette, c'est niet.

— Toutes les semaines ?

— Sans exception.

C'est le moment où je suis censée lui coller la paire de baffes qu'il mérite et m'en aller avec le peu de dignité qu'il me reste, comme la majorité de la gent féminine le ferait à ma place. Mais puisque je crains que mes claques n'aient pas l'effet escompté, je préfère frapper là où ça fait mal – même si ça pourrait induire un nouveau séjour aux urgences –, alors je pulvérise ses bijoux de famille avec mon pied.

Pas sa chaîne en argent ou sa chevalière, hein. *Les autres*.

Ça lui apprendra, à manquer de respect à ma cuisine. Ce n'est pas comme si j'y passais moins de cinq minutes, non plus !

Même si oui, c'est totalement le cas.

Comme il ne fait jamais rien comme tout le monde, Gabin accompagne ses cris de douleur de gémissements particulièrement hilarants qui me font éclater de rire et pleurer tout à la fois – mes nerfs parlent pour moi.

— Arrête de te moquer ! Je n'ai rien dit pour ton adultère, alors tu pourrais avoir la décence de…

— MON QUOI ?

Je ne sais pas ce qui me surprend le plus : que Gabin connaisse le mot « adultère », ou qu'il pense sincèrement que je l'ai trompé.

J'ai embrassé Maxence, c'est vrai, mais ça ne signifie rien. Absolument rien. Ce baiser m'a aidée à prendre conscience *d'un certain nombre de choses qui m'ont conduite à le quitter*, mais pas pour me ruer dans les bras de quelqu'un d'autre !

— Avec Max ? Mais on n'a jamais…

— Max ? Comment ça, Max ? Je te parle du type qui te suit partout, moi, pas de Max ! Qui c'est, déjà ?

Nom d'un lombric au basilic ! Heureusement que notre rupture a déjà été prononcée, car je viens de me fourrer dans un horrible pétrin…

# 17

# *Il était une fin*

— Hein ? Que ? Quoi ? QUICHE ?

— Celui qui t'a ramenée, tout à l'heure. Tu pensais que j'avais rien vu ? Il aurait pu éviter de garer sa caisse devant chez nous, au moins ! C'est lui qui t'a laissé son… chapeau ? conclut Gabin en me tendant le béret de Gérard.

Zut ! Le vieux Schtroumpf a dû le glisser dans mon sac pour m'attirer des ennuis – pour quoi d'autre autrement ?

Mon ex blêmit face à mon air incrédule.

— Me dis pas que ce truc appartient à une autre de tes conquêtes !

— Une autre de mes… MAIS ÇA VA PAS, LA TÊTE ? éructé-je, luttant de toutes mes forces pour ne pas fracasser son crâne contre le premier coquillage venu. En six ans de relation, je n'ai jamais regardé les fesses de quelqu'un d'autre, *JAMAIS*, et tu prétends que j'ai enchaîné les coups derrière ton dos ? J'aurais dû, tiens ! Ça t'aurait laissé du temps pour te remettre en question. Si tu avais su réfréner tes crises de jalousie, peut-être que je n'aurais pas rompu avec toi.

Évidemment, il ne peut pas s'empêcher de répliquer :

— C'est moi qui ai rompu avec…

— FERME TA GRANDE BOUCHE DE MOLLUSQUE POILU, GABIN ! Tu me traites comme une tige de bambou en plastique alors que tu t'amuses à fouiller dans mon sac ? C'est la meilleure, venant d'un type qui colle ses crottes de nez sous son canapé ! Oui, je suis au courant de ton secret. Pourtant, je n'ai rien dit parce que je t'aime.

Oups, petit problème de concordance des temps.

— Parce que je *t'aimais*. Mais tu m'as perdue, et pour de bon ; hors de question que je ravale mon vomi. C'est ça, tu as compris : c'est toi, le vomi.

Et sans lui laisser le temps de me sortir un autre de ses discours dédaigneux, j'écrase son pied. Fort. Je regrette de ne pas avoir troqué mes habituelles bottines contre des talons aiguilles, mais la jouissance provoquée par ses hurlements suffit à me convaincre de réitérer l'opération.

— AÏE !

Là, il a compris.

Ou il comprendra lorsqu'il expliquera à ses coéquipiers pourquoi il est forfait pour le match de samedi.

Résignée, je l'abandonne à son sort et trottine jusqu'au domicile familial en veillant à respecter une pause obligatoire toutes les cinq minutes pour éviter de tomber dans les pommes.

Pitié, faites qu'il reste de la tartiflette ! À défaut de faire vivre, l'espoir est un excellent moyen de baisser mon taux de cholestérol.

♥♥♥

*Trois quarts d'heure et une chute plus tard...*

Même si je ressemble actuellement à un lama essoufflé désormais doté d'une entorse-fracture-jenesaispastropquoiexactementmaisentoutcasçafaitmal, mon footing crépusculaire en valait la peine : comme Rozy a piqué une crise de nerfs parce qu'elle a, semble-t-il, raté son contrôle de français, ma mère a dû la consoler avant de préparer à manger. C'est donc grâce à ma fabuleuse petite sœur et son futur 18/20 qu'une tartiflette dégoulinante de reblochon m'attend lorsque j'arrive *enfin* chez mes parents. J'ai même droit à une double dose lorsque je leur annonce ma rupture avec Gabin !

Si j'avais su, je l'aurais largué il y a des mois.

— Mais… et le bébé ? sanglote ma mère, fervente supportrice du couple Ebin.

— Le bébé ?

Je l'avais complètement zappé, celui-là !

Au vu des regards interloqués que me lancent les membres de ma famille, il est urgent de leur expliquer ce qui s'est passé après leur intervention nocturne, la veille.

— Un interne a confondu mon dossier avec celui d'une autre patiente, et… je ne suis pas enceinte.

Je m'attends à ce que quelqu'un s'écrie « CHAMPOMY ! » pour arroser ça comme il se doit, mais un silence de mort s'abat dans le salon, jusqu'à ce que Maman décide de le briser avec un « Ah… » tout ce qu'il y a de plus désespéré.

— Par contre, j'ai du cholestérol, avoué-je en engloutissant une dernière bouchée de tartiflette.

— Ça tombe bien, ton père aussi !

Avec un sourire, l'intéressé se penche au-dessus de la table pour me tendre la main… une main qu'il repose une vingtaine de secondes plus tard lorsqu'il réalise que non, sa fille ne va pas lui rendre son *high five.*

Désolée, Papa.

Contrairement à Rozenn, j'ai toujours été une grande timide. C'est de lui que je tiens ce trait de caractère foireux qui m'empêche de faire le premier pas lorsque j'ai le béguin pour quelqu'un. Heureusement, nous sommes sur la même longueur d'onde lorsqu'il s'agit de défendre nos intérêts communs, comme là, tout de suite, maintenant, alors que ma mère s'adresse à nous en prononçant ce terrible, horrible mot qu'il faudrait bannir de tous les dictionnaires de la Terre :

— C'est décidé : à partir de demain, je vous mets au régime.

« Régime ».

— Ah non, Christelle ! Si tu fais ça, je serai obligé de tuer ta poule pour survivre.

— Et je l'aiderai à la cuisiner, mettrai par inadvertance le feu à la cuisine, puis m'évanouirai avant d'avoir eu le temps de prévenir les pompiers, tout en repensant à la vie que Papa a dû ôter à cette pauvre cocotte, récité-je d'un ton parfaitement assuré.

Il faut dire que j'ai eu le temps de réfléchir à la question sur le trajet jusqu'à la maison.

Lorsqu'elle comprend qu'elle n'a aucune chance, Maman coupe court au débat :

— Vous n'en avez pas marre, de vous liguer contre moi ? Je vous rappelle que je suis en charge du choix du film, ce soir. Pour la peine, ce sera…

— *Dirty Dancing*… soupirons-nous en chœur.

Elle lance un regard assassin à mon père, qui esquisse un mouvement de recul en direction des escaliers. Pas question qu'il sape son autorité une seconde fois.

D'un air las, je me tourne vers Rozy, qui comprend à mon air désespéré que je ne veux pas – vraiment pas – me lamenter devant un film musical. Je n'ai pas besoin qu'on me rappelle que l'amour n'existe qu'au cinéma : j'en ai eu la parfaite démonstration tout à l'heure.

— J'ai une meilleure idée, piaille-t-elle. Soirée *Game of Thrones,* ça vous dit ?

Elle a à peine fini sa phrase que ma main se lève, aussitôt suivie d'un « Je suis pour ! » anormalement aigu de mon père – le soulagement transparaît dans sa voix.

C'est donc tout naturellement que Rozenn s'improvise cheffe des opérations et retrouve sa joie de vivre naturelle, entamée par son évaluation ratée. Cette fois, c'est sûr : ma petite sœur est une Arya Stark en devenir.

Moins de trois minutes plus tard, le « *tin-tin tin-tin-tin tin tin-tin-tin tin tin-tin-tin* » caractéristique retentit, pour notre plus grand plaisir. Excepté celui de ma mère, qui part se réfugier dans le jardin en menaçant d'écarteler quiconque ose s'approcher de sa poule, Patrick.

Oui, elle lui a donné le prénom de Patrick Swayze, l'acteur de *Dirty Dancing*.

Et oui, Patrick est une *poule*.

Une fois Maman partie, Papa et moi tentons de faire croire à ma petite sœur – qui n'a pas encore visionné toute la série – que Drogon monte sur le trône de fer, mais notre farce tombe à l'eau lorsqu'elle s'applique à nous démontrer par A + B qu'un dragon ne peut y siéger sous peine de le réduire en cendres. Imparable.

Malgré les cernes et la fatigue, malgré mes larmes passées et à venir, je regagne ma chambre dans un état de sérénité inégalé. Gérard vient de m'envoyer un SMS, ma mère ne m'en veut pas assez pour me mettre à la porte, mon père semble plus ravi que dévasté, et j'ai réconforté Rozy en réalisant l'un de ses souhaits les plus chers : virer Gabin des photos de famille. Je veux bien vivre des soirées post-ruptures comme celle-là tous les jours, avec des proches aussi tordus mais géniaux que les miens.

Même si ça inclut la rupture qui va avec.

# 18

# La vie cachée de Gabin

*Un jour plus tard, jeudi 11 avril 2024, dans la maison des Jaouen…*

Aujourd'hui, c'est jeudi. Et pour bien commencer cette nouvelle journée, mon ami le cholestérol et sa copine entorse-fracture-jenesaispastropquoiexactementmaisentoutcasçafaitmal ont décidé de prolonger leur séjour dans mon corps. N'oublions pas non plus Madame la Scoliose et son cousin le Lumbago, deux invités de qualité toujours présents pour accentuer les douleurs !

Ah, jeudi… je sens que tu vas être long.

Comme la résidence Jaouen se situe à plus d'une demi-heure de l'arrêt de bus, j'ai appelé Gérard à la rescousse et il m'a gentiment déposée au travail. Il faudra que je pense à le remercier avec une ou deux boîtes de chocolats.

Deux, de préférence, étant donné qu'il prend son gendre pour un radin juste parce qu'il ne lui en a offert qu'une seule à Noël.

J'aurais aimé profiter de mon retour chez Papa et Maman pour savourer mes premières heures de célibat, mais la réalité de la vie m'a rattrapée : l'Espace Culturel m'attend, et ses cartons remplis de romans avec lui. Le paradis pour une lectrice comme moi, mais l'enfer pour mon dos en désarroi.

Comme si ça ne suffisait pas, il faut que j'aille récupérer mes affaires chez mon ex…

« Mon ex ». En le criant haut et fort, je ne peux m'empêcher de me sentir comme Rachel Green ou Susan Delfino, même si mon quotidien est beaucoup moins palpitant que celui des personnages de mes séries préférées. Et puis, c'est *la première fois* que j'ai un ex. Il faut bien qu'il serve à quelque chose, non ?

♥♥♥

*Neuf heures et une journée de travail plus tard…*

Après avoir entassé des cartons tout l'après-midi, à l'abri de Jade et de ses yeux affutés comme des lames de rasoir, je me prépare à affronter Gabin. Ça m'étonnerait qu'il traîne dans les parages après la tournure qu'a prise notre rupture, entre ses regrets de tartiflette et ma joie mal dissimulée, mais ça ne m'empêche pas de trembler en rassemblant mes affaires dans la salle de pause.

Pour une fois, j'aurais bien voulu faire des heures sup'.

Ce jeudi a été relativement calme, entre la faible affluence à l'Espace Culturel et la mystérieuse absence d'Arielle, à qui Jade m'a promis de remonter les bretelles. J'ai bien aperçu Théo rôder du côté des jeux vidéo, mais il était hors de mon champ d'action, et comme sa grande sœur m'a spécifié de le laisser tranquille « sauf s'il fout le feu au magasin », j'ai préféré l'ignorer.

*La Passe-Miroir* aura sa vengeance.

Un texto me ramène à la réalité. Impossible de reculer : il est temps d'affronter le dragon Gabin… même si j'espère qu'il aura décidé de pioncer au fond de sa caverne. Avec un peu de chance, ma révélation sur ses crottes de nez lui a fait suffisamment d'effet pour le convaincre de se tenir à distance !

Comme je préfère éviter d'engager des déménageurs pour déplacer le bordel de mon « ancien » à mon « encore plus ancien, mais néanmoins nouveau » chez-moi (*aka* la demeure familiale), j'ai demandé à ma mère de m'aider, mais elle a refusé de participer à toute opération susceptible de m'éloigner encore plus de son « pauvre gendre ». Rozy et moi avons beau lui avoir rappelé la définition d'une rupture, dictionnaire à la main, elle n'a rien voulu entendre et a interdit à Papa de s'impliquer dans cette affaire.

Par défaut, j'ai appelé Gérard. Il a tout de suite accepté.

Il faut *vraiment* que je pense à lui acheter une boîte de chocolats. Trois, même ! Il les a bien méritées.

Le trajet se déroule dans un silence mesuré, entre mes claquages de dents et les anecdotes du vieux schnock.

— J'vous ai raconté la fois où j'ai pêché une mouette ?

— Une mouette ?

— Ouaip ! Elle m'cassait les pieds, à m'tourner autour, alors j'ai brandi ma canne à pêche, et PAF ! assommée, la sale bête ! Puis PLOUF ! à l'eau ! J'l'ai r'chopée un quart d'heure plus tard en r'montant ma deuxième canne.

— Mais elle était…

— Raide comme un rat mort ! Ah, ça, c'est moi qui vous l'dis. C'était pas du *pesket*, mais fallait s'en contenter. J'allais quand même pas rentrer bredouille !

Note à moi-même : ne jamais partir pêcher en compagnie de Gérard. Il serait capable de me confondre avec une mouette, et je ne sais pas nager.

Il s'apprête à me raconter la fois où il a rencontré sa deuxième femme, Jacqueline, lorsque nous arrivons devant la maison de Gabin. Problème : un autre véhicule compromet notre mission déménagement. Une C3 Picasso rouge.

— Je connais cette voiture, marmonné-je en fronçant les sourcils.

Oui, je la connais…

Le vieux Schtroumpf ne me laisse pourtant pas le temps de confirmer la très, très mauvaise intuition qui me tord le ventre : il se rue vers l'entrée et ouvre la porte à la volée.

— Gérard, att… lancé-je en le suivant.

Mais je m'arrête net en apercevant Gabin et Arielle s'embrasser à pleine bouche sur le canapé du salon. Avec la langue.

Et les crottes de nez.

# 19

# Nous les trompeurs

— *Gast ar c'hast*[15] ! C'est qu'ça s'galoche, par ici !

J'ouvre des yeux grands comme des soucoupes, incapable de penser, encore moins réagir correctement.

— Ces d'jeuns, j'vous jure… continue Gérard. Pire que des escargots sans coquille !

Arielle aime Gabin. Ça, je l'ai toujours plus ou moins su. Ses marques d'affection étaient trop manifestes pour que je parvienne à les ignorer, même quand je le voulais terriblement.

— Des limaces. On appelle ça des limaces, rectifié-je d'une voix blanche.

Mais que Gab' aime Arielle, ça, ça pique.

Fort.

Comme de la moutarde.

— Em', hoquette-t-il, à bout de souffle. Ce n'est pas ce que tu crois.

— Bah, ça m'a l'air plutôt clair, mon minot : tu viens de t'taper cette vieille pie mal sapée, rétorque Gégé en coulant un regard mauvais dans sa direction.

Mon ex recule d'un pas, effrayé par son strabisme menaçant. Arielle, quant à elle, arbore un sourire satisfait, ravie

15. « Putain de putain », en breton.

d'avoir enfin mis le grappin sur l'homme qu'elle convoitait depuis deux ans maintenant.

— Ce que je crois, c'est que tu te fous de ma gueule depuis des mois, murmuré-je en peinant à retenir mes larmes.

Pour moi, c'est le choc. La sidération. Les derniers sentiments que je nourrissais pour Gabin explosent dans mon cœur comme des bombes à retardement.

J'avais beau m'en douter, l'impact est brutal.

J'ai mal.

— Je vais tout t'expliquer, promet-il en attrapant mon poignet.

Ce contact suffit à me sortir de ma léthargie. Je me dégage violemment, jusqu'à heurter le portemanteau près de l'entrée.

— Je te jure qu'on n'a pas…

— Je pense que c'est préférable que tu déposes les affaires chez mes parents, le coupé-je brusquement. Je… j'ai besoin de prendre l'air.

Et je me rue à l'extérieur, Gérard sur les talons. Impossible de rester une seconde de plus dans la même pièce que ce *débilos*.

J'aurais dû le voir venir, vraiment. Rozenn m'avait prévenue, Bleuenn aussi, et même mes rêves ne cessaient de me lancer des avertissements réguliers au sujet d'une réalité qu'aucun mensonge, aucune illusion n'a pu conjurer : Gabin m'a trompée.

Même si nous ne sommes plus ensemble, oui.

Au fond, je savais qu'il était infidèle. Le problème, c'est que je ne l'admettais pas.

Résultat : Gabin s'en est chargé pour moi.

— Pouah ! Vous m'aviez pas dit que vot' fiancé était un chaud lapin, marmotte le vieux Schtroumpf en mettant le contact. Vous auriez dû poireauter jusqu'à vot' mariage pour le planter devant l'autel. Ça lui aurait fait une belle jambe, à ce fripon !

Je m'écroule sur le siège passager, incapable de lutter plus longtemps contre les sanglots qui se forment au fond de ma gorge. Je pensais m'en être plutôt bien sortie jusqu'à présent, mais la trahison de mon ancien petit ami ne fait que révéler à quel point j'étais, suis et resterai une sombre quiche.

Sans lardons, sans saveur et avec une pâte feuilletée aussi molle que ma vie.

En un mot : dégueulasse.

— *Gast* ! Voilà vot' Don Juan qui rapplique ! Vous voulez que j'lui balance mon dentier dans la tronche ?

Un maigre sourire se forme sur mes lèvres quand j'imagine les sévices que Gérard serait capable de lui infliger. Il ferait un tortionnaire redoutable, c'est sûr.

— Non, ce… ce n'est pas nécessaire. Je veux juste m'en aller.

À cet instant, Gab' tape contre ma vitre en hurlant mon nom comme un sanglier en furie, mais le vieux schnock verrouille les portières et écrase la pédale d'accélérateur, sans me laisser le temps de changer d'avis.

Mon sourire s'élargit. J'ai peut-être perdu un Gabin aujourd'hui, mais j'ai définitivement gagné un Gérard.

♥♥♥

*Une heure et deux pintes de bière plus tard, dans un bar du centre-ville de Crozon…*

— Bon, Gégé. Tu payes ta tournée ?

— Qu'est-ce tu dis, Jean-Rémi ? J't'entends pas !

Un couinement de souris m'échappe. Mon compagnon d'infortune et moi avons trouvé refuge au Relais des

Pêcheurs, un bar-tabac situé à une centaine de mètres seulement du loft de Gabin.

Sa clientèle habituelle ? Des vieux.

Pourtant, je me sens dans mon élément ici, entre les rires gras et accolades gênantes des amis de Gérard.

— Quel *koll boued*[16], celui-là ! peste Marcel Jaouen, le propriétaire. Il veut nous faire croire qu'il est sourd comme un pot, alors qu'en fait, il est juste radin.

— Comme Thierry ! renchérit Lucien, le chauffeur de taxi.

— Ouais, comme Thierry ! reprennent-ils tous en chœur.

Cette dernière affirmation suscite une vive réaction de Gérard, qui tape du poing sur la table et beugle :

— Me comparer à mon beau-fils, ça, c'est vache !

Nous éclatons tous de rire en l'observant sortir son portefeuille et ajouter, bougon :

— Allez, Marcel… Ramène la binouze.

— Ça marche à tous les coups, me glisse Lucien, triomphant.

Je tourne la tête à droite puis à gauche pour marquer mon assentiment, déjà un peu pompette.

— Il faut que j'aille aux toilettes.

— Ah bah oui, hein ! réplique-t-il, hilare. Faut pas pisser dans votre culotte !

— Mais je ne sais pas où elles sont.

— Au bout du couloir, à côté du brochet empaillé, à gauche.

— Merci.

Quand je me lève, ma tête tourne un peu, beaucoup, sans doute trop, mais je parviens à atteindre la salle de bain sans chuter ou pleurer davantage. La solution de Gérard pour

16. « Bon à rien », en breton.

oublier les petits tracas sentimentaux – l'alcool – se révèle plus concluante que prévu.

Après m'être lavé les mains, je jette un coup d'œil à mon portable. Il est 20 h 14. J'ai treize appels manqués de Gabin et un SMS de ma mère, qui se réjouit de mon absence au dîner :

**MAMAN :**
**« Coucou ma poussinette !! Dis donc, ça y va, les galipettes avec ton chéri !!!! Moi, j'ai réussi à convaincre ton père de regarder *Dirty Dancing* !! La prof a corrigé l'interro de ta sœur, elle a eu 18. Ne vous protégez pas, surtout. J'attends toujours mes petits-enfants, LOL !! Bises. Mamounette. »**

J'éteins mon téléphone, horrifiée par ce que je viens de lire, avant de me résoudre à l'appeler. Même si Maman tient plus à Gabin qu'à sa propre poule, peut-être que quelques révélations sur la vie sexuelle de mon ex parviendront à écorner son image de gendre idéal…

Dans un état second, je rallume le portable et parcours ma liste de contacts jusqu'à tomber sur son numéro, juste en dessous de celui de Maxence. Évidemment, je tombe sur le répondeur.

— Coucou, c'est Emy. Gab' m'a trompée. Oui : T. R. O. M. P. É. E. Avec Arielle, ma collègue de travail. Tu sais, celle qui écrit sur ses bouquins et déteste Taylor Swift. Enfin, techniquement, on n'était plus ensemble, mais je pense que ça faisait un moment qu'il couchait avec elle. Au moins six mois. Bref, on ne se fréquentera plus jamais. Jamais, jamais, non. Là, je suis dans un bar avec mon nouveau copain, Gérard. Le Relais des Pêcheurs. Est-ce que tu peux venir me chercher ? Gégé a un coup dans le nez, et moi aussi, je crois. Je ne suis pas sûre d'être en état de rentrer à pied. Demande à Rozy comment on se sert du

GPS, si besoin, et dis-lui bravo pour son 18/20. Elle l'a mérité. C'est la meilleure petite sœur de l'univers, et elle avait raison quand elle me disait de larguer ce gros boulet. Tu savais qu'il collait ses crottes de nez sous…

*Bip. Bip. Bip.*

Zut. La messagerie est saturée. Dépitée, je retourne m'asseoir près de Gérard, qui me scrute avec attention.

— Il y a un problème ?

Apparemment, oui. Il pose ses deux coudes sur la table, avale trois gorgées de bière et passe aux choses sérieuses :

— J'te connais pas encore très bien, Mymy, mais laisse-moi t'donner un conseil de Crozonnais à Crozonnaise : ça suffit, le laisser-aller. Il est temps de t'reprendre en main !

Il semble estimer que le tutoiement est de mise entre nous, après la scène à laquelle il a assisté.

Les grands moments de honte rapprochent – et l'ivresse aussi.

— Hein ? Que ? Quoi ? Quiche ? balbutié-je, prétendant ignorer ce à quoi il fait référence.

Au désastre que constitue ma vie, peut-être ?

— Joue pas à ça avec moi, mistinguette. Des peines de cœur, j'en ai eu, moi aussi.

Mon air faussement innocent ne trompe personne. Pas moi, et surtout pas Gérard, qui retrousse ses manches et entame le récit d'une histoire qu'il passe sous silence depuis notre rencontre : celle de Julie, son premier amour.

La Julie qui a donné son nom à sa Peugeot 206, oui.

# 20

# L'été où je suis devenu fermier

— Tu veux que j'te raconte comment j'ai eu le cœur brisé, la première fois ? Évidemment qu'tu veux que j'te l'raconte ! T'es une romantique, toi, comme moi ! Bon, par où j'commence ?

Gérard se gratte la barbe un moment, avant que la mémoire ne lui revienne.

— Y a quelques années, j'ai fait la connaissance de Julie Madec.

— Quelques années ? ironisé-je.

— Quoi ? J'allais pas t'sortir « dans ma prime jeunesse », non plus. Après, tu vas dire que j'suis vieux.

— Je n'oserais pas ! protesté-je aussitôt, l'encourageant à poursuivre.

— Juju était une belle blondinette de vingt ans, comme toi.

— Je ne suis pas blonde, Gérard.

J'en suis même tout l'opposé, avec mes cheveux châtain foncé.

— Ouais, si tu l'dis. Elle était mignonne, ma Julie. J'la croisais au détour d'une rue, dans un café, sur la plage… mais j'étais pas bête, ah, ça non ! Elle était pas à mon niveau, c'te fille-là. J'étais qu'un jeunot, et elle une dem'selle accomplie qui savait toujours quelle robe choisir pour faire tourner les têtes. Y en avait pas deux comme elle. Mais l'plus cocasse, dans cette histoire, c'est que…

Gérard s'interrompt de lui-même, rattrapé par l'émotion. Le pauvre ! Je ne pensais pas que l'adultère de Gabin remuerait autant de souvenirs.

— C'est que ?

— J'savais même pas où elle habitait, et personne pouvait m'renseigner parce que j'étais trop timide pour l'demander.

Gégé, timide ? J'ai du mal à le croire !

— Comment vous vous êtes rapproché d'elle, alors ?

— Un été, j'ai été embauché comme garçon d'ferme chez un copain d'pêche de mon père. Jean-Paul, qu'y s'appelait. J'ai commencé à travailler, mais Jean-Paul était pas très content d'moi : j'étais pas motivé, et j'arrêtais d'bosser dès que j'commençais à suer comme un bœuf. Le problème, c'est que les patates allaient pas se ramasser toutes seules et que Jean-Paul en avait besoin pour remplir ses caisses, alors il m'a viré. Ouais, ma p'tite dame : viré ! Aussi vite que tu t'es fait larguer !

Je lève les yeux au ciel, atterrée. Je lui ai pourtant bien précisé que c'était moi qui me trouvais à l'origine de la rupture.

— Et Julie, dans tout ça ?

— Julie, j'l'ai rencontrée ce jour-là, pendant qu'Jean-Paul m'passait un savon. Elle nous zieutait depuis la f'nêtre, cette coquine, avec son p'tit sourire en coin… C'est qu'elle s'est bien foutue d'ma gueule, la midinette ! Le soir, elle a roulé jusqu'à chez moi à vélo – comment elle connaissait mon adresse, ça, j'en sais rien –, et elle m'a dit qu'mon popotin et moi, on allait lui manquer.

Il s'interrompt un instant, comme s'il la revoyait prononcer ces mots, puis reprend, un éclat de fierté dans le regard :

— Pour moi, c'était une victoire : j'avais pas déplacé des meules de foin toute la s'maine pour rien. Pour elle, c'était une occasion de m'attirer dans sa toile pour m'bouffer tout cru.

Est-ce que Gégé vient de comparer Julie à une araignée ? On dirait bien.

— Et elle l'a fait ?

— Et elle l'a fait ! J'ai même pas eu le temps de crier « *ma Doué benniget* » qu'elle m'a attrapé par l'col et roulé une pelle comme peu d'femmes m'en ont roulé dans ma vie, tu peux m'croire.

— Je vous crois, Gérard, je vous crois. Combien de temps a duré votre idylle ? m'enquiers-je en essayant de me sortir cette image de la tête, en vain.

Il faut dire que le vieux Schtroumpf est particulièrement doué lorsqu'il s'agit de mimer des ébats.

— Deux secondes ! J'peux pas aller plus vite que la musique ! Il faut que j'te parle de nos parties de jambes en l'air…

— Ce ne sera pas nécessaire, l'arrêté-je, au comble de l'embarras.

— T'es sûre ? Parce que ça vaut l'coup, et y a d'quoi prendre des notes !

— Sans façon, merci.

— La première nuit avec Julie, ça a été la folie, puis ça s'est reproduit. Ah, ça oui ! Soixante-dix ou quatre-vingts fois, peut-être…

— GÉRARD ! me révolté-je en lui piquant sa bière.

— Eh ! Tu m'prends pour un lémurien ou quoi ? Rends-la-moi !

Ni une ni deux, je m'enfile le contenu de son verre en grimaçant. Je commence à avoir la nausée, mais ça suffit à l'apaiser. La preuve : il tape du poing sur la table à deux reprises avant de retrouver ses esprits et poursuivre dans le plus grand des calmes :

— Ça a continué tout l'été comme ça. Mais on n'avait beau être chauds comme des lapins, Julie et moi, on n'était pas très discrets pour s'trouver un terrier… Son père a fini par nous choper, et là, ça a été ma fête !

— Jean-Paul, c'est ça ?

Il faut suivre, mine de rien.

— Ouaip ! Il était pas ravi-ravi de m'voir fricoter avec sa fille, tu penses bien.

— Et Julie ? Comment elle a réagi ?

— Julie, elle en avait rien à cirer ! Le caca nerveux d'son vieux l'a pas empêchée d'faire son sport de chambre avec moi, si tu vois c'que j'veux dire.

Oh, je ne le vois que trop bien.

— Pourquoi vous vous êtes séparés alors, si tout allait bien ?

— Pa'sque septembre est arrivé, tiens ! mugit-il en tapant de nouveau du poing sur la table. L'mois d'août était fini, et mon amour s'est barré avec lui. Le 31, on était ensemble, et le lendemain, *pouf* ! elle était plus là ! J'l'ai appelée, j'lui ai écrit des lettres et j'suis même allé chez elle pour supplier Jean-Paul de m'laisser entrer, mais ça a rien changé : elle voulait plus m'voir.

Mon cœur se brise une seconde fois tandis que j'observe ses yeux se plisser pour retenir les larmes qui menacent de rouler sur ses joues.

— Mais c'est horrible !

Comment a-t-elle pu lui faire ça ?

— T'inquiète, ma poulette. Elle m'aimait pas, et j'crois que j'l'aimais pas non plus. J'étais amoureux de l'idée de l'amour, comme on dit, mais entre nous, c'était foutu depuis l'début. Elle m'a filé une excuse pour justifier ma première cuite auprès d'ma mère, au moins. Et mon père… J'ressemblais tellement à un *grignou*[17] qu'il planquait des bouteilles de vin sous ma couette pour m'consoler. Son fils était devenu un homme, un vrai ! Il lui restait plus qu'à m'offrir un rasoir, sauf que j'avais pas encore assez d'poils au menton pour qu'il prenne la peine d'en acheter un.

— Et vous n'avez plus revu Julie ?

— Non ! La seule fois où j'ai entendu parler d'elle, c'est quand Marcel m'a avoué qu'il s'l'était tapée une ou deux fois, le même été qu'moi. Depuis, RIEN. Et j'vais te dire, ma p'tite Mymy : j'm'en porte pas plus mal.

Je serre sa main dans la mienne, touchée que Gérard m'apprécie assez pour m'avoir confié son histoire.

Ou alors, il a juste eu pitié de moi.

Dans les deux cas, je lui en suis reconnaissante.

— Eh, la loupiote ! m'interpelle Marcel derrière le bar. Y a un type chelou qui t'attend dehors.

Je fronce les sourcils, craignant que Gabin m'ait suivie jusqu'ici. Ma mère ne lui a pas vendu la mèche, tout de même, si ?

Si. Bien sûr que si. C'est *totalement* son genre.

— J'y vais, balbutié-je, prête à gratifier mon ex d'un autre coup bien senti s'il a vraiment eu le culot de se pointer ici.

Il le mériterait, et je pourrais toujours mettre ça sur le compte de la bière, n'est-ce pas ?

— Emy ?

Mais lorsque je sors du bar en tanguant dangereusement, mon cœur rate un battement.

Et mes pieds une marche.

17. « Clochard » ou « miséreux », en breton.

Puis deux.

Puis trois.

Puis c'est tout mon corps qui dégringole et qui se retrouve à hauteur de *ses* chaussures, des Crocs blanches jaunies par le temps et l'excès de javel.

# 21

# Cinquante nuances de Max

Mon cœur bat la chamade lorsque je lève enfin les yeux vers les siens. Faut-il préciser que je les ai gardés rivés trois secondes sur son entrejambe ?

Probablement pas.

— Max.

— Emy, s'esclaffe-t-il, l'air désabusé.

C'est chaud. Très chaud. Il ne manque plus qu'un ascenseur pour que je me croie dans un *remake* breton de *Cinquante nuances de Grey.*

Sans chambre rouge, si possible.

— Qu'est-ce… qu'est-ce que tu fais là ?

Cette fois, Maxence rit franchement.

— Tu m'as laissé un message où tu me disais que Gabin s'était montré infidèle et que vous n'étiez plus ensemble.

— OH NON !

— Si…

Il n'y a que moi pour faire ce genre de boulette.

— Désolée, je croyais répondre à ma mère. J'ai un peu bu, et je ne suis pas vraiment dans mon état normal.

Je ferme les yeux, prise de nausée. Quelle quiche !

— C'est ce que je vois. Tu veux que je te ramène chez toi ?

— Oui, je… j'aimerais… BWAAAAAAH.

Nom d'une sardine à la pimprenelle ! Ne me dites pas que je viens de vomir sur les Crocs de Maxence, là, tout de suite, maintenant ?

— Je crois… je crois que je vais m'évanouir.

Et je me laisse tomber sur le sol, comme une coquille d'huître échouée sur la banquise : à l'agonie.

Simuler un malaise sauve parfois des vies. Ou, dans mon cas précis, une réputation.

— Toi, tu es une perle rare, souffle-t-il en me soulevant de terre, sans tenir compte ni de mon dégueulis ni de mon mensonge éhonté.

La Emy du collège serait tombée dans les pommes, c'est sûr.

Moi ? Je me contente de me lover dans ses bras en retenant un sourire. Mes gaffes ont du bon, parfois.

♥♥♥

*Trente minutes plus tard, dans la maison de Max…*

— Tu peux ouvrir les yeux, tu sais, chuchote Maxence en me déposant sur une couverture.

Je cesse aussitôt mes ronflements intempestifs, prise en flagrant délit de dodo fictif.

— Comment tu t'en es rendu compte ? J'ai de l'entraînement, pourtant !

Il fallait bien que je m'exerce aux techniques du bruxisme et du léger filet de bave dégoulinant le long du menton pour échapper aux pulsions sexuelles de Gabin… et à de nouvelles virées aux urgences.

— Tu faisais toujours ça quand je venais voir le match chez ton père et que tu étais censée aller te coucher. Il va falloir travailler ton imitation de la perte de connaissance, par contre.

— Oh, j'avais oublié les soirées rugby !

— Pas moi, confesse-t-il en me tendant une serviette.

Mes régurgitations de chouette biturée s'en sont aussi prises à mes cheveux, on dirait… Je détourne le regard, gênée, et étudie mon environnement. Un grand bureau rempli de dossiers sur le point de s'effondrer me fait face, juste à côté d'une minuscule penderie et d'un miroir de plain-pied.

Max a toujours été du genre minimaliste en ce qui concerne les vêtements.

Le reste de la pièce se compose d'une grande vitrine remplie de petites voitures et de dizaines de posters des One Direction recouvrant un mur vert particulièrement criard.

— C'est ma chambre, précise-t-il, amusé par ma réaction.

— Tu m'expliques, pour les 1D ?

— Niall était mon *crush* d'ado.

— Oh, je vois. Harry a toujours été mon préféré.

— Je m'en serais douté, ironise-t-il en esquissant un sourire.

Je me redresse avec difficulté, toujours un peu vaseuse. Les conseils de Gérard n'étaient peut-être pas si bons à suivre, finalement.

Surtout pas avec Maxence comme témoin privilégié de ma déchéance.

— Désolée pour tes chaussures.

Il hausse les épaules pour m'indiquer que ça lui est égal.

— J'en ai vu d'autres.

— Comme la fois où je t'ai craché au visage ?

— Comme la fois où tu m'as craché au visage, oui.

— Merci d'être venu, ajouté-je nerveusement. Tu t'es déplacé plus vite que ma mère l'aurait fait si elle avait bel et bien reçu mon message.

— C'est à ça que servent les amis, élude-t-il en s'asseyant à côté de moi sur le lit.

— Même. On s'est pas mal éloignés, ces dernières années.

— Alors, disons que je m'inquiétais pour toi… Tu es une vraie catastrophe ambulante, quand tu t'y mets.

— C'est vrai, approuvé-je en fixant mes pieds.

Le silence s'installe entre nous, mais je ne cherche pas spécialement à le rompre, sereine pour la première fois depuis des mois. Max a toujours eu une aura apaisante, et même si j'ai de quoi vouloir m'enterrer vivante après tout ce qui s'est passé ce soir, je me sens bien avec lui.

— Ce qu'a fait Gabin… lance-t-il, incertain.

Ça y est, je suis de nouveau mortifiée ! Je n'avais pas réalisé que s'il a volé à ma rescousse, ça signifie qu'il a pris connaissance de *l'intégralité* du message que j'ai laissé sur le répondeur de ma mère.

Enfin, le sien.

— Oh, ça.

— … c'est horrible. Non : pire qu'horrible. Si j'avais su qu'il se comporterait comme ça avec toi, quand il m'a demandé s'il pouvait t'inviter à sortir, au lycée, je lui aurais dit non.

— Hein ? Que ? Quoi ? Quiche ?

C'est comme si Max venait de me pitcher un roman dont je n'avais jamais entendu parler, alors que j'en suis le personnage principal.

— Il voulait savoir s'il y avait quelque chose entre nous avant de faire le premier pas.

— Ah… ah oui ? C'est rigolo, ça ! Qu'est-ce que… qu'est-ce que tu as répondu ?

— Qu'il n'y avait rien.

— Vrai… vraiment ?

Il se trémousse un moment sur lui-même, anxieux, avant d'admettre :

— J'ai menti.

— D'accord.

« D'accord » ? C'EST TOUT CE QUE TU TROUVES À DIRE, EMY ? « D'accord », alors que tu pourrais hurler « Tu n'aurais pas dû », ou « J'aurais préféré que ce soit toi et pas Gabin », ou n'importe quelle déclaration faisant office d'aveu amoureux ? Espèce de quiche analphabète, va !

— J'ai… j'ai encore besoin de vomir.

Maxence instaure une distance de sécurité entre nous avant de déclarer :

— Oui, bien sûr ! Les toilettes sont juste à côté.

C'est bien. Il commence à me connaître.

— Merci.

Je me précipite dans le couloir sans demander mon reste, soulagée d'échapper à la tension qui commençait à monter entre nous et que je n'étais pas sûre de pouvoir gérer, là, tout de suite, maintenant. J'ouvre la porte de la salle de bain, et…

— AAAAAAH !

# 22

# Les amis retrouvés

— Émilie Jaouen ? Pincez-moi, je rêve !

Je me fige aussitôt, tétanisée. Ce n'est pas la salle de bain, ça.

Et cette dame aux cheveux courts, blonds, parfaitement structurés, avec un masque qui pose sur son visage et un peignoir léopard, c'est…

— Tu te souviens de moi, j'espère !

… la mère de Maxence.

— Bien sûr ! Vous êtes…

… la mère de Maxence.

— Monique.

— Monique ! m'exclamé-je avec un peu trop d'enthousiasme alors que Max fait irruption dans la pièce, paniqué.

— C'était la porte d'à côté… intervient-il, gêné.

Mais pas plus que moi, c'est certain.

— Maxou ! le sermonne-t-elle. Tu aurais pu me dire que tu fricotais avec Émilie Jaouen, voyons ! Tu te rappelles ? Tu passais ton temps à me parler d'elle, quand tu étais au lycée.

— C'est-à-dire que…

— Nous ne sommes pas ensemble, Maman.

Monique s'interrompt, prenant conscience de son erreur.

— Je ne voulais pas vous déranger, je cherchais juste la salle de bain.

— Me déranger ? Mais pas du tout, ma jolie. Pas du tout, du tout ! pépie-t-elle en m'attrapant le bras pour me guider jusqu'à ma destination – les chiottes. Waouh, j'avais oublié à quel point tes cheveux étaient soyeux. Pardon : déformation professionnelle.

D'aussi loin que je m'en souvienne, Monique a toujours été coiffeuse.

— Je pense qu'Emy pourra se débrouiller toute seule, maintenant, déclare Maxence en la tirant vers lui, au comble de l'embarras.

Je lui adresse un signe de la main pour lui indiquer que ce n'est pas grave, vraiment, mais me retrouve submergée par une violente vague de nausée. Zut. Les vives émotions ne s'accordent définitivement pas avec mes frasques de la soirée.

— Ça va ? s'enquiert mon ami. Tu ne vas pas revomir, si ?

Je suis sûre qu'il regrette amèrement d'être venu me chercher au Relais des Pêcheurs, le pauvre !

— Revomir ? s'alarme Monique. Oh, ma pauvre choupette ! Tu es malade ?

« Bourrée » serait plus exact, mais…

— Un peu, confessé-je en me réfugiant dans la salle de bain. Désolée…

♥♥♥

*Cinq minutes plus tard…*

J'ai à peine posé un pied dans la chambre – la bonne – que Maxence m'accueille avec un kit antigueule de bois : verre d'eau, tisane au gingembre, Ibuprofène et brosse à dents.

— Nom d'une chips à la coriandre ! Promis, je fiche le camp d'ici. Je suis terriblement, terriblement désolée.

— Surtout pas, proteste-t-il en ancrant ses yeux bleus dans les miens.

Je laisse la tasse m'échapper des mains, décontenancée par l'intensité de son regard azuré, mais il la rattrape aussitôt, anticipant ma maladresse.

— Tu vois, plaisante-t-il. Tu as besoin de moi.

Mes joues rougissent d'elles-mêmes alors que j'étouffe un bâillement.

— Au moins pour ce soir…

— Au moins pour ce soir.

— Merci pour tout ce que tu… commencé-je avant que mon pied ne bute sur un objet dur, mais mou.

— Emy ! s'écrie Maxence, terrifié.

Il tente tant bien que mal de me rattraper, mais même son agilité légendaire ne parvient pas à empêcher ma chute… et le cri de douleur qui l'accompagne lorsque je m'écrase sur le matelas en me jurant de ne jamais, jamais plus boire d'alcool.

— Ça… ça va ? chuchote-t-il après quelques secondes.

Il ne maîtrise pas encore tout à fait l'équation Émilie + n'importe quoi traînant par terre = catastrophe assurée.

— Hein ? Que ? Quoi ? Quiche ? m'étranglé-je en tentant tant bien que mal de retenir mes larmes.

Mon entorse-fracture-jenesaispastropquoiexactement-maisentoutcasçafaitmal m'a définitivement achevée.

— Tu as mal quelque part ?

— Partout, grogné-je en me redressant difficilement.

— Il va falloir te montrer un tout petit peu plus précise pour que je puisse t'aider, me taquine-t-il en se penchant vers moi.

Nom d'une raclette sans fromage ! Qu'est-ce qu'il est beau, quand il sourit… Enfin, il est *toujours* beau, mais quand il sourit, je dois faire appel à tous mes neurones restants pour ne pas lui rouler une pelle.

Ils ne sont pas très nombreux, mais tout de même : ça demande un effort.

Max passe une main devant mon visage, sans que je ne réagisse. Je suis complètement amorphe.

— Tu commences vraiment à m'inquiéter, là, Emy.

— Non, je vais bien, le rassuré-je en clignant des yeux. J'ai juste très envie de t'embrasser.

— Oh.

— Je crois que je me suis cassé la cheville, aussi, achevé-je sans prendre conscience de l'énorme bêtise qui vient de sortir de ma bouche.

— Laisse-moi regarder ça.

J'avance mes lèvres vers lui en fermant les paupières, mais rien ne vient.

— Ta jambe, Emy. Laisse-moi regarder *ta jambe*.

Cette injonction suffit à me dégriser.

— Je… je ne suis pas épilée.

Il s'approche à son tour, son souffle chaud se mêlant au mien, et ose :

— Ça tombe bien, moi non plus.

Oh, non.

Oh, non, non, non.

Ça ne va pas du tout.

C'est du suicide sentimental, même : Gabin vient de me briser le cœur, et je suis déjà en train de tomber amoureuse de Maxence.

— Je peux ? demande-t-il en désignant mon jean.

Je hoche lentement la tête et me concentre sur ma respiration en tâchant de ne pas prêter attention à ses gestes précis, assurés. Il palpe ma cheville un moment tandis que je me détends enfin, animée par le vague sentiment d'être à ma place, ici, avec lui.

— Tu penses être capable d'évaluer ta douleur sur une échelle de 1 à 10 ?

— 6.

— 6 ?

— 7, rectifié-je.

7, c'est toujours la bonne réponse.

— Bon, conclut-il après un temps. Je ne pense pas qu'il y ait de fracture, mais tu devrais tout de même consulter ton médecin traitant pour être sûre que l'entorse se soigne rapidement. Je vais aller te chercher de la glace.

— Merci, soufflé-je lorsqu'il revient. Pour tout.

Il me tend un sachet de petits pois congelés en s'excusant :

— Je n'ai rien trouvé de mieux.

Puis il se retourne, comme hésitant à déclarer :

— Je serai toujours là pour toi, Emy. Même si on est moins proches qu'avant, je…

— Je sais, complété-je pour lui. Je serai toujours là pour toi, moi aussi.

Des fossettes se creusent sur ses joues, et je dois faire appel à tout mon sang-froid pour ne pas me jeter à son cou. J'ignore s'il faut mettre ça sur le compte de l'alcool ou de ma confiance retrouvée, mais lorsque nous nous couchons, un quart d'heure plus tard, Max dans son lit et moi sur le matelas à ses pieds, je me prends à espérer.

— Tu es toujours partant, pour notre soirée sushis ?

— Quand tu veux, assure-t-il.

Je souris, apaisée.

— Bonne nuit, Max.

— Bonne nuit, Emy. Fais de beaux rêves.

Ça, je n'en doute pas.

# 23

# Biographie sentimentale de l'Emyscargot

*Un jour plus tard, vendredi 12 avril 2024…*

*Bzzz. Bzzz. Bzzz.*

— Laisse-moi tranquille, espèce de churros à l'ammoniac…

*Bzzz. Bzzz. Bzzz.*

J'agite la main dans tous les sens pour chasser la guêpe, le moustique ou n'importe quel insecte s'échinant à troubler mon sommeil, mais le bruit persiste.

*Bzzz. Bzzz. Bzzz.*

— Pardon, c'est mon réveil, marmotte une voix tout près de mon oreille.

J'ouvre les yeux, mais dois les frotter très fort et plusieurs fois pour m'assurer que ma vue ne me joue pas des tours : Maxence est allongé sur le matelas avec moi.

— Nom d'une gelée de moules ! Ne me dis pas qu'on a… AAAAAAH !

— Non ! s'exclame-t-il aussitôt, horrifié. J'ai dû tomber de mon lit durant la nuit. Ça m'arrive, parfois.

Je laisse mon regard dériver de son front à ses pommettes, perplexe.

— Ça ne signifie pas que je n'aurais pas voulu…

Mais Max s'interrompt de lui-même et fronce les sourcils en fixant le coin de ma bouche.

Je porte la main à mes lèvres, persuadée d'y découvrir un bouton, mais mes doigts entrent en contact avec une substance aussi visqueuse qu'une limace : de la bave.

Je bondis sur mes pieds, complètement paniquée. ALERTE BAVE ! ALERTE BAVE ! Cette fois, c'est sûr : je me suis définitivement transformée en gastéropode.

L'*Emyscargot*

Dangerosité : – 1 000

Nombre de spécimens recensés : 1

Mode de reproduction : Inexistant

Utilité : Aucune

— Attention à ta cheville ! s'écrie mon compagnon de dodo en s'élançant à ma suite dans le couloir.

Je loupe la porte de la salle de bain et fonce dans la cuisine, mais m'arrête net en découvrant Monique, une paire de ciseaux à la main. Elle sursaute, surprise par mon arrivée, et découpe plusieurs mèches à hauteur du menton d'une jeune femme aux longs cheveux bruns.

*Sa cliente.*

La seconde suivante, Max me rentre dedans. Dans un réflexe surhumain, il enserre ses bras autour de ma taille pour amortir la chute. Ça ne m'empêche pas de m'éclater la tête sur la table basse, mais je suis touchée par cette attention.

— J'avais oublié de te prévenir que ma mère travaille depuis la maison en attendant l'ouverture de son salon de coiffure.

— Ça aurait été utile de le préciser, en effet. Tu penses que si je reste étalée comme une crêpe, je pourrai échapper à l'avalanche de honte qui m'attend, là, tout de suite, maintenant ?

— Malheureusement, non.

Maxence bascule sur le côté tandis que je me ratatine sur place, gênée au possible.

— Et moi qui étais toute contente que Maxou ait *enfin* ramené une fille à la maison… gémit sa mère en contemplant le désastre capillaire que viennent de provoquer mes frasques.

— Monique, je suis terriblement et atrocement…

Mais mes yeux manquent de sortir de leurs orbites lorsque je relève la tête et lis l'heure sur l'horloge accrochée au mur.

— EN RETARD !

Non. Je refuse de perdre mon mec ET mon taf dans la même semaine.

Après avoir lancé un regard désespéré à Max, je me rue à l'extérieur, mais suis rapidement ralentie par une violente douleur à la cheville. Zut. J'avais oublié mon entorse-fracture-jenesaispastropquoiexactementmaisentoutcasçafaitmal.

— Attends-moi ! s'écrie une voix dans mon dos. Je vais t'emmener.

Maxence. Mon ange. Mon sauveur.

Même quand je fous en l'air la carrière de sa mère, il se démène pour sauver la mienne.

— Ça ne t'embête pas ?

— Non, ma garde ne commence qu'à 18 h 30, m'assure-t-il en brandissant son trousseau de clés.

Soulagée, je m'empresse de monter dans sa voiture en tâchant de faire abstraction de ma dégaine de chacal qui a la gale : je n'ai pas pris de douche depuis vingt-quatre heures, mes vêtements sont incrustés de vomi et j'ai un nid de corbeau au-dessus de la tête.

On pourrait presque me confondre avec le parent d'un enfant en bas âge. Ironique, non ?

♥♥♥

*Quinze minutes plus tard, à l'entrée du parking du Leclerc de Crozon...*

— Ta mère doit me détester.

À juste titre.

— Non, s'esclaffe Maxence. Elle est contente que tu sois restée dormir chez nous, crois-moi.

— Même après les bourdes que j'ai commises ? À moins qu'elle soit amnésique, elle aura du mal à passer l'éponge sur la scène que je lui ai jouée ce matin...

— Sincèrement, tu pourrais tenter de l'assassiner qu'elle continuerait à t'adorer. Elle ne m'a jamais vu sortir avec quelqu'un, confesse-t-il en se garant à proximité de l'Espace Culturel. Te revoir hier soir a pour ainsi dire ravivé ses espoirs.

— Je comprends, acquiescé-je tout doucement. Ma mère ne me pardonnera jamais d'avoir rompu avec Gab', car elle est persuadée que je me suis autocondamnée au célibat éternel.

Tout à coup, Max est secoué d'une quinte de toux.

— Elle a tort. Tu mérites mieux que Gabin, Emy. Tu mérites...

Toi ?

— ... tellement plus, conclut-il platement.

Je lâche un soupir, consciente qu'il est temps de mettre fin à cette conversation bien trop sérieuse pour mes pensées embrouillées.

— C'est le moment où je dois piquer un sprint à travers tout le magasin en priant pour ne pas me faire repérer par ma cheffe, c'est ça ?

Il opine de la tête, avant de se raviser :

— Ce ne serait pas très prudent pour ta cheville.

Je lève les yeux au ciel, amusée par son inquiétude. Pas sûr que cette excuse convienne à Jade, mais tant pis : je n'aurai qu'à lui montrer ma jambe gonflée et pas épilée, si elle ne me croit pas.

— Je peux venir te chercher ce soir ? Il vaut sans doute mieux que tu rentres en voiture plutôt qu'en bus.

— Oui, je… j'aimerais bien, bafouillé-je, émue par cette proposition. Je ne savais pas que tu t'étais reconverti en chauffeur de taxi pour zombies !

Maxence rit de bon cœur alors que j'ouvre la portière, prête à affronter toutes les catastrophes qui m'attendent aujourd'hui.

Toutes, sauf une : ma confrontation avec Arielle.

# 24

# Rivales

*Quelque temps plus tard, au Leclerc de Crozon...*

— ÉMILIE JAOUEN ! tonne une voix près de l'entrée de l'espace musique.

Je plonge derrière l'étagère la plus proche en esquivant le regard acéré de Jade pour la cinquième fois de la journée. Nom d'un caïman à la ciguë ! Ce n'est pas passé loin, cette fois.

Elle effectue régulièrement des rondes pour coincer son employée retardataire – moi –, alors je m'entraîne pour intégrer le prochain *James Bond* tout en remettant les thrillers dans leur rayon, plutôt que dans celui réservé aux livres de développement personnel. Jusqu'à présent, je m'en sors bien : je ne me suis cognée qu'une fois contre un mur et j'ai provoqué la chute d'à peine huit romans.

Appelez-moi Jaouen.

Émilie Jaouen.

Malheureusement, j'ai oublié mon portable au Relais des Pêcheurs hier soir. Je n'ai donc aucune idée de l'heure qu'il est, et je ne sais pas non plus quand ni comment je vais déjeuner. C'est comme ça que ma *boss* me repère : mon ventre émet un horrible gargouillement, et je dois me cacher le plus vite possible pour échapper à son courroux – puis au licenciement qui m'attend.

— Elle est là, Jade.

Je relève la tête et découvre Arielle nonchalamment adossée contre la bibliothèque la plus proche, un sourire sardonique collé aux lèvres.

Je n'ai jamais détesté quelqu'un au point de vouloir le tuer, mais là, tout de suite, maintenant, je songe sérieusement à étrangler ma collègue à mains nues et à la découper en…

— ÉMILIE ! aboie notre patronne depuis le fond du magasin.

Zut. J'entends déjà ses talons résonner jusqu'ici.

Même avec une vieille moquette pleine de chewing-gums pour amortir leur *clac-clac-clac* intempestif, oui.

— Depuis quand tu ne t'es pas douchée, Émilie ? s'enquiert ma nouvelle ennemie en me toisant avec dégoût. Tu empestes le rat mort.

Je me redresse avec le peu de dignité qu'il me reste, bien décidée à lui clouer le bec :

— Depuis que je t'ai vue embrasser mon mec à pleine bouche, peut-être ?

— Ton ex, plutôt, non ?

— C'est pareil.

Pas tout à fait, mais on va faire comme si c'était le cas.

— Qu'est-ce que c'est que ce foutoir ? beugle Jade en interrompant notre duel de regards.

— Oui, Émilie, renchérit Arielle. Explique-nous pourquoi tu t'es encore pointée en retard ce matin.

— Aujourd'hui, d'accord, mais pas les autres…

— Cette fois, ça suffit, me coupe la blonde tyrannique. Je vais devoir te demander de rassembler tes affaires et de quitter l'Espace Culturel.

Un sanglot se forme au fond de ma gorge. Je voudrais protester, vraiment, lui dire qu'Arielle est une menteuse doublée d'une maltraiteuse de livres, mais je ne parviens qu'à lâcher un hoquet de suricate assoiffé.

— Pour de bon. J'ai déjà vu trois clients s'enfuir en courant à cause de tes cascades, et je ne parle même pas de la scène que tu nous as jouée mardi. Théo est toujours traumatisé, d'ailleurs.

Traumatisé ? Ça, c'est la meilleure !

— ÇA NE SERAIT JAMAIS ARRIVÉ SI ARIELLE N'AVAIT PAS COUCHÉ AVEC MON MEC ! explosé-je en me ruant vers la salle de pause.

Enfin, mon ex.

J'aurais sans doute pu fuir sans déclencher une autre catastrophe après cet ultime coup d'éclat, si ma némésis ne m'avait pas fait un croche-patte et si Jade ne m'avait pas rattrapée par la ceinture pour amortir ma chute, mais non : mon jean se déchire, je glisse sur la table d'exposition à ma gauche comme un pingouin sur la banquise et les encyclopédies qui y sont entreposées s'écroulent les unes après les autres sur le sol, jusqu'à assommer Arielle.

Oups ! C'est ce que l'on appelle l'effet domino.

Ou le karma, au choix.

Pourtant, la première pensée de Jade est pour moi :

— C'est vrai ?

Que je suis stupide, idiote, complètement débile et incapable de poser un pied par terre sans déclencher un séisme, une tornade ou n'importe quel cataclysme susceptible de réduire la Terre à néant ?

Probablement, oui.

— Que cette connasse t'a piqué ton copain ?

— N'importe… n'importe quoi ! objecte Arielle alors qu'un filet de sang tache son front de cachalot blanc.

Je la scrute un moment, fascinée. Ça ferait une bonne idée de meurtre pour Meghan, l'héroïne de mon roman, ça.

Le pantalon craqué en moins, bien sûr.

— Je les ai surpris en train de s'embrasser hier, expliqué-je en tentant tant bien que mal de placer ma petite culotte hors du champ de vision des clients qui se sont rassemblés autour de nous.

Jaune, avec des poussins. Ma mère me l'a offerte pour mon anniversaire, en plus d'un soutien-gorge rhinocéros.

Il était trop petit pour moi, malheureusement.

Jade époussette sa robe en mousseline, puis me tend la main pour m'aider à fuir la scène de crime.

— Arielle ? minaude-t-elle.

— Oui ? couine ma rivale en palpant son crâne blessé.

— Tu es virée.

# 25

# Contes de la pétasse

Cette déclaration provoque l'effarement de tous, y compris des vieux pervers qui zieutaient mes fesses à l'air.

— Hein ? Que ? Quoi ? Quiche ?

— Je n'accepte pas les briseuses de couple ici, conclut Jade en tournant les talons sous le regard médusé d'Arielle qui, je le devine, regrette amèrement ses cabrioles avec Gabin.

Je compatis pendant quelques secondes, me remémorant toutes les fois où j'ai fini aux urgences à cause de ce boulet, avant de me rappeler que ma collègue a toujours voulu lui sauter dessus.

Pas collègue, Emy. *Ex-collègue.*

Déroutée, je m'empare d'une encyclopédie sur le mode de vie des homards suffisamment grande pour cacher le trou dans mon pantalon, et clopine tant bien que mal jusqu'à la salle de pause, sans savoir comment résoudre ce petit tracas vestimentaire.

Pourtant, j'ai à peine ouvert la porte qu'une série de sanglots se fait entendre depuis la machine à café.

— Jade ?

L'ouvrage glisse de mes mains lorsque j'aperçois ma patronne, roulée en boule dans un coin de la pièce, de larges filets noirs ruisselant sur son visage.

Tant pis pour mon popotin.

Je lui tends une feuille de sopalin pour qu'elle essuie son mascara, mais ses pleurs redoublent et je me surprends à lui faire un câlin.

Comme les Télétubbies, mais en un peu plus embarrassant.

— Comment fais-tu pour rester aussi forte ? s'enquiert-elle en ancrant ses yeux noisette dans les miens.

Je manque de m'étouffer sur place.

— Forte ? Moi ?

Forte pour gaffer et m'autoflageller, oui !

— Il m'a fallu six mois pour arrêter de chialer tous les jours quand mon petit ami m'a trompée.

— *Trompée* ?

— Mon fiancé, plutôt. Jules, précise-t-elle, prise de tremblements. On sortait ensemble depuis deux ans lorsqu'il m'a demandé de l'épouser. J'ai tout de suite dit oui, évidemment. Il était beau, musclé…

— C'est le genre de type à avoir plein de poils sur le dos, c'est ça ? Je comprends, compatis-je en lui tapotant le bras. C'est ce qui m'a fait craquer pour Gabin, moi aussi.

Jade me considère un moment avec dégoût avant de continuer, sans que je me risque à l'interrompre :

— Il avait de l'argent, une belle maison, une situation. Il voulait deux enfants, moi aussi. Bref, nous avions tout pour être heureux. Je commençais tout juste à planifier notre mariage quand il est rentré du travail, un soir, en déclarant qu'on ne devrait pas attendre un jour de plus. Il voulait qu'on soit mariés dans la semaine et qu'on lance enfin le projet bébé.

Zut. Je ne suis peut-être pas une experte des *red flags*, comme Bleuenn, mais ça sent le mec coupable à plein nez, ça.

— J'ai cédé. Trois jours après, on s'envolait pour Las Vegas. Quand on s'est réveillés dans la chambre d'hôtel, je lui ai répété que j'étais OK pour m'unir à lui en dix minutes dans une chapelle ringarde, mais pas sans une robe de mariée digne de ce nom, alors j'ai sillonné la ville à la recherche de la perle rare. La cérémonie était prévue à 18 h. Quand je suis revenue avec ma trouvaille, je l'ai surpris au lit avec une autre fille. Il a fondu en larmes et m'a sorti qu'il n'était pas prêt à s'engager.

— Hein ? Que ? Quoi ? Quiche ?

C'est l'histoire la plus horrible que j'aie jamais entendue.

— Oui, il a osé. Après quelques minutes, il m'a avoué qu'il avait couché avec l'une de ses collègues, juste avant notre départ. Il a flippé que je l'apprenne et tentait de précipiter le mariage.

C'est dingue ! Jade s'est retrouvée toute seule dans un pays étranger, trahie par celui avec qui elle s'imaginait passer le reste de sa vie.

— Qu'as-tu fait, après ça ?

— Je l'ai viré de la chambre, j'ai balancé ses affaires par la fenêtre, puis j'ai commandé le cocktail le plus cher du bar avec sa carte bleue. Trois fois. J'étais déterminée à lui prouver qu'il avait eu tort, quitte à me laisser aveugler par la colère et l'alcool. Je me suis rendue à la chapelle, seule, et j'ai raconté tous mes problèmes à l'officiant, un sosie d'Elvis. Il était pas mal, avec ses lunettes de soleil orange et sa coupe banane. J'ai prétendu que je refusais de retourner en France sans que quelqu'un m'ait passé la bague au doigt, et il m'a répondu : « Tu as deux solutions : rester aux *States* jusqu'à la fin de tes jours, ou devenir ma femme. »

— Là, tout de suite, maintenant ?

— Là, tout de suite, maintenant, confirme-t-elle. Dix minutes plus tard, il m'embrassait devant l'autel.

— Waouh…

— On a fait trois fois l'amour, cette nuit-là, annonce-t-elle avec une pointe de fierté dans la voix.

— Ça ressemble au début d'une comédie romantique !

— Il m'a filé de l'herpès.

— Ah, zut. Peut-être pas, alors.

— Bref, persifle ma *boss*. J'ai quitté les États-Unis, raconté à tout le monde à quel point Jules était naze, et je me suis juré de ne plus laisser personne me marcher sur les pieds.

Pas de souci là-dessus : son vœu s'est *plus que réalisé*. Voilà deux ans que j'en fais les frais quotidiens.

— C'était en 2021, reprend-elle en se raclant la gorge, mais je ne m'en suis toujours pas remise. Je n'y parviendrai jamais, je crois. Depuis, j'ai du mal à tolérer les personnes coupables d'adultère, comme cette pouffiasse d'Arielle.

Je suis sur le point de prendre sa défense, par solidarité féminine, avant de me rappeler qu'elle a toujours cherché à me nuire. Je n'aurais jamais pensé dire ça un jour, mais Jade a raison : c'est une pouffiasse.

— Je suis sûre que Jules s'en mord les doigts, lui.

— Ça fait six mois qu'il sort avec une influenceuse. Il y a deux semaines, j'ai appris qu'ils allaient déménager à Dubaï.

— Aïe.

Je vais arrêter d'ouvrir ma bouche, ça vaudra mieux.

— Et Elvis ? ajouté-je pourtant lorsque les yeux de Jade s'embuent de nouveau.

— Elvis ? Officiellement, on est toujours mariés. Il s'appelle Larry, dans la vraie vie.

— Larry ?

— Oui.

— C'est toujours mieux que Jules, je suppose.

— Je crois aussi, soupire-t-elle en esquissant un sourire.

Léger, certes, mais un sourire quand même. C'est une petite révolution dans son univers impitoyable.

— Tu sais, Emy… reprend-elle en inclinant la tête dans ma direction.

Mes pupilles s'illuminent, pleines d'espoir. Jade serait-elle sur le point de me faire un compliment ? À moi, la reine des quiches et comtesse de la maladresse ?

— … ce n'est pas parce que nous sommes payées une misère que tu dois cesser de prendre des douches.

Et, sans me laisser le temps de réagir, elle se met debout et quitte la pièce sans demander son reste ni m'accorder une once d'attention supplémentaire. Je me laisse tomber contre le mur, sous le choc de toutes ces révélations.

J'espère que Jade comprendra un jour qu'elle n'a pas besoin de rabaisser les autres pour prendre de la hauteur. Contrairement à ce que j'ai toujours cru, son mépris n'est pas une force, mais un défaut d'assurance, un moyen de défense pour panser son cœur meurtri…

Pourtant, il faut juste qu'elle lui laisse le temps de cicatriser.

♥♥♥

*Trois heures et un pantalon de rechange plus tard (merci Jade !), toujours au Leclerc de Crozon…*

— Bonjour ! claironné-je en découvrant Maxence à l'entrée du parking.

Comme il me l'avait promis.

— Je crois qu'on s'est déjà vus ce matin, Emy.

Ah. Oui.

— Tu es plus perspicace que moi ! ironisé-je en étouffant un bâillement.

— Juste un peu moins fatigué. Tu as passé une bonne journée ?

Je le suis jusqu'à sa voiture, sans pouvoir retenir plus longtemps l'immense sourire qui se forme sur mes lèvres. C'est tellement agréable d'être à côté de Max ! Il est comme un soleil, ou… ou ma dose de dopamine quotidienne.

— Je n'irais pas jusqu'à la qualifier de « bonne », mais elle n'était pas trop mal, oui. Sauf quand j'ai ruiné la crédibilité professionnelle de ta mère, bien sûr…

Il se retient de rire, mais laisse échapper deux ou trois ricanements en appuyant sur la pédale d'embrayage.

— Elle m'a demandé quand elle te reverrait.

— Pour me tuer ?

— Te convaincre de m'épouser, plutôt.

— Beurk ! Tout, mais pas ça ! lancé-je sans réfléchir.

Maxence pile, et la bagnole manque d'emboutir une C3 Picasso.

Verte, malheureusement. Zut ! J'aurais préféré qu'elle soit rouge, comme celle d'Armelle.

— Je n'ai pas très envie de finir avec un sosie d'Elvis Presley parce que tu m'auras trompée durant notre voyage à Las Vegas. Même s'il s'appelle Larry et qu'il est drôle, sympa… Qu'est-ce que je raconte, moi ? Pourquoi tu me tromperais, d'abord ? Tu ne t'appelles pas Jules ni Gabin, et ce n'est pas comme si nous avions entamé une quelconque relation amou…

Dans un geste tendre – ou désespéré –, Max attrape ma main pour m'empêcher de me ridiculiser davantage. Je me calme instantanément, apaisée par ce contact rassurant.

— Désolée. Je ne suis pas dans mon état normal aujourd'hui.

— Non, en effet. C'est ce qu'on appelle « être épuisé ».

Je m'enfonce dans mon siège, amusée par son pragmatisme. Pseudo-tentative de meurtre + blocage de dos + faux bébé + cholestérol + rupture + entorse-fracture-jenesaispastropquoiexactementmaisentoutcasçafaitmal + infidélité + gueule de bois + multiples menaces de licenciement = gros cernes et chaos journalier, c'est vrai.

Au moment où Maxence s'arrête devant la maison de mes parents, un quart d'heure plus tard, je lutte de toutes mes forces pour ne pas baisser les paupières plus de quelques secondes et me mettre à ronfler comme un hippopotame enrhumé.

— Voilà, on est arrivés.

— On se retrouve quand ? demandé-je en me laissant choir sur le trottoir. Pour notre soirée sushis.

— J'ai une semaine chargée qui m'attend à partir de demain, mais d'ici quinze jours, ce serait bien.

— Ce serait super, même.

— Plus que super. Je t'appellerai.

Je m'éloigne de quelques pas, mais il détache sa ceinture et me rattrape, une expression indéchiffrable sur le visage.

— Qu'est-ce que tu fais ?

— Je te dis au revoir. Je peux ? murmure-t-il en désignant ma joue.

Je hoche la tête et il y dépose un bisou. Tout mou, tout doux. Comme quand on était enfants et que je lui offrais des fraises Tagada.

Comme quand j'étais amoureuse de lui, déjà.

En actionnant la poignée de la porte d'entrée, alors que je suis plus rouge qu'une tomate et aussi crevée qu'un pneu, je me sens prête à affronter le cyclone qui se déchaîne à l'intérieur. J'ai peut-être un estomac qui crie famine et une dégaine de phacochère aboulique, mais j'ai conservé mon *job*, curieusement sympathisé avec ma patronne, et mon *crush* m'a embrassée aujourd'hui.

Pas sur la bouche, mais ça viendra.

N'est-ce pas ?

# 26

# Pisser n'est pas un vilain défaut

*Trente secondes et un appel à la gendarmerie plus tard...*

Si j'étais rentrée directement, sans m'attarder sur le pas de la porte en inspirant trois fois et en priant pour survivre à ces prochaines semaines cloîtrée chez mes parents, le désastre aurait probablement pu être évité.

Mais lorsque je pénètre dans le salon animée d'une seule envie – prendre une douche –, mon père dépose tout juste le téléphone fixe sur son réceptacle.

Nom d'un pigeon à la sauce soja ! Papa, *appeler quelqu'un* ? Ça, c'est mauvais signe.

Très, très mauvais signe. Je ne l'ai vu qu'une fois composer un numéro, et c'était pour annoncer à ma petite sœur que son cochon d'Inde était mort. Elle était partie dormir chez sa copine Clara et ma mère en avait profité pour finaliser la vente qu'elle planifiait depuis deux semaines sur Leboncoin.

C'en était trop : Chewbacca était mignon, oui, mais il puait la pisse, ne mangeait que du poivron et projetait des jets d'urine sur le papier peint.

Celui que Maman avait passé trois heures à maroufler, sur les conseils de Valérie Damidot.

Bref : Chewi a déménagé pour un euro symbolique chez Martine, une retraitée « fort sympathique ».

Rozy a pleuré pendant trois jours, avant de stipuler que c'était pour le mieux, car il se trouvait désormais au paradis des cochons d'Inde. J'ai éclaté en sanglots, et ma mère m'a regardée de travers jusqu'à ce que je prétende m'être étouffée avec un brocoli.

Je lui en voudrai toujours de m'avoir obligée à mentir à ma petite sœur sur un sujet aussi grave.

Depuis, Rozenn n'est plus retournée chez Clara, et j'ai entreposé tous mes livres chez Gabin – mes parents seraient capables d'y mettre le feu pour « faire de la place ».

— Mymy !

Je me fige près de la cuisine, sonnée. Gérard ne peut pas être ici, c'est impossible.

— T'es en vie ! s'exclame-t-il pourtant en se ruant vers moi, un sourire édenté s'étirant sur ses lèvres fatiguées.

— Je...

Mais ma cage thoracique est subitement comprimée par ses bras, qui m'enserrent pour me faire un câlin ou un plaquage, au choix.

— Tu m'as filé les chocottes, mistinguette ! J'pensais qu'un *suner mouilc'hi trenket* t'avait kidnappée à la sortie du bar pour t'démembrer dans une poubelle.

Une expression de pure terreur se dessine sur le visage de ma mère, mais je me contente de balbutier, épuisée :

— *Suner mouil*-quoi ?

— *Suner mouilc'hi trenket*, déclarent mon père et Gégé. Suceur de merles aigris.

Cette fois, c'en est trop. Maman quitte la pièce, furibonde, pour se réfugier dans le jardin et chercher du réconfort auprès de Patrick.

— Qui est aigri ? Les merles ou le suceur ?

— Les merles, assure Papa.

— Le suceur ! rétorque Gérard. C'est pas pour rien qu'il en est v'nu à culbuter des merlous !

— Désolée, ajouté-je pour chasser le gros malaise qui s'installe dans la pièce. J'étais chez Maxence.

Les yeux de mon père s'illuminent instantanément.

— Maxence, le fils de Monique ?

— Oui. On est restés amis malgré les années.

— C'est bien, ça. Très bien, marmonne-t-il en me tapotant l'épaule. Je suis fier de toi, ma Emy.

Mes joues rosissent d'elles-mêmes. J'ai peut-être enchaîné les erreurs, ces derniers temps, mais renouer avec Max est définitivement mon plus beau succès de la décennie.

De ma vie entière, qui sait ?

— T'aurais pu m'dire qu't'allais faire zig-zig ! me sermonne Gérard. Ça nous aurait évité d'app'ler les flics.

Je me jette sur Papa pour lui boucher les oreilles, mais c'est trop tard.

Il me fixe comme si j'étais la réincarnation de Chewbacca et amorce un mouvement en direction des toilettes.

— Je crois… je crois que je vais vomir.

— Non, Papounet ! C'est faux, je te le promets ! J'étais bourrée, alors j'ai appelé Maman, mais c'est Max qui a reçu mon message.

Il fronce les sourcils, de plus en plus perplexe.

— J'ai appuyé sur le mauvais contact. Il est quand même venu et a proposé de m'héberger, le temps que je décuve. Il ne voulait pas vous déranger.

— Mais vous avez dormi où ? s'enquiert mon père, pas tout à fait rassuré.

— Dans sa chambre, bien sûr !

Il ne croyait tout de même pas que j'allais lui répondre « dans la baignoire de sa salle de bain », si ?

— Emy, il faut que je t'avoue quelque chose… lance-t-il en se dandinant sur place, visiblement mal à l'aise. Maxence n'est peut-être pas celui que tu crois.

Je lui aurais probablement demandé plus de précisions si quelqu'un n'avait pas violemment frappé à la porte.

— GENDARMERIE NATIONALE ! Ouvrez !

Je me fige sur place, tétanisée. Mes proches ont *vraiment* contacté les forces de l'ordre pour signaler ma disparition.

Ça prouve qu'ils tiennent à moi, au moins.

— Je vais ouvrir ! pépie ma mère en surgissant de nulle part.

Elle a écouté toute notre conversation, c'est certain.

Après s'être composé un sourire de façade, elle lisse les pointes de son carré avec ses doigts et…

— François ! Quelle surprise !

François. *Son ex.* Celui qui l'a larguée comme une vieille chaussette pourrie juste avant qu'elle ne couche avec mon père dans une benne à ordures, la nuit où ils m'ont enfantée.

— Christelle ! T'es toujours aussi belle !

Beurk ! Je parcours le rez-de-chaussée à la recherche de ma sœur, mais ne parviens qu'à me focaliser sur le strabisme de Gérard, qui excelle dans le marquage à la culotte.

— Pardon d'm'être pointé chez toi, mistinguette ! J'étais inquiet, tu sais ! J'racontais à Lucien la fois où j'ai pêché un requin, un vrai de vrai, quand Marcel m'a balancé que t'avais pris la poudre d'escampette. Comme ça, *POUF* ! Disparue, la Mymy !

Je m'adosse contre le mur le plus proche, incapable de réagir correctement. C'est trop d'informations pour moi, tout ça.

— T'avais même pas emporté ta baluche avec toi ! Ton portable arrêtait pas d'faire *bip-bip*, alors j'ai décroché et j'ai dit au *teileg*[18] qui t'appelait qu'moi aussi, tu m'avais abandonné. Il était pas ravi-ravi, c'est moi qui t'le dis !

— Je n'en doute pas…

— J'ai pas dormi d'la nuit, après ça. Marcel m'a expliqué qu'un type louche t'avait attendue d'vant l'bar, alors j'suis r'tourné chez ton ex, mais il m'a claqué la porte au nez en hurlant qu'j'étais taré. J'lui ai rétorqué que c'était pas très sympa et j'ai pissé sur son paillasson.

— HEIN ? QUE ? QUOI ? QUICHE ?

— Tu m'en veux pas, j'espère ! J'ai zieuté les coins de crac-crac aussi, au cas où. Ça m'a rappelé des souvenirs, ah, ça oui ! Puis j'ai r'gardé le soleil qui s'levait – c'est qu'il prend son temps, ce filou – et j'ai filé au supermarché. Ouais, celui où tu travailles !

Oh, misère…

— J'ai foncé chez l'boucher-charcutier, mais il m'a dit qu'il connaissait pas de Mymy, donc j'l'ui ai pris d'la langue de bœuf et j'me suis pointé ici. Tu m'as pas menti sur ton activité professionnelle, tout d'même, si ?

Non, mais j'aurais peut-être dû.

---

18. « Con », en breton.

# 27

# Une chambre (pas vraiment) à soi

— Où est mon sac, maintenant ?

Mes paupières se ferment d'elles-mêmes, de plus en plus lourdes. Je n'ai qu'une envie : monter les escaliers, m'enfermer dans ma chambre et m'écrouler sur le lit.

Tant pis pour la douche.

— Dans les chiottes, annonce Gérard, tout fier de lui.

— Dans les chiottes ?

Il se fout de ma gueule, là, c'est pas possible.

— J'ai des p'tits problèmes de constipation, si tu vois c'que j'veux dire. C'est pas ma faute s'il a fallu attendre que j'me pointe chez tes vieux pour libérer l'kraken !

Cette fois, c'est sûr : il est vraiment agacé par mon évasion surprise. J'aurais dû le prévenir, c'est vrai, mais de là à ce qu'il urine chez mon ex et fasse caca chez moi…

— Merci, Gégé.

Je le laisse planté là et me rue à l'étage sans me retourner, priant pour que plus personne ne me dérange.

— ET LES FLICS, MYMY ?

Ça, ma mère s'en chargera.

Après avoir effectué un petit détour par la salle de bain pour récupérer mon sac à main, j'ouvre la porte de ma chambre à la volée, mais étouffe un cri de surprise en manquant de tomber sur un carton… Un carton rempli de livres !

Nom d'un chimpanzé boiteux ! Le vieux schnock a rapporté mes affaires !

Ni une ni deux, je jette mon sac à l'autre bout de la pièce et redescends pour le prendre dans mes bras, mais lorsque j'arrive en bas, mon acolyte est déjà reparti. Je ne sais pas encore quand ni comment il a eu l'occasion de tout rassembler chez Gabin, mais une chose est sûre : je lui en serai éternellement reconnaissante.

Une fois remontée, je zigzague entre les piles de livres pour atteindre mon bureau et m'empare d'un Post-it :

« *Acheter cinq boîtes de chocolats pour Gérard* »

« *Et une pour moi* », ajouté-je après une seconde de réflexion.

Cholestérol ou pas, je l'ai méritée. Pas vrai ?

Avec un soupir, je parcours la pièce du regard, dépitée. Difficile de ne pas prendre ce retour au nid familial comme un échec : la preuve manifeste de mon inaptitude à construire une relation saine sur la durée.

Difficile de ne pas prendre ma vie tout court comme un échec, ces derniers temps.

À l'heure où mes anciens camarades de classe multiplient les grossesses et les mariages, je m'extasie devant des vidéos de canards sur TikTok et Instagram, incapable de me projeter dans le futur. Ma chambre est à mon image : elle n'a presque pas changé depuis mon adolescence. Les posters de Jul placardés aux murs ont jauni – mais pas autant que ceux de Justin Bieber – et ma Wii a pris la poussière.

*Bzzz… Bzzz… Bzzz…*

Je sursaute, effrayée par ce bruit soudain.

Zut. Le vibromasseur que Bleuenn m'a offert pour mon anniversaire a dû s'enclencher pendant le déménagement.

*Bzzz… Bzzz… Bzzz…*

J'arque un sourcil, intriguée. Est-ce qu'un vibromasseur fait vraiment ce bruit-là ? Je ne crois pas.

— C'est ton portable, sœurette.

Rozy m'observe depuis l'encadrement de la porte, hilare.

— Merci.

Je rampe jusqu'à mon sac malencontreusement échoué près de la fenêtre et en extrais mon téléphone, prise d'une soudaine envie de vomir.

J'ai quatorze messages vocaux de Gabin et dix SMS de Blue.

— Ce n'est pas ton genre, de jouer les rebelles.

— Hein ? Que ? Quoi ? Quiche ? lancé-je distraitement en lançant mon répondeur.

« Vous avez quatorze appels manqués du 06 88… »

— T'as vraiment pioncé chez Max ?

« Message du jeudi 11 avril à 19 h 34 : "Salut chouchou ! Euh… Em', écoute, je suis désolé pour tout à l'heure. Je te promets qu'il s'est jamais rien passé entre Arielle et moi avant aujourd'hui. Enfin, hier…" »

— Oui, pourquoi ? m'agacé-je, frustrée.

Impossible de comprendre quoi que ce soit au baragouin de Gabin avec ma petite sœur dans les pattes.

« "… elle est passée m'apporter un crumble à la rhubarbe quand je lui ai dit que j'étais en arrêt à cause de ma dent et elle m'a demandé si elle pouvait me tenir compagnie." »

— Je sais pas, je trouve ça louche.

« "J'étais pas dans mon état normal, avec les médocs, alors j'ai commencé à voir des drôles de trucs, du genre : toi en train de galocher l'interne des urgences, là." »

— Louche ?

« “Comment il s’appelle, déjà ? Bref, je suis devenu complètement parano, et quand elle m’a embrassé, bah… j’ai pas pu résister.” »

— T’étais quand même raide dingue de lui, au lycée. T’es sûre que vous avez pas plutôt *couché ensemble* ?

— COUCHÉ EN-QUOI ?

Je sursaute, terrifiée. Mon père me scrute depuis le milieu du couloir, aussi pâle et flippant qu’un fantôme. Si je ne le rassure pas dans trois, deux, une seconde, il va probablement tomber dans les pommes, et je ne veux pas que ma mère profite d’une virée aux urgences pour cuisiner Maxence.

— Fais pas cette tête, Papa ! nié-je en fusillant Rozy du regard. La vie sexuelle d’un paresseux est bien plus palpitante que la mienne, crois-moi.

Il pose la main sur son cœur, visiblement soulagé.

C’est drôle : il ne s’inquiétait pas pour ça quand je sortais avec Gabin.

Je reporte mon attention sur le répondeur, qui continue de dérouler les lamentations de mon ex sous l’œil suspicieux de ma sœur.

Cette fois, pourtant, Rozenn aura du mal à me faire cracher le morceau… parce qu’il n’y en a pas, tout simplement !

À mon plus grand désarroi.

— Ah, mes poussinettes ! s’exclame ma mère en pénétrant dans la pièce. Vous êtes là !

Je m’efforce tant bien que mal de résister à mes pulsions meurtrières lorsque je la vois piétiner l’édition allemande d’*On the leaves of Autumn.*

— Votre père aussi, à ce que je vois… persifle-t-elle en toisant Papa. Vous auriez pu dire bonjour à François, tout de même !

Rozy fuit sans demander son reste, refusant de prendre part aux querelles de nos parents.

— Même pas en rêve !

J'aurais bien aimé faire pareil, mais ce n'est pas comme si je pouvais sortir de la pièce et claquer la porte de ma chambre pour exprimer mon mécontentement, moi, puisque je me trouve… dans ma chambre.

— Et toi, tu devrais rappeler Gabin, renchérit Maman en pointant un doigt accusateur dans ma direction. Il s'est fait un sang d'encre, le pauvre !

— C'est vrai ?

Ce serait bien la première fois que ça arrive.

— Bien sûr ! Il est venu nous rendre visite ce matin, tout paniqué parce que tu ne lui avais pas répondu. Il avait encore plus de cheveux blancs que la semaine dernière… Tu ne trouves pas, Jean-Luc ?

— Pas forcément.

— Tu ne fais jamais attention à rien, de toute façon. Même quand l'ex de ta femme se pointe chez toi.

— Ça ne serait pas arrivé si… lance mon père, avant de s'arrêter en prenant conscience que ses justifications sont inutiles, ma mère ayant de toute façon décidé de se fâcher contre lui.

Dans ma tête, c'est le chaos. Pourquoi Gab' a-t-il joué les apprentis déménageurs ? Est-ce qu'il… est-ce qu'il regrette notre rupture ?

Ou est-ce qu'il cherche un moyen de conserver son accès privilégié à la tartiflette de Christelle Jaouen ?

— Justement, avancé-je après m'être raclé la gorge, j'écoute ses messages, là.

Sous-entendu : foutez le camp d'ici tout de suite si vous espérez encore que je me rabiboche avec lui.

Ma mère ne se fait pas prier et se rue à l'extérieur, toute guillerette à l'idée de reprendre les préparatifs de notre mariage.

Mon père, lui, s'attarde un moment avant de s'enquérir, toujours aussi nerveux :

— Donc tu ne sors pas avec Maxence ?

— Non !

— C'est bien, ça. Oui, très bien. Max est un chouette type, mais il n'est pas fait pour toi, ma Emy.

J'écarquille les yeux comme un chihuahua castré, complètement abasourdie.

— Nan, vraiment pas.

Et il part à son tour, me laissant seule, dans la sidération la plus totale. Pas étonnant que mon avenir amoureux soit voué à l'échec, avec de tels modèles !

Mais j'ai à peine le temps de me remettre de mes émotions que la sonnerie de mon téléphone retentit, interrompant ma messagerie.

« *Elle a l'regard qui tue, Tchikita, cheveux longs comme Nikita. Si elle me quitte pas, j'la quitte pas ! Tchikita, Tchikita !* »

Je décroche aussitôt en voyant le nom de mon ex apparaître à l'écran, fébrile. Ça me ferait du bien d'entendre ses excuses sincères.

— Allô ?

— J'arrive pas à croire que t'aies fait ça, Em'.

Il n'en faut pas plus pour raviver ma colère.

— C'est pas possible ! Qu'est-ce que vous avez tous avec ma libido, tout à coup ?

— Hein ? Mais je te parle pas de ta libido, moi ! Je te parle d'Arielle qui s'est fait renvoyer à cause de toi !

Le silence qui s'ensuit est à l'image de mon choc : monumental.

— T'as que ça à faire, sérieux ? Elle chiale de ouf, là, je…

— Et toi ? le coupé-je. Tu n'as que ça à faire, de t'envoyer ma collègue de travail sur ton canapé rempli de crottes de nez ?

— Je t'ai dit qu'on n'avait jamais…

Mais je raccroche avant qu'il n'ait le temps d'achever sa phrase, excédée.

Je ne sais pas ce dont j'ai besoin, là, tout de suite, maintenant, mais certainement pas d'un Gabin prêt à me démontrer par A + B à quel point je suis nulle à chier.

Résignée, j'appuie sur le bouton latéral pour éteindre mon portable, lorsqu'une notification apparaît : « @Sparkles_OfHope vient de poster un nouveau chapitre. »

Un sourire s'esquisse sur mes lèvres fatiguées. Eliott Scott, toujours là pour faire briller la lueur d'espoir qui se noie au fond de mes pensées.

Lorsque j'ouvre Wattpad pour accéder à ma bibliothèque virtuelle, mes doigts s'attardent quelques secondes sur l'icône réservée aux histoires des auteurs, et la couverture de *Mon cœur contre tes peurs* s'affiche à l'écran.

Celle que Bleuenn a commandée auprès d'une graphiste au cours de l'une de ses énièmes tentatives pour me motiver à publier mon roman sur la plateforme.

Je fixe le vide quelques minutes, incertaine. Depuis toute petite, je passe mon temps à décevoir les autres.

Mais j'aurai beau enchaîner les gaffes jusqu'à ma mort, je ne décevrai jamais quelqu'un plus que moi si je ne m'écoute pas enfin, pour une fois.

Une fois, juste une fois.

Ça ne peut pas être si terrible que ça, n'est-ce pas ?

C'est décidé : le prochain chapitre posté, ce sera le mien. Là, tout de suite, maintenant.

Maintenant, oui. J'ai hésité bien trop longtemps pour m'accorder le luxe de la réflexion.

Sans cogiter davantage, je presse le bouton « Publier », plus confiante que je ne l'ai été de toute la journée.

Et c'est comme ça qu'à 0 h 22, le samedi 13 avril 2024, la première partie de *Mon cœur contre tes peurs* est mise en ligne sur Wattpad.

J'ignore ce que cette histoire m'apportera. Tout ce que j'espère, c'est qu'elle m'aidera à tourner la page, pour enfin mettre Gabin et mes insécurités derrière moi.

# 28

# Le syndrome de la page blanche

*Deux mois plus tard, mercredi 12 juin 2024…*

Deux mois. C'est le temps qui a passé, mais aussi celui qu'il a fallu pour que mes résolutions s'effondrent comme des dominos, les unes après les autres.

Pour certains, c'est un record.

Pour moi, c'est un échec. Encore un, oui. Il faut croire que je les collectionne…

Non seulement *Mon cœur contre tes peurs* n'a récolté qu'une cinquantaine de vues – les miennes et celles de Bleuenn confondues –, mais en plus, j'ai tout bonnement arrêté d'écrire.

Oui, comme ça.

Je me suis levée un matin et j'ai été victime du syndrome de la page blanche. Ou de la flémingite aiguë, je ne sais pas.

Ce qui est sûr, c'est que je n'ai pas écrit un mot depuis. Pas un seul. Ça craint, hein ?

Je suis littéralement en train de moisir chez mes parents, je me chamaille avec ma petite sœur de treize ans à longueur de journée, je cumule les douleurs dorsales, Max ne m'a quasiment pas donné de nouvelles parce qu'il est débordé, et je me fais sans cesse houspiller par Jade. On peut difficilement faire pire, comme évolution…

Sérieusement : si mes clones dominaient le monde, l'espèce humaine serait déjà en voie de disparition.

Pourtant, il y a quelqu'un sur qui je peux compter dans mon malheur, quelqu'un qui m'empêche de sombrer grâce à sa joie de vivre et sa bonne humeur : Gérard.

Sans oublier sa voiture, Julie, qui m'épargne de précieuses minutes d'attente au quotidien. Grâce à elle, j'ai dit adieu aux bus !

Le vieux Schtroumpf est la seule personne pour qui j'accepte de mettre le nez dehors. Depuis quelques semaines, il m'emmène partout avec lui, désireux de me faire découvrir des coins de Crozon dont j'ignorais l'existence.

Cet après-midi, toutefois, il m'a donné rendez-vous à notre QG : le Relais des Pêcheurs.

Comme à chaque fois, une boule d'angoisse se forme au creux de mon estomac. Gabin et moi n'avons pas échangé un mot depuis le jour où je lui ai raccroché au nez, et même si je *stalke* régulièrement son compte Instagram, j'ai toujours peur de le croiser. À force de passer autant de temps près de chez lui, je vais finir par me causer un ulcère.

Ça me donnera une excuse pour revoir Maxence, au moins.

— Maint'nant qu'je t'ai aidée à oublier ce morveux de Gab-rillette… amorce Gégé en s'effondrant sur le tabouret le plus proche.

— Gabin.

— … j'ai besoin qu'tu m'rendes un service.

— Un service ? balbutié-je, peu confiante.

— Ouais. T'es libre cet été ?

♡♡♡

*Quelques heures plus tard, dans la chambre d'Emy...*

J'ai dit oui.

Pourquoi ? Parce que je suis trop gentille.

Ce qui, par extension, fait de moi une *débilos*, si j'en crois Rozy.

En quoi consiste le service en question ?

Ça, je n'en ai pas la moindre idée. Gérard n'a rien dit. Il ne veut pas me « gâcher la surprise ». De toute façon, ça ne pourra pas être pire que la fois où il m'a emmenée à la piscine sans me prévenir après m'avoir acheté un maillot trois fois trop grand pour moi… tout cela alors que je ne sais pas nager.

Je m'efforce donc d'occulter cette idée de mes pensées lorsque mon téléphone sonne pour la première fois.

— Zut ! pesté-je, affalée sur mon lit, un paquet de gâteaux apéro dans une main, un livre dans l'autre.

Je ne prends même pas la peine de regarder l'écran et abandonne mon kit de survie pour me rouler en boule sous ma couette, comme une chenille sans pattes.

Un ver de terre, quoi, mais en un peu plus stylé.

Tous les jours depuis un mois, Bleuenn m'appelle pour savoir pourquoi je n'ai pas posté un nouveau chapitre de *Mon cœur contre tes peurs* sur Wattpad.

Je me suis résignée : Jean Le Guen avait raison, je suis trop nulle pour écrire un roman sur la durée.

Le problème, c'est que Blue ne baisse pas les bras, elle, et qu'elle cherche à me remotiver par tous les moyens.

Elle a commencé à m'envoyer des pots de Nut-Nut vides par la poste en guise de menace, avant de transférer à Max la quasi-totalité de mes photos dossiers, à l'exception de celle où j'embrasse un *blobfish* à pleine bouche – elle ne voulait pas ruiner toutes mes chances de sortir avec lui, a-t-elle précisé.

Je lui ai rétorqué que je n'avais de toute façon aucune chance, avant de lui raccrocher au nez.

Depuis, j'évite de répondre à ses appels.

Mais malgré tous mes efforts pour la décourager, Bleuenn n'a pas dit son dernier mot, non, non, non, et elle compte bien me le prouver.

Là, tout de suite, maintenant.

— T'es une sacrée abrutie, Emy.

J'ai à peine le temps de comprendre ce qui m'arrive que quelqu'un tire violemment ma couette, ouvre ma fenêtre et ramasse les trois paquets de 3D éventrés qui jonchent le sol.

Pas quelqu'un, non : Blue en personne.

— Tu sais ce qui s'est passé quand j'ai reçu la notification « @TheAutumnToMyFalls vient de poster une nouvelle histoire » ? J'ai tellement crié que je me suis tapé une extinction de voix le lendemain, et un mot passif-agressif de mon voisin dans le hall de l'immeuble. Tu sais, celui qui porte des lunettes bizarres. Bref, c'était l'un des plus beaux jours de ma vie…

— N'exagère pas, grogné-je en me cachant derrière un coussin.

— C'ÉTAIT L'UN DES PLUS BEAUX JOURS DE MA VIE, reprend-elle plus fort. Parce que je suis persuadée que tu es destinée à être autrice, et tu allais enfin partager ton talent avec le reste du monde. Tu étais bien partie, en plus, vraiment : tous les soirs pendant un mois, quand je me connectais, un chapitre de *Mon cœur contre tes peurs* m'attendait sagement sur Wattpad. Tous les soirs, jusqu'à ce jour fatidique : le 11 mai, où tu t'es dit que tu allais tout simplement arrêter de poster. Comme ça, tranquille.

— Je n'avais plus de chapitres d'avance.

— ET ALORS ? TU N'AVAIS QU'À EN ÉCRIRE D'AUTRES, PATATE !

Le regard peu amène qu'elle me lance lorsque je me relève courageusement me suffit pour replonger la tête dans mon oreiller.

— Et ne viens pas me parler de syndrome de la page blanche, Emy, parce que toi comme moi savons très bien quel est ton problème.

Je ne suis bonne à rien ?

— Tu t'autosabotes. Pas qu'avec tes débuts de manuscrit, d'ailleurs. En sortant avec Gabin pendant SIX ANS, en gardant un *job* pas adapté à tes problèmes de santé et en refusant de relancer ton *crush* sous prétexte qu'il a trop de travail.

— Mais c'est vrai ! Maxence est…

— ON S'EN FOUT, EMY, ON S'EN FOUT. Tu ne te fies pas à ton instinct, mais à ta trouille.

Je reste interdite, encaissant difficilement les remarques de Blue.

— Et je comprends, vraiment. Mais je n'en peux plus de te voir te réfugier derrière tes peurs sans chercher à les affronter.

— Je ne suis pas comme toi, Blue…

— Personne ne te demande d'être comme moi, Emy, ajoute-t-elle en baissant la voix. Tout ce que je veux, c'est que tu acceptes mon aide quand tu en as besoin. D'accord ?

Je me redresse lentement et acquiesce, surprise par sa bienveillance soudaine. Il y a anguille sous roche, comme dirait Gérard…

— Parce que la prochaine fois que tu me *ghostes*, moi, Bleuenn, ta meilleure amie, j'envoie un DM Instagram à Gabin pour le prévenir que tu as embrassé Maxence alors que vous étiez encore en couple, achève-t-elle en esquissant un sourire triomphant.

Mission réussie : je culpabilise à mort.

— NON, SURTOUT PAS !

Gab' ne me le pardonnerait jamais.

— OK, statue-t-elle. Je te laisse t'apitoyer sur ton sort encore un soir, mais à partir de demain, tu te soumets à la méthode Blue.

— La méthode Blue ? balbutié-je.

— Fais-moi confiance, Emy. Avec moi, *Mon cœur contre tes peurs* sera terminé avant la fin de l'été.

Je la fixe un moment avec la vague impression qu'accepter reviendrait à me présenter comme cobaye pour tester la guillotine 2.0.

— C'est bien ce qui me fait peur…

— De finir ton roman, ou de te fier à moi ? s'enquiert-elle en rejetant ses cheveux bleus en arrière.

— Les deux.

# 29

# La méthode Blue

*Un jour plus tard, jeudi 13 juin 2024…*

— IL EST 6 H !

— Hum… grogné-je depuis ma couette, convaincue d'être dans un cauchemar.

Un horrible, terrible cauchemar.

— C'EST L'HEURE DE TE RÉVEILLER, PATATE !

Mais lorsque Bleuenn, ma meilleure amie et nouvelle némésis, verse le contenu d'un verre d'eau sur ma tête, je prends conscience qu'il s'agit bel et bien de la réalité.

— Encore deux minutes…

— DEUX MINUTES ? DEUX MINUTES POUR QUOI ? POUR QUE TU FANTASMES SUR ELIOTT SCOTT ?

— C'est même pas vrai…

— Tu sais quoi, Emy ? tente-t-elle d'une voix plus douce, celle qu'elle emploie pour m'amadouer.

— Moui ?

Ça fonctionne à chaque fois.

— TU POURRAS RÊVER AUTANT QUE TU VEUX D'ELIOTT, MAXENCE, GÉRARD OU GABIN SI ÇA TE CHANTE QUAND TU AURAS ÉCRIT TON PUTAIN DE ROMAN.

Et chaque fois, je réalise que je me suis fait avoir comme un blaireau.

Au féminin, on dit quoi ? *Blairelle* ? *Blaireaute* ?

— Tu ne vas pas passer ta vie à te morfondre juste parce que Gabin t'a larguée, si ? poursuit Blue en remontant mon volet.

— C'est *moi* qui l'ai largué ! m'indigné-je en me levant brusquement. Et il m'a trompée, je te signale.

— Toi aussi, non ? tance-t-elle en ouvrant la fenêtre.

— Ce… ce n'est pas pareil. Je croyais que j'étais enceinte.

— C'est vrai, concède-t-elle en se tournant vers moi. Tu n'auras qu'à raconter tout ça dans ton bouquin.

— Ce n'est pas une autobiographie, Blue.

— Dommage ! Détruire ses ex, même sous couvert de fiction, c'est cathartique, crois-moi.

J'acquiesce lentement, avec une pensée émue pour les personnages portant le triste nom de Mathias ou Thalan dans ses textes. Ils meurent toujours dans d'atroccs circonstances, à coups d'*Avada Kedavra* et d'attaques de dragon millénaire.

— Alors, prête à tester la méthode Blue ?

— Est-ce que j'ai le choix ?

— Absolument pas ! s'exclame-t-elle triomphalement.

Je la considère un instant, hésitante. Tout ce qu'elle voit, c'est une poule mouillée qui a peur de se jeter à l'eau alors qu'elle est déjà trempée jusqu'aux os.

Pourtant, c'est à moi de décider de lui donner tort ou raison. C'est à moi de me surprendre à espérer ou affronter mes peurs pour sortir de ma zone de confort.

— Très bien, alors tu peux compter sur moi jusqu'à 9 h, abdiqué-je en la rejoignant dans le couloir.

— 9 h ?

— L'heure à laquelle je commence à travailler.

— Et après ?

— J'ai rendez-vous avec Gérard. Il a besoin que je lui rende un service.

— Si j'avais su, je t'aurais réveillée à 5 h, peste Blue en m'entraînant dans les escaliers.

— Si j'avais su que tu étais aussi sadique, je ne serais pas devenue ton amie, marmonné-je.

Lorsque j'arrive en bas, je découvre mon PC posé sur la table de la cuisine, juste à côté d'une immense tasse de thé.

— Première étape : le petit déjeuner d'écrivain, jubile ma tortionnaire. Interdiction de lever tes fesses de cette chaise avant d'avoir terminé un chapitre, compris ?

— Même pour aller aux toilettes ?

Elle me dévisage avec une expression indéchiffrable jusqu'à ce que je me résolve à allumer l'ordinateur.

La situation pourrait être pire, vraiment. Elle m'a laissé de quoi me sustenter, après tout.

— J'ai le droit d'écouter de la musique ?

Impossible de taper un seul mot autrement.

— Tant que tu ne mets pas du Jul, tu fais ce que tu veux. Je suis là pour t'aider, pas te torturer.

— Il n'y a rien de mal à être fan de Jul ! protesté-je en lançant la *playlist* de *Mon cœur contre tes peurs*.

Le soupir exaspéré que pousse Bleuenn fait trembler les placards de la cuisine. Ils ne sont pas très solides, d'accord, mais tout de même…

— Écris, Emy. Écris.

Et c'est ce que je fais.

Pendant une, deux heures peut-être. Moins trente minutes de procrastination et une grosse tasse qu'il a fallu réchauffer parce que mon thé était tiède.

En résumé : ce n'est pas trop mal.

— Tu vois, quand tu veux ! s'exclame Blue en me serrant dans ses bras, plus enthousiaste que je ne le suis moi-même.

— Qu'est-ce que tu as fait pendant ce temps ?

Je ne crois pas l'avoir vue scruter son Mac plus d'un quart d'heure.

— Je t'ai surveillée. Et j'ai *scrollé* des vidéos de pélicans sur TikTok. Attends, il faut que je te montre celle-là, ajoute-t-elle en s'approchant.

— Waouh ! Il peut vraiment mettre tout ça dans son bec ?

— Encore plus pratique qu'un sac à main !

Nous sourions simultanément.

Bleuenn m'aurait sûrement accordé quelques minutes de répit supplémentaires si ma mère n'avait pas fait irruption dans la cuisine en chantonnant :

— J'ai rêvé de François cette nuit. C'est rigolo, non ?

— François ? répète Blue, sans comprendre.

— Son ex.

— C'était quand même un peu plus qu'un ex, ma poussinette. Nous étions fiancés.

— Fian-quoi ? s'étouffe mon père en descendant à son tour les escaliers.

Je jette un coup d'œil paniqué à Bleuenn, qui s'éclaircit la voix pour me permettre d'échapper à cette dispute imminente de darons :

— Deuxième étape : le jogging !

Mes parents se tournent aussitôt vers elle, sans parvenir à retenir leur fou rire.

— Hein ? Que ? Quoi ? Quiche ?

Je suis le parfait antonyme de « courir ». Blue le sait, non ?

— Tu connais l'expression « un esprit sain dans un corps sain » ?

— C'est… c'est la première fois que je l'entends.

C'est faux, évidemment.

— Eh bien, ça ne va pas t'empêcher d'enfiler un pantalon de survêt' et des tennis, déclare-t-elle en tournant les talons.

Bien sûr, Maman profite de ma faiblesse apparente pour me demander :

— Tu as eu des nouvelles de Gabin récemment ?

Il n'en faut pas plus pour que Papa renchérisse :

— Et Maxence ?

Une seule option s'impose : prendre la poudre d'escampette.

Je préfère suer comme un bœuf, cracher mes poumons et m'évanouir un milliard de fois si ça m'évite de répondre à leurs questions.

♥♥♥

*Une demi-heure et trois points de côté plus tard, sur la plage de Morgat...*

— Je te déteste, Blue. Non, je te hais !

— Tu radotes presque autant que ma grand-mère, rétorque-t-elle en me passant devant. Allez, on avance ! Même un vieux en déambulateur marcherait plus vite que toi !

— N'im... n'importe quoi !

— Si tu trottines encore cinq minutes, j'aurai une bonne nouvelle à t'annoncer, réplique-t-elle, le sourire aux lèvres.

— TU VEUX QUE JE MEURE OU QUOI ?

— Pas avant que tu aies fini ton fichu bouquin, non, ironise-t-elle.

— Sérieux, Blue ! Il n'est que 8 h, et je suis déjà complètement claquée.

— Parce que ça change des autres jours, peut-être ?

Il me faut quelques secondes de réflexion avant d'admettre :

— Non.

— Tu sais ce qui est différent, pourtant ?

Je suis trop essoufflée pour répondre.

— Grâce à la méthode Blue, ce matin, tu as *déjà* terminé un chapitre et pris un grand bol d'air pour t'inspirer… et il n'est que 8 h.

— Rassure-moi : tu as conscience que je ne réitérerai *jamais* cette expérience ?

— Même pas pour moi ?

— *Surtout pas* pour toi.

— Fais-le pour Scotty, alors !

Je m'arrête net. « Scotty ». Le surnom de mon auteur favori.

— Eh ! Ça ne fait pas encore cinq min…

— Qu'est-ce qu'Eliott Scott a à voir là-dedans, Blue ?

Ou, plus exactement :

— QU'EST-CE QUE TU AS ENCORE FAIT ?

— Moi ? Rien ! s'indigne-t-elle, l'air faussement innocent.

— BLEUENN.

— Bon, d'accord : il se pourrait – j'insiste sur le conditionnel – que je lui aie écrit un petit message pour lui expliquer mon problème – toi –, et il se pourrait – toujours au conditionnel – qu'il y ait répondu. Il se souvenait de ton pseudo, figure-toi !

Elle m'invite à m'étirer en mimant des moulinets avec ses bras. Je tente tant bien que mal d'attraper mon pied avec ma main, mais ne parviens qu'à m'écrouler dans le sable. Heureusement, Blue ne s'inquiète pas et continue sans que j'aie besoin de lui demander plus d'explications – elle a l'habitude :

— Il m'a affirmé que si tu voulais vraiment écrire, il fallait que tu trouves le temps de le faire. Même si ça t'empêche de dormir, lire ou te brosser les dents.

— Beurk !

— J'y peux rien, moi ! Pour lui, ton roman doit devenir une obsession. Comme si tu étais amoureuse de quelqu'un, mais à l'excès. Un peu comme avec Gabin.

— Pas du tout !

— Si.

— Non.

— Si…

— N… Oh, et puis zut ! Je vais être en retard au boulot, maugréé-je en commençant à rebrousser chemin.

Ce n'est pas ma faute si ma meilleure amie a l'art et la manière de toujours me foutre dans la merde… littéralement.

— Tu ne veux pas entendre ce qu'a dit Scotty ?

— Mais il t'a écrit un roman ou quoi ?

— Non.

— Alors pourquoi tu m'en parles comme si tu venais d'échanger avec un nouveau correspondant étranger ?

— Je ne sais pas, il a été touché par ton cas…

— « Mon cas » ? Je te préviens, Blue : si en me connectant sur Wattpad, je découvre qu'il m'a bloquée parce que tu l'as terrorisé, je…

— Tu… ?

— Je…

— Tu… ?

— Laisse tomber. Je suis vraiment à la bourre.

Sa méthode présente des avantages, c'est vrai, mais elle n'est pas très axée sur la ponctualité.

— OK, approuve-t-elle en s'élançant à ma suite, mais je crois que Scotty m'a lâché un scoop : il m'a expliqué que le QG allait lancer la prochaine saison des Wattys dans les jours à venir…

*Les Wattys.* Le concours officiel de Wattpad, qui vise à récompenser les meilleurs récits achevés sur la plateforme.

— Comme chaque année au mois de juin, non ?

— … mais que pour cette édition, les prix attribués seraient un peu différents.

Je ne dis rien, ne voyant toujours pas pourquoi Bleuenn me raconte tout ça. Ce n'est pas comme si j'allais inscrire mon histoire aux Wattys non plus.

Oh.

Si.

C'est exactement pour ça qu'elle me pousse à rédiger *Mon cœur contre tes peurs*.

— C'est mort, décrété-je en pressant le pas. Je n'y participerai pas.

— Attends, patate ! s'écrie-t-elle en essayant de me rattraper. Il faut qu'on en discute. Je crois en toi, moi !

Son ultime encouragement ne me pousse qu'à tracer davantage.

C'est bien ça le problème, justement : le monde entier peut y croire à ma place, rien ne changera tant que je ne m'autoriserai pas à le faire.

# 30

# Des spaghettis pour les tueurs en série

*Une heure plus tard, au Leclerc de Crozon...*

Je suis plus douée pour fuir que courir, c'est un fait. Pourtant, aucune de ces situations ne m'empêche d'avoir atrocement mal au dos.

Cause : le sport.

Traitement (pas spécialement) indiqué : le refus systématique de toute activité physique jusqu'à la fin de mes jours.

— Je commence à questionner ton hygiène, Émilie, commente Jade lorsque je la rejoins au coin BD, dégoulinante de transpiration.

Blue m'a laissé le temps de changer de pantalon avant de m'emmener au boulot, mais pas celui de prendre une douche. C'était soit ça, soit arriver en retard au travail. Résultat : j'empeste autant qu'un mammouth au sortir de l'hibernation.

Attendez. Est-ce que les mammouths hibernaient ?

Je ne crois pas.

Les paroles de ma meilleure amie tournent en boucle dans ma tête durant le reste de la matinée, entre deux « aïe » particulièrement aigus chaque fois que je remets un ouvrage en rayon. Non, un livre de recettes sur la cuisson des pâtes ne se range pas avec les thrillers, même si, oui, les tueurs en série aussi mangent des spaghettis.

Sérieusement : la chance n'a jamais été de mon côté. Je ne vois pas pourquoi je devrais forcer le destin ! Si personne ne s'est attardé sur mon texte depuis qu'il est en ligne, ce ne sont pas les juges qui vont le lire.

Et même si *Mon cœur contre tes peurs* trouvait des lecteurs, comment pourrait-il se démarquer parmi plusieurs milliers d'autres fictions ? Autant jouer au loto, ce sera plus rentable…

En soupirant, je débute ma pause-déjeuner avec la certitude de ne pas taper une ligne de plus aujourd'hui. La fatigue et le retour de Bleuenn à Brest auront définitivement raison de moi, une fois mon rendez-vous avec Gérard terminé.

Je pourrais corriger des chapitres, les relire, mais je sens déjà que la motivation m'a abandonnée.

Encore.

Je ne sais pas si c'est vraiment une question de « motivation », d'ailleurs. Peut-être que je ne suis pas faite pour ça. *Écrire*. C'est quand même une drôle d'idée. Pourquoi vouloir coucher sur papier ce que l'on est incapable d'exprimer à voix haute ? Pourquoi vouloir retranscrire des mondes imaginaires qui ne nous ouvrent leurs portes que le temps de quelques pages ?

Je veux plus. Je veux réaliser mes rêves, devenir la personne qui m'inspire, me comprenne…

J'en ai marre d'être Émilie Jaouen, cette fille sans avenir qui a choisi son métier, certes, mais qui n'ose pas admettre qu'il est incompatible avec sa santé. Cette fille qui va probablement passer les six prochaines années chez ses parents parce qu'elle est terrifiée à la perspective de se retrouver seule. Cette fille qui pourrait tout faire si elle était courageuse, mais dont la lâcheté n'a d'égale que sa capacité à se ridiculiser en public.

Pourtant, quand j'ouvre Wattpad en empalant un gnocchi avec ma fourchette, les encouragements de Bleuenn trouvent un écho en moi alors qu'une fenêtre *pop-up* apparaît :

« Saisissez votre chance : inscrivez votre histoire aux Wattys 2024 ! »

Comme un signe du destin.

Des fossettes se creusent sur mes joues fatiguées. En dépit des méthodes drastiques qu'elle emploie, Blue n'a toujours voulu que mon bien. Je n'arriverai peut-être pas à lui montrer qu'elle a raison, mais je peux toujours essayer, non ?

Galvanisée, je décide de lui assurer que oui, je vais participer aux Wattys, et que oui, je mettrai tout en œuvre pour achever *Mon cœur contre tes peurs* avant la date limite.

Lorsque je clique sur la messagerie, toutefois, un autre encart attire mon attention.

— Nom d'un clafoutis aux litchis !

*@Sparkles_OfHope :*

*« Hi, @TheAutumnToMyFalls ! Your friend @Tasladegainedun Marsu contacted me. She deeply cares about you, and asked me some questions to help you manage your writing career. I presume she told you about it ? If not, I'm sorry for the intrusion.*

*I just wanted to add this : you don't have to be self-confident in order to complete a novel. You simply must let someone – your characters, oftenly – do it for you.*

*As for the Wattys, well... I feel like it's time to take your chance. Don't you ?*

*I may not be unbiased, but there are some cool prizes this year. Let me know what you think. :)*

*I wish you the best,*
*Eliott*[19]. »

Hein ? Que ? Quoi ? Quiche ?

Si je suis toujours en vie ?

À… à moitié ! Ça fait deux minutes que le choc bloque l'arrivée d'air dans mes poumons. Résultat : je ne parviens plus à déglutir et m'étouffe littéralement avec mon gnocchi.

Sans l'intervention de Louis, un vendeur de l'espace jeux vidéo, j'aurais été bonne pour retrouver Max aux urgences.

— Ça va, Émilie ?

— Moi ? Parfaitement, merci ! claironné-je en me précipitant vers l'étagère orange au fond du magasin.

Les clients peuvent bien jeter les livres sur les spaghettis en plein milieu des rayons dédiés aux tueurs en série, si ça leur chante ! Je m'en fiche : Eliott Scott vient de me donner au moins une raison de suivre la méthode Blue.

Jusqu'au bout.

(Promis.)

---

19. « Bonjour, @TheAutumnToMyFalls ! Votre amie @TasladegainedunMarsu m'a contacté. Elle tient énormément à vous, et m'a posé quelques questions pour vous aider à gérer votre carrière d'autrice. J'imagine qu'elle vous en a parlé ? Si non, je suis désolé de vous avoir dérangée. Je voulais simplement ajouter ceci : vous n'avez pas à avoir confiance en vous pour finir un roman. Vous devez juste laisser quelqu'un – vos personnages, le plus souvent – le faire à votre place. Quant aux Wattys, eh bien… je trouve que c'est le moment de saisir votre chance. Pas vous ? Je ne suis probablement pas objectif, mais il y a plusieurs prix sympas à gagner cette année. N'hésitez pas à me dire ce que vous en pensez. :)
Je vous souhaite le meilleur pour la suite, Eliott. »

# 31

# La canine comédie

*Cinq heures plus tard, chez les Jaouen...*

Gérard a du retard.

J'avais rendez-vous avec lui à 17 h, mais il m'a envoyé un SMS pour s'excuser, précisant que son agence avait « foutu n'importe quoi » et qu'il allait « péter une durite ».

Enfin, il a écrit « péter une truite » – la faute à son correcteur orthographique, j'imagine.

De quelle agence il parle, en revanche... ça, ça reste un mystère.

Pour la première fois depuis de longues semaines, je suis rentrée à la maison par mes propres moyens. À pied, plus précisément – je n'ai pas eu la patience d'attendre le bus.

C'est donc avec une démarche de canard constipé que je franchis le seuil de la demeure familiale, pas certaine de pouvoir survivre au reste de cette journée. Gégé n'est pas du genre à lancer des énigmes, alors même si je m'efforce de ne pas y penser, je sens la catastrophe arriver.

Pour maintenir mon taux de stress à un niveau relativement acceptable – et me prémunir des questions insidieuses de mes parents –, je plonge le nez dans un bouquin.

Le mien, en l'occurrence.

Je reste dix, vingt, trente minutes à fixer la page blanche en attendant qu'elle se remplisse d'elle-même.

*Avoir confiance en son roman*... Facile à dire, pour un écrivain à succès comme Eliott Scott !

Sauf qu'il ne suffit pas d'avoir des idées pour les coucher sur une feuille de papier. Il faut en avoir envie, pour commencer. Et l'envie m'a plus ou moins quittée quand j'ai posté mon histoire sur Wattpad et que personne n'y a prêté attention.

Personne, sauf Blue. C'est déjà pas mal : j'ai une lectrice. Mais est-ce qu'une lectrice qu'on connaît, c'est assez lorsqu'on veut se sentir intimement, réellement comprise ? Je ne crois pas.

Ou alors, c'est juste mon syndrome prémenstruel qui parle pour moi.

J'aurais probablement continué à me lamenter sur mon sort pendant un bon moment si Kurt et Georges n'avaient pas fait irruption dans ma chambre.

— Bas les pattes, sales matous en chaleur !

Ce sont les deux chats de la maison, et nos fournisseurs attitrés de poils accrochés aux vêtements noirs.

Je soupçonne secrètement ma mère de les préférer à Rozy et moi. Elle les présente toujours comme les fils qu'elle n'a jamais eus… et ce n'est sans doute pas pour rien qu'elle leur a donné les noms de ses chanteurs préférés : Kurt Cobain et Georges Michael.

Cette fois, mon père n'était pas là pour faire garde-fou ; sans son intervention, je me serais appelée Céline, et ma sœur Mylène.

Kurt et Georges sont de véritables teignes : ils pissent partout, décapitent des rats sur la pelouse et ne cessent de se battre. Il n'y a qu'avec notre poule qu'ils s'entendent, ce qui explique pourquoi Maman traîne aussi souvent dehors.

Au moins, ça me laisse du temps pour écrire.

Ou dormir.

Ou regarder des séries.

Ou m'empiffrer de chocolat en planquant l'emballage sous la couette.

— *Toc, toc, toc* ! C'est Mamounette !

Le contraste entre son enthousiasme et mes pensées chaotiques est tellement puissant que je me cogne contre la tête de lit. Pas trop fort, heureusement, mais assez pour donner lieu à une compilation de mes jurons préférés :

— Crotte ! Saperlipopette ! Fils de poire partiellement desséchée et mastiquée par un ver de terre !

Je m'interromps quand ma génitrice se place face à moi, les poings sur les hanches, désespérée à l'idée d'avoir engendré une telle calamité.

— Quoi ? Rozy parle bien à ses crayons de couleur quand elle remplit ses cartes de géo, elle. Ce n'est pas parce qu'elle a des bonnes notes que ça lui donne une excuse pour se comporter plus bizarrement que moi !

Dépassée par la situation, Maman botte en touche :

— Je n'ai rien dit.

— Ah.

Je poursuis après quelques secondes d'embarras :

— Qu'est-ce qu'il y a, alors ?

— Il est presque 18 h.

— Et ?

— Tu ne devais pas retrouver ton ami ?

— Si. Il est un peu à la bourre.

— Comment il s'appelle, déjà ?

— Gé… déon !

Ça existe, au moins ?

— G*i*déon ?

— Gidéon, oui ! *Gidéon*, affirmé-je avec le plus d'assurance possible.

Théoriquement, je ne lui mens pas. La balade avec mon pote a effectivement été décalée. Sauf que le pote en question ne s'appelle pas Gidéon, mais Gérard.

Et qu'il a soixante-quatre ans.

Il n'y a pas de mal à embellir un peu la réalité, si ? Ce n'est pas à ça que sert le papier cadeau ? À susciter l'engouement, la surprise, voire l'admiration pour un présent grossièrement emballé ?

Là, c'est pareil. Je cache le vieux Schtroumpf sous un tissu de mensonges pour le préserver : Maman n'a pas trop apprécié que je traîne avec quelqu'un de plus âgé qu'elle, quand ils se sont rencontrés. Elle m'a enguirlandée pendant quinze minutes avant d'ajouter : « C'est quoi, la prochaine étape ? Me piquer toutes mes copines ? »

J'ai mis ça sur le compte de la crise de la cinquantaine.

Oui, même si elle n'a que quarante-six ans.

— Vous passez beaucoup de temps ensemble, tous les deux. Tu me le présenteras, à l'occasion ? C'est peut-être mon futur gendre, qui sait ?

Il ne m'en faut pas plus pour m'étouffer avec ma propre salive.

— Je ne sais pas, Maman… Il est un peu timide.

— Ton père aussi était comme ça, avant… Pourtant, il a suffi d'un tube de Wham! pour qu'il se métamorphose.

— Comme un papillon au sortir de son cocon !

— Exactement ! renchérit ma mère. Tu dois juste lui trouver sa chanson magique.

Je me contente de sourire, espérant que cela m'empêchera de lui mentir davantage. Je ne vais pas pouvoir continuer à vivre chez mes parents très longtemps, à ce rythme.

— Ton portable est en train de sonner, ma poussinette.

Je jette un œil à la table de chevet, impavide. J'ai vécu trop d'expériences en une seule journée pour donner leur plein sens à ces paroles.

Traduction : je suis crevée.

— Ça fait trois minutes, précise-t-elle pour me sortir définitivement de ma léthargie.

Et ça fonctionne.

— Zut ! m'affolé-je en me saisissant de l'appareil.

J'ai cinq appels manqués de Gérard.

♥♥♥

*Une demi-heure et une once de culpabilité plus tard...*

Je retrouve Gégé sur la plage de Morgat, notre point de rendez-vous. Depuis quelques semaines, nous avons pris l'habitude de nous y arrêter pour regarder le soleil se coucher sur la mer.

Mais aujourd'hui, mon ami n'est pas seul. À ses côtés, un vieux golden retriever attend patiemment que son maître le libère pour gambader dans le sable.

Son maître... Gérard.

Ce n'est toutefois pas cette évidence qui me surprend le plus.

— C'est pas trop tôt, mistinguette ! T'en as mis, du temps, à rappliquer. Comment tu veux que j'te confie Pépette si t'es pas fichue d'ramener tes puces quand tes potos ont besoin d'toi ? Qui m'dit qu't'oublieras pas d'lui donner des croquettes, après ça ?

J'arque un sourcil, désorientée. J'ai loupé un épisode, là.

— *Sotoc'h eget ma botez kleiz eo ?* s'offusque le vieux Schtroumpf en me tendant la laisse de la fameuse « Pépette ».

— Hein ? Que ? Quoi ? Quiche ?

— T'es pas plus bête qu'ma chaussure gauche, si ? traduit-il. Parce que la droite est pas très fute-fute, tu peux m'croire !

— Euh… non ?

— Bah alors, qu'est-ce qu'tu baragouines ? C'est pas toi qui m'as dit qu't'allais m'rendre un service ?

# 32

# Poil de fayotte

*Quelques heures plus tard, en face du Relais des Pêcheurs…*

Étant donné la gravité de la situation, je tiens à préciser quelques points.

Premièrement, je n'ai accepté de rendre aucun service. Gérard m'a forcé la main.

Il m'a payé un coup à boire, puis un autre, et encore un autre jusqu'à ce que je lui répète trois fois que *oui, je garderais son chien durant ses vacances en Tunisie.*

Il avait tout prévu depuis le début, le filou ! Peut-être même depuis notre rencontre.

Comment expliquer qu'il ne m'ait jamais parlé de cet adorable toutou poilu auparavant, autrement ? Il est trop chou, avec sa robe couleur sable et sa petite truffe toute mignonne…

— J'compte sur toi, mistinguette : Pépette est plus toute jeune, alors faudra t'montrer gentille avec elle.

— Mais je *suis* gentille !

Et bourrée.

— Plus que Thierry, c'est déjà ça.

Sachant que Gérard passe les trois quarts de son temps à critiquer son gendre, je ne prends pas ça pour un compliment.

— Attrape-la ! beugle-t-il en jetant la laisse de l'autre côté de la chaussée.

La panique s'insinue dans mon esprit enivré. Je n'ai pas d'autre choix que de courir pour éviter de me retrouver avec un toutou en fuite sur les bras.

— Vous partez quand, au juste ? crié-je à mon tour.

— Demain, à 8 h. J'voulais qu'vous fassiez connaissance toutes les deux, pour qu'Pépette soit pas trop perturbée. C'est qu'elle va m'manquer, ma fifille !

— Et... vous serez absent combien de temps ?

— J'te l'ai pas dit ? Deux mois !

— DEUX MOIS ? Mais c'est presque tout l'été !

— Qu'est-ce qu'tu crois ? Quinze jours, c'est pas assez pour bronzer. On m'surnomme pas « l'cachalot blanc » pour rien ! Alors, Mymy ? T'es d'accord, hein ?

Nom d'un poireau desséché ! Il me prend pour une *pet-sitteuse* ou quoi ?

— Il en est hors de...

— Super !

C'est officiel : je viens de signer mon arrêt de mort.

— Faudra qu'tu dormes chez moi, par contre, ajoute-t-il, parce que l'véto m'a conseillé de pas trop bousculer les habitudes de Pépette. T'inquiète, ma poulette : j'te f'rai pas payer le loyer.

Encore heureux !

— Gérard... soupiré-je, cherchant désespérément un moyen de me sortir de ce merdier. Vous avez été adorable avec moi ces derniers mois, et je vous en serai toujours infiniment reconnaissante, mais je ne pense pas que ce soit une bonne idée de m'obliger à m'occuper d'un être vivant. Ni pour moi ni pour Pépette.

Ça me fait un mal de chien de dire non, mais cette fois, c'était nécessaire : cette pauvre mémère aurait été vouée à une mort certaine avec moi.

Je souris, croyant bêtement que ce dernier argument va pencher en ma faveur, sauf que mon vieil ami a visiblement plus d'un tour dans son sac :

— *Koc'h*[20] ! Pour une fois que j'ai d'quoi m'payer des vacances, toi, la seule *brammerez* en qui j'aie suffisamment confiance pour assurer c'te mission d'la plus haute importance, tu m'laisses tomber. Tu m'déçois beaucoup, Émilie. Beaucoup.

Le saligaud ! Jouer la carte du « c'est la première fois que je prononce ton prénom » alors qu'il me le demande tous les jours depuis notre rencontre, c'est vache !

Ce n'est pas comme ça que je parviendrai à assumer mes choix…

♥♥♥

*Une vingtaine de minutes plus tard, à l'entrée d'un vieux quartier résidentiel…*

En amie fidèle – plus vraisemblablement soumise –, j'ai suivi Gégé et Pépette jusqu'à chez eux, pour m'immerger dans la vie de ma « nouvelle compagne à quat' pattes ».

Sur le trajet, j'ai découvert qu'elle venait de fêter ses quatorze ans, avait perdu la vue et n'était ni pucée ni tatouée, ce qui ne me laisse aucune excuse pour l'égarer.

*Accidentellement*, bien sûr.

Quand Gérard coupe le moteur, j'ai du mal à croire que nous soyons arrivés devant sa maison. Je n'y ai peut-être jamais vraiment pensé auparavant, mais elle ne ressemble définitivement pas à ce à quoi j'aurais pu m'attendre : c'est la réplique parfaite de celle de Macy Falls, l'une des héroïnes d'*On the leaves of Autumn*.

À deux pas de la plage, cette vieille bicoque au bardage blanc semble venue d'une autre époque : quelques ardoises

20. « Merde », en breton.

sont tombées du toit et la peinture s'est écaillée au fil des années, mais, comme l'a écrit Eliott Scott, « impossible de ne pas s'identifier à ces marques du néant, vestiges d'un passé éphémère qui s'est dissipé avec le temps ».

Ce sont ses mots qui m'accompagnent lorsque je franchis le seuil, hypnotisée par l'exacte concordance entre la réalité et l'image que je m'en suis faite ; Autumn Dale pourrait sortir de la cuisine que cela ne me surprendrait pas. Comment est-ce possible ?

Mon cœur de *fangirl* est en délire.

Et il aurait probablement continué à s'affoler si un bruit suspect n'avait pas attiré mon attention. Sa source ? Une corbeille à papier.

Zut ! Comment une corbeille à papier peut-elle faire autant de vacarme ? C'est silencieux, une corbeille à papier ! Et ça ne bouge pas !

— *Ma Doué* ! peste Gérard. Je l'avais presque oubliée, cette *penn boultouz*[21] !

---

21. « Tête de baudroie », en breton.

## 33

# Entre chiens et chats

Une adorable petite chatte tigrée, âgée de quelques mois à peine, est roulée en boule au fond de la corbeille.

Adorable, mais sauvage.

Ça ne me poserait pas plus problème que ça si je ne détestais pas les chats.

Oui, je *déteste* les chats.

Impossible qu'il en soit autrement, avec Kurt et Georges. Ce sont de véritables monstres sur pattes : chaque fois que je suis sur le point de m'endormir, ils ramènent leurs sales puces dans mon lit pour réclamer des caresses.

Quoi ? C'est comme ça que la peste bubonique s'est propagée, vous savez !

Parfois, je regrette mes six mois de vie commune avec Gabin et sa maison calme, dépourvue du moindre félin. Il y est allergique : je ne risquais rien, chez lui !

Sans plus de cérémonie, Gérard s'empare de la poubelle et la secoue jusqu'à faire fuir la squatteuse. Le craquement qu'émet son dos lorsqu'il se redresse me fout la chair de poule, mais comme toujours, je suis la seule à l'entendre. Espérons qu'une offre « massage à volonté » est incluse dans la formule à laquelle il a souscrit à l'hôtel !

— Et toi, ma p'tite dame ? Qu'est-ce qu'tu vas traficoter, cet été ? s'enquiert-il une fois la bête extraite de sa cachette.

— C'est-à-dire que… je n'y ai pas encore réfléchi.

Autrement dit : rester larver à Crozon. Seule, avec un chien aveugle et un chat sauvage. Ça promet !

— Fais pas cette tête, mistinguette ! J'te laisserai de quoi t'éclater et acheter du poisson frais pour Minette. Elle est un peu difficile : y a qu'le *pesket* qu'elle accepte de bouffer.

— Minette ? répété-je, perdue.

Pour toute réponse, Gégé me fourre la féline entre les mains.

Ah. C'est elle, *Minette*.

Plutôt logique, quand on y pense. Je tente de lui faire un câlin, mais cette peste préfère me saluer avec ses griffes.

— Aïe !

Tant pis. Pas de *pesket* pour Minette !

Gérard s'assied à la table de la salle à manger, sans pouvoir retenir un long et profond soupir. Il se demande sûrement si c'est une bonne idée de me confier ses animaux.

Et il a raison : ça ne m'aurait même pas traversé l'esprit, à sa place !

Le temps qu'il renonce à son voyage, j'étudie la pièce en détail, émerveillée par l'exacte concordance entre la fiction et la réalité. C'est comme si le vieux Schtroumpf s'était inspiré d'*On the leaves of Autumn* pour finaliser la décoration de sa cuisine.

Mais c'est impossible : la seule fois où je lui ai parlé de Wattpad, il a beuglé « Watt-quoi ? » et ponctué sa phrase d'un « Vous êtes bizarres, vous, les d'jeuns ! ». Ça restera dans les annales de mes plus beaux fous rires en compagnie de Gérard, comme la fois où il a confondu une mamie toute ridée avec sa petite-fille de vingt ans.

À moins que ce ne soit une technique de drague…

— J'peux t'faire confiance, hein ? m'interrompt-il, en proie à un doute certain.

C'est le moment de lui montrer que je suis une adulte responsable qui n'a pas peur d'avouer qu'elle est incapable de s'occuper de deux êtres vivants à la fois.

— Bien sûr que oui ! Ce n'est pas parce que mon cactus est mort que je ne vais pas prendre soin de Pépette et Minette ! Tant qu'elles peuvent rester seules quand je suis au boulot, tout va bien. Et puis, j'ai votre numéro de téléphone ! Je peux vous joindre au moindre souci, ou juste pour vous rassurer…

On est aux antipodes de l'adulte responsable, là, Emy ! Ça, c'est ce qui s'appelle *être totalement inconsciente*.

Dans l'espoir de rectifier mon laïus, je pose fermement mes mains sur les épaules du vieux Schtroumpf avant de conclure :

— Croyez-moi : vous n'avez *aucune* raison de vous inquiéter.

Le *body language,* il n'y a que ça de vrai.

♥♥♥

*Deux heures plus tard, dans la cuisine des Jaouen…*

Même si j'ai manifestement tout fait pour l'en dissuader, à l'issue de la soirée, Gérard me fait définitivement confiance.

Ou alors, il est désespéré et n'a pas d'autre choix que de m'engager comme *pet-sitteuse*.

C'est sans doute ça, à la réflexion.

Quoi qu'il en soit, j'ai rendez-vous chez lui demain en fin de journée pour la remise des clés. J'essaie de ne pas trop penser à son départ, mais les deux prochains mois vont être difficiles à appréhender, sans lui à mes côtés.

La mauvaise nouvelle, c'est que je vais retrouver ma vieille ligne de bus toute pétée et ses retards répétés. La bonne, c'est que je m'apprête à déserter la demeure familiale.

Mes parents sont *enchantés* à l'idée de me voir quitter le nid pour la deuxième fois de l'année.

Même si ce n'est pas pour rejoindre Gabin.

— C'est super, ma poussinette !

— Oui ! C'est l'occasion de reprendre ta vie en main, renchérit mon père, visiblement soulagé.

Merci, ça fait toujours plaisir.

La seule qui semble attristée par l'annonce de mon déménagement, c'est Rozenn.

— Mais tu viendras quand même nous rendre visite ? Comme à l'époque où tu sortais avec Gabin ?

« À l'époque » ? Comment ça, « à l'époque » ? Ça ne fait pas si longtemps, non ?

Si. Deux mois, dans la tête d'une ado de treize ans, ça équivaut à une éternité.

La faute à l'enfer que représente le collège, j'imagine.

— Évidemment ! Je ne vais pas vous abandonner ! Maman voudra faire la connaissance de Minette, après tout.

Ma petite sœur me fixe pendant trente secondes sans cligner des yeux.

Flippant.

— Si tu penses que je suis en train d'établir un plan pour lui refourguer le chat de Gérard, tu as parfaitement raison.

Malheureusement, mon père n'est pas dupe et profite de l'agitation générale pour allumer la télé. À la seconde où le générique du JT résonne dans la pièce, tout le monde se tait.

C'est un moment solennel, chez les Jaouen : celui où des annonces plus pessimistes les unes que les autres se substituent au bruit des couverts.

— Mesdames et Messieurs, bonsoir ! Quarante-trois : c'est le nombre de jours qui nous séparent de l'ouverture des Jeux olympiques de Paris. Mais la capitale est-elle prête à accueillir les quinze millions de visiteurs attendus ? Ce sera la grande enquête de ce journal. Vous découvrirez ensuite un reportage exclusif dans les coulisses de la Maison-Blanche : quelques mois avant la fin de son mandat, Joe Biden nous a accordé une interview exceptionnelle. Il reviendra avec nous sur ses décisions les plus controversées et sur son avenir politique. Enfin, nous suivrons le jeune…

— Pas question que j'écoute ce ramassis de conneries ! s'exclame Papa en cherchant la télécommande du regard.

Il a toujours détesté les Américains. C'est son *toxic trait*, on va dire…

En temps normal, je n'aurais pas relevé, mais là, tout de suite, maintenant, je ne peux m'empêcher de crier « ATTENDS ! » en voyant une figure familière apparaître à l'écran.

34

# Les fourberies de Rozy

Je crois rêver, mais non : c'est bien Eliott Scott qui se tient face à la caméra, tout sourire dans un costume vert bouteille étincelant, parfaitement accordé à sa peau noire.

J'aurais pu m'interroger plus longtemps sur sa présence au journal télévisé, mais il faut absolument que je trouve de quoi faire diversion pour éviter de répondre aux questions de ma famille.

— C'est qui, lui ? grogne mon père, agacé de me voir réquisitionner la télé.

D'aussi loin que je m'en souvienne, il a toujours été le roi du JT.

Son spectre ? La télécommande.

— Une star ? propose Maman sans grande conviction.

C'est une question de vie ou de mort.

— Pourquoi on n'en a jamais entendu parler, alors ?

— C'est comme les danseurs plus connus que les « stars » dans *Danse avec les stars*, renchérit ma mère.

Pas vraiment, mais on va faire comme si c'était le cas.

— C'est quoi, ce machin ? « Watt-pattes ».

— Ce mec est aussi raide qu'un manche à balai, commente ma sœur, blasée.

Je tente discrètement de noyer le poisson, en vain :

— Il doit être stressé, le pauvre…

Nom d'un poulet sans ailes ! Qu'est-ce qu'Eliott Scott fiche au JT de TF1 ?

— Stressé ? Mais bien sûr ! Toi comme moi savons *très bien* qu'il est parfaitement rodé à ce type d'exercice, Emy.

Je me liquéfie sur place. Rozy est-elle au courant de mon petit train-train wattpadien ?

Pire : sait-elle que j'y écris ?

— Qu'est-ce que… qu'est-ce que tu insinues ?

Maman, complètement paumée, coupe court au débat :

— C'EST QUOI ÇA ?

— C'EST QUOI QUOI ? répondons-nous en chœur, synchrones pour la première fois de nos existences.

— WATT-PATTES !

Tandis que mon père se bouche les oreilles pour préserver ses tympans, je me prépare mentalement à donner une présentation complète et concise de la plateforme, mais Rozenn me devance :

— *Wattpad*, pas Watt-pattes ! Laisse tomber, tu peux pas comprendre : c'est un truc de chroniques.

Cette fois, on a touché le fond. Je m'apprête à intervenir pour rétablir la vérité, mais mon idiote de frangine poursuit sa tirade :

— Enfin, c'est pas *juste* un truc de chroniques. C'est un site d'écriture en ligne sur lequel des auteurs postent leurs bouquins. Emy connaît, ça fait un carton en librairie ! Il y a plein de gens qui se sont fait publier comme ça, dont ce type, Eliott Scott, explique-t-elle en montrant l'écran du doigt. Wattpad compte des dizaines de millions de lecteurs à travers le monde. Ils ont ouvert une antenne en France l'année dernière, avec des mecs qui travaillent dans des bureaux, et tout et tout… Netflix, c'est du pipi de chat, à côté !

— Peut-être pas, quand même…

Mais Rozy m'ignore royalement et poursuit sur sa lancée :

— Maintenant, tout le monde va là-bas pour lire et discuter. Les infos en parlent pas trop généralement, mais là, ils sont obligés : c'est l'ouverture des inscriptions aux Wattys, le plus grand concours d'écriture au monde.

C'est une blague. Rozy ne peut pas connaître tout ça sur Wattpad, c'est impossible ! Et voilà que mes parents applaudissent… AU SECOURS ! MON PIRE CAUCHEMAR EST EN TRAIN DE SE RÉALISER !

Bien sûr, il faut que ma mère en rajoute, comme si la situation n'était déjà pas assez catastrophique comme ça…

— C'est chouette, ça ! Tu publies dessus, ma poussine ?

J'ai à peine le temps de reprendre mon souffle avant que ma sœur ne remue le couteau dans la plaie :

— Nan. Je préfère y lire des *fanfictions* de BTS, COMME VOUS REFUSEZ TOUJOURS QUE J'AILLE À UN DE LEURS CONCERTS.

BTS et leur *fanbase,* les Army… Je ne les remercierai jamais assez d'avoir encouragé Rozy à rejoindre leurs rangs ! Ils viennent de m'accorder de précieuses secondes de répit.

Une fois de plus, la discussion se tend lorsque Maman comprend que sa benjamine est toujours aussi fan du groupe de K-pop le plus connu de la planète. Sincèrement, je ne comprends pas pourquoi elle s'énerve. Je rêve de lui acheter une place VIP lors de leur prochaine tournée internationale ! Ma petite sœur a bien le droit de vivre ses rêves.

— C'est ça, oui ! Et après, ce sera quoi ? Disneyland Paris ?

— N'importe quoi !

— On ne vit pas dans un monde de princesses, Rozy !

— Mais qui t'a parlé de princesses ? J'ai jamais pu les piffrer, en plus, avec leurs robes à froufrous et leurs tronches de cake. Ça a toujours été le délire d'Emy, ça, pas le mien.

— Eh ! Je n'ai rien demandé, moi !

— Alors ferme-la.

— D'accord.

Le brouhaha est tel que même Kurt sort de sa cachette – un pot de fleurs – pour engloutir des croquettes. Je pensais en profiter pour m'éclipser, mais c'était compter sans mon père, toujours là pour rétablir un semblant d'ordre au milieu de cette cacophonie ambiante :

— Et toi, Emy ? s'enquiert-il le plus innocemment du monde. Tu es sur Watt…

— PAD ! beugle Rozenn en tapant du poing sur la table, indignée.

En voilà une qui a encore oublié l'existence de nos voisins… Dommage que son cri de bête sauvage affamée n'ait pas assourdi mes parents, ça m'aurait fait gagner du temps.

Comme toujours dans ces moments de panique intense, j'applique la meilleure technique du monde : celle de l'autruche.

À défaut d'enfoncer ma tête dans le sable, je plante mon regard dans mon assiette. Les œufs brouillés parsemés de champignons et de tomate m'offrent l'excuse parfaite pour sortir de table et fuir le plus loin possible de cette maison de malheur.

— Mais Maman, tu sais que je ne peux pas manger autant d'œufs à cause de mon cholestérol ! Le docteur m'a ordonné de faire baisser mon taux si je ne veux pas qu'il me prescrive des médicaments à vie !

Sachant que ma mère est contre toute forme de médecine conventionnelle, cet argument aurait dû jouer en ma faveur. Malheureusement, Papa prend le relais et m'empêche de me réfugier dans ma chambre en soulignant l'évidence :

— Ce n'est pas grave, ma puce : tu n'as qu'à prendre de la salade.

— De la salade ? Tu veux que je me transforme en lapin ou quoi ? Toi aussi, tu as du cholestérol, je te signale. Tu devrais me soutenir, au lieu de…

— Ton père t'a posé une question, ma poussinette. Réponds-lui.

Ah non, Maman : ce n'est pas le moment d'imposer ta pseudo-autorité de cheffe de famille !

Heureusement, Rozenn vole à ma rescousse :

— Qu'est-ce que tu crois ? Bien sûr qu'elle a un compte Wattpad !

Ou pas.

# 35

# Il est grand temps de viser les étoiles

— Comment tu sais ça, espèce de crotte de limace avariée ?

Ma sœurette a plutôt intérêt à me donner des explications après son coup d'éclat, si elle ne veut pas que je la tue pour cette ignoble trahison.

Je m'arrangerai pour camoufler son assassinat en accident. Un accident bête et méchant.

Comme la fois où j'ai tenté le Marshmallow Challenge. Ça aussi, c'était bête. Le but ? Engloutir le plus de marshmallows possible en un temps record. Le résultat ? Un échec cuisant : je n'ai jamais autant vomi de ma vie !

— J'ai fouillé dans ton téléphone quand tu prenais ta douche, confesse l'accusée.

— TU AS QUOI ?

Je vais commettre un meurtre.

Là.

Tout de suite.

Maintenant.

— Ça fait longtemps ! Au moins deux mois.

— Parce qu'il y a prescription, peut-être ? Arrête de me prendre pour une quiche, Rozy !

— Je voulais m'assurer que tu tenais le coup après ta rupture avec l'autre *débilos* !

— ET TU T'ES DIT QUE TU TROUVERAIS UNE RÉPONSE À TA QUESTION SUR MON COMPTE WATTPAD, C'EST ÇA ?

Ni mon père ni ma mère n'interrompent notre dispute sororale. Ils sont tous les deux trop terrorisés pour intervenir.

Ou alors, c'est parce qu'ils ne m'ont jamais vue élever la voix, encore moins sur ma petite sœur.

— ON S'EN FOUT, EMY. Y A PERSONNE QUI LIT TON HISTOIRE DE MERDE, DE TOUTE FAÇON ! PERSONNE !

Personne. C'est le mot de trop. Celui qui blesse, celui qui rouvre les plaies de mon manque d'assurance, celui qu'aucun pansement ne saurait recouvrir.

Personne. Ma vie entière résumée en un seul mot teinté d'indifférence.

Personne. Ma réalité exposée aux regards médusés des membres de ma famille.

*Personne.*

Face à l'évidence, les cris font place au silence. Un silence gêné, un silence embarrassé, un silence de vérité.

Ailleurs, la vie reprend son cours. Kurt repart se cacher dans son pot de fleurs, Patrick tourne en rond dans le jardin et la nuit commence à tomber. Au bout de la table, le journal télévisé diffuse des images du QG de Wattpad, à Toronto. Le slogan des Wattys s'affiche à l'écran, surplombé d'astres lumineux symbolisant les « Créateurs Wattpad », des utilisateurs très suivis qui bénéficient d'avantages exclusifs.

« Saisissez votre chance ! »

Ils sont marrants, eux. Comment croire en sa bonne étoile

lorsque personne n'est là pour raviver la lueur d'espoir qui s'éteint au fond de notre cœur ?

Les larmes roulent en cascade sur mes joues tandis que j'observe ma bulle éclater : celle de mon quotidien banal, reflétée par le sourire plein de pitié de ma mère et les mains moites de mon père.

Ils veulent arranger ça, résoudre le problème, me réparer… mais je ne suis *personne*. Il n'y a rien à sauver, il n'y a jamais rien eu à conserver.

Il m'a seulement fallu un peu de temps pour le remarquer.

Sans un mot, je me lève et me dirige vers les escaliers, dans un état second. Rozenn m'interpelle, mais ses excuses ne parviennent pas à se frayer un chemin jusqu'à mon cerveau : tous mes neurones se focalisent sur Eliott Scott qui s'exprime enfin, à l'autre bout de la pièce.

— « Saisissez votre chance. » C'est amusant, comme slogan. Encore récemment, j'étais convaincu que je n'en avais jamais eu. De chance, je veux dire. Pourtant, Wattpad a changé ma vie. La plateforme, évidemment, mais surtout celles et ceux qui m'y ont lu. Une seconde, quelques minutes, plusieurs heures peut-être… Je n'ai aucune idée du temps que chacun d'entre eux a passé à lire mes histoires, mais quelques-uns l'ont fait, et c'est grâce à eux que je me retrouve à répondre à vos questions aujourd'hui. Je réalise mes rêves les plus fous, des rêves que je n'ai jamais osé formuler. Des rêves dont je ne suis pas digne, comme aiment me le rappeler mes *haters*. Mais des rêves… des rêves que je partage avec plein d'autres auteurs. Des rêves dont n'importe qui peut se saisir, si quelqu'un se charge de croire en lui.

Il s'arrête pour reprendre son souffle, le temps pour moi de donner du sens à ses paroles.

Plus rien ne compte, là, tout de suite, maintenant. Ni Rozy, ni Maman, ni Papa, ni même Georges vomissant son dîner à mes pieds.

— Vu le nombre de participants, je ne peux pas vous promettre que vous serez ce quelqu'un, mais je peux vous conseiller une chose : lisez, partagez, écrivez, postez. Faites ce que vous aimez. Si vous vibrez pour vos personnages, si votre vie n'est qu'encre et papier, clavier et 5G, n'hésitez pas : vous *êtes* cet écrivain. Celui-là même que vous enviez, désirez, admirez au quotidien. Celui qui, un jour, a su prendre ses rêves pour des réalités. Soyez cette personne. Soyez cet écrivain.

Eliott laisse son regard dériver vers le plafond, un sourire au coin des lèvres. C'est un geste habituel, chez lui : il cherche ses ultimes mots, ceux que tout le monde retiendra, ceux qui résumeront sa pensée à la perfection, ceux que nul autre que lui ne pourrait assembler.

— Peu importe le nombre de doutes et d'hésitations qui vous ont rongé au fil des années, s'il vous plaît, n'accordez aucun crédit à ceux qui prétendent que vous n'êtes pas cette personne. Ou laissez-les parler, et inscrivez-vous aux Wattys pour leur montrer ce que c'est de briller.

Instantanément, le rouge me monte aux joues. Comme toujours, Eliott Scott a dit exactement ce que j'avais besoin d'entendre.

Le cœur à nu, l'âme apaisée, je me redresse, faisant fi du chagrin et de la douleur.

Je suis Émilie Jaouen, j'ai vingt-trois ans et j'habite dans une petite ville de Bretagne. Si je venais à mourir demain, je ne manquerais probablement pas à beaucoup de monde. Ma famille, sans doute… Gabin, peut-être. Gérard aussi. Max, j'espère. Il vivrait avec des regrets quelque temps, avant de rencontrer une fille plus jolie, plus drôle, plus intelligente que moi qui lui ferait oublier notre malencontreux baiser et tous les faux espoirs qui l'ont accompagné. Eliott Scott continuerait à faire des miracles, et Wattpad à étendre son empire. La Terre tournerait toujours et le soleil brillerait encore pour quelques centaines d'années. Mais si je venais à mourir demain, ma vie aurait un sacré goût d'inachevé.

Je n'y trouverais pas assez de livres lus, pas assez d'histoires d'amour à raconter, et pas assez de romans signés de mon nom à ranger dans ma bibliothèque.

En résumé : ce serait une catastrophe. Mais une catastrophe que je peux encore empêcher.

Là. Tout de suite. Maintenant. Ou dans une minute et vingt-quatre secondes, le temps qu'il faut au PDG de Wattpad pour expliquer la grande nouveauté des Wattys 2024 :

— Comme vous le savez, les Wattys fêtent leur quinzième anniversaire. Les histoires ont toujours fait le succès de ce concours et de Wattpad. Ce sont des étoiles qui illuminent même les chemins les plus sombres. Mais une étoile n'est pas solitaire : elle s'inscrit dans une constellation. C'est pourquoi, cette année, les Wattys permettront aux écrivains en herbe d'apprendre des meilleurs et de confirmer leur talent à travers un tout nouveau programme : le Wattpad Sharing. À l'issue de cette édition, les trois cents Wattysés internationaux auront l'opportunité de présenter leurs projets à des professionnels de l'édition et du divertissement, de même qu'à des Créateurs Wattpad, des auteurs aguerris qui transcendent les tendances et écrivent la littérature de demain, comme Eliott Scott. Ils pourront ainsi intégrer la Watty Sélection, une toute nouvelle compétition au terme de laquelle, pour l'Afrique et l'Europe, un Créateur Wattpad hébergera deux gagnants qu'il accompagnera durant toute une année. Pour la première fois dans l'histoire des Wattys, nous offrons à tous les Wattpadiens une immersion au cœur de la création.

— C'est une opportunité incroyable ! commente le présentateur. Si je comprends bien, tout auteur souhaitant prendre part au Wattpad Sharing, ce programme d'échange hors-norme, doit d'abord remporter un Wattys…

— Wattys grâce auquel il accédera à la Watty Sélection, une immense compétition internationale. Les deux lauréats africains et européens inaugureront le Wattpad Sharing, conclut le PDG, mettant fin à l'interview.

Pour participer à ce tout nouveau programme, il faut donc gagner un Wattys ET la Watty Sélection ?

Dans ce cas, j'imagine qu'on peut dire que c'est fichu pour moi…

Sur le plateau, le journaliste se charge de poser la question qui est sur toutes les lèvres, y compris les miennes :

— Et vous, Monsieur Scott ? Faites-vous partie des écrivains qui accueilleront un jeune auteur chez eux pendant *un an* ?

Sa réponse ne se fait pas attendre :

— …

# 36

# Rupture, textos et ordure

— Assurément. C'est une expérience unique, pour les participants comme pour moi. J'ai beaucoup à apprendre d'eux, et une année ne me semble pas de trop pour le faire.

— Voilà une nouvelle qui ravira nombre de nos téléspectateurs ! s'exclame le présentateur.

Évidemment, il ne peut pas s'empêcher d'ajouter :

— Et téléspectatrices ! Il faut dire que vous êtes particulièrement apprécié par la gent féminine, Monsieur Scott.

Je lève les yeux au ciel. On est en 2024, mec. Ton invité n'est pas là pour parler de son *sex-appeal*, à ce que je sache.

Eliott s'efforce de sourire, mais ses traits crispés ne trompent personne : il est ultra mal à l'aise.

Il a toujours détesté la célébrité. Rien de surprenant là-dedans : il ne peut plus aller au cinéma tranquillement, son père a été cambriolé trois fois et il n'invite quasiment personne chez lui parce qu'il craint qu'on divulgue son adresse sur Internet. Il y a de quoi devenir parano !

Tout ce qu'on sait, c'est qu'il réside à Londres et qu'il effectue des démarches pour obtenir la nationalité anglaise. Et c'est déjà bien assez.

Certains spéculent sur son orientation sexuelle depuis le jour où il a annoncé être bi, s'étonnant de ne l'avoir jamais vu sortir avec un homme publiquement.

Ces rumeurs ont le don de profondément m'énerver. Ce n'est pas compliqué à comprendre, si ? Sa vie privée ne regarde personne d'autre que lui. Sa copine, Lucy Daniels, s'est même fait cyberharceler à cause de ça ! Des crétins ont raconté partout qu'elle avait signé un contrat pour former un faux couple avec lui, alors que ça crève les yeux qu'Eliott est amoureux d'elle ! Sa petite amie est moins démonstrative que lui, c'est tout. Ce n'est pas une raison pour qualifier leur amour de bidon.

— Concrètement, comment le concours se déroulera-t-il ? reprend cet idiot de présentateur tandis que mon père s'empare de la télécommande.

Je le fusille du regard depuis mon poste d'observation. S'il éteint la télé maintenant, j'hypnotise Georges pour qu'il pisse sur son lit.

Et Kurt, aussi.

— Ça, ce n'est pas à moi qu'il faut le demander. En tant qu'auteur, je suis tenu à l'écart de l'organisation des Wattys. Je n'interviendrai qu'à l'annonce des résultats, puis lors de la Watty Sélection, mais nous n'en sommes pas encore là. Pour le moment, l'heure est aux inscriptions.

Le JT s'achève sur ces mots et le générique de fin résonne dans la cuisine. Eliott Scott peut respirer à nouveau… et moi aussi.

Enfin, pas vraiment, parce que mon idiote de petite sœur vient de révéler l'existence de mon compte Wattpad à mes parents alors que j'ai toujours tout fait pour le cacher.

Elle n'a pas pensé à mal, je sais, mais n'empêche : ça pique.

Plus rien n'est pareil, désormais. Je suis tellement gênée que je pars me réfugier dans ma chambre, comme je l'aurais fait il y a dix ans… sauf que j'approche du quart de siècle, et qu'il est temps que je prenne ma vie en main.

Personne ne me suit, et c'est tant mieux. J'ai mes affaires à préparer et il faut que je me couche tôt pour être en forme.

C'est décidé : à partir de demain, je suis la méthode Blue.

Et je ne m'arrêterai pas tant que je n'aurai pas terminé *Mon cœur contre tes peurs.*

Il faut juste que je trouve un moyen d'intégrer Pépette et Minette à ma routine d'écriture… Autrement, Gérard risque de me tuer.

C'est dans cet état d'esprit parfaitement positif et bienveillant que je me brosse les dents, puis me glisse dans mes draps avec la ferme intention de me lever aux premières lueurs du jour, un sourire étirant mes lèvres fatiguées.

L'ancienne Emy aurait été complètement découragée par les paroles de sa sœur. La nouvelle Emy, elle, panse ses plaies avant de les laisser cicatriser.

♥♥♥

*Quelques heures plus tard, vendredi 14 juin 2024…*

*Tzzz. Tzzz.*

Ça, c'est un réveil matinal.

Un peu *trop* matinal.

Logique : mon téléphone vient de vibrer alors qu'il n'est que 4 h du matin.

Or, mon alarme est censée sonner à 6 h. Je pense d'abord m'être trompée d'horaire, mais le prénom qui s'affiche dans ma barre de notifications dissipe jusqu'au dernier de mes doutes :

— Gabin…

C'est lui, le coupable.

Gabin, oui. Mon ex-petit copain que je n'ai plus revu depuis ce jour tragique où je l'ai surpris en train d'embrasser mon ex-collègue à pleine bouche.

Tous les soirs depuis un mois, il m'envoie un message. Au début, c'était pour me dire que j'avais oublié des affaires chez lui, mais maintenant, tout est prétexte à m'écrire.

Me demander où sont rangés les médicaments contre la constipation, par exemple.

MOI :

« Mange des pruneaux, ce sera plus efficace ! Pourquoi tu m'envoies un SMS à cette heure-ci ? Tout va bien ? »

La réponse ne se fait pas attendre :

GABIN :

« Sa roule tkt ! Chui partit en soiree ac des potes »

ÇA ROULE ? Et ma rétine, alors ? Il vient de me brûler les yeux, ce *débilos* !

Ça explique pourquoi il m'a contactée en plein milieu de la nuit, au moins : il est bourré. Et que fait-on, quand on est bourré ?

On parle à son ex jusqu'à ce qu'il ou elle nous envoie bouler.

MOI :

« Demande à tes potes de te ramener ou appelle un taxi, alors. Et arrête de me parler ! On n'est plus ensemble. Il est temps que tu tournes la page, Gabin. »

Ça, c'est bien ! Blue serait fière de moi.

Malheureusement, j'ai à peine le temps de reposer mon *smartphone* qu'il vibre à nouveau :

GABIN :

« TKT C DEJA FAIS !! »

Le tout est accompagné d'une superbe photo de Gabin galochant… Kévin ? Kévin, oui. Son coéquipier.

Je lève les yeux au ciel, sans pouvoir retenir mon sourire. Gabin est le seul crétin capable de me rendre furax ET hilare à 4 h du matin.

Une vraie ordure, je vous jure !

Pour préserver mon sommeil – et ma vue –, j'éteins l'appareil et le jette à l'autre bout de la pièce. Vu le bruit qu'il émet en s'écrasant sur le sol, j'imagine qu'il a atterri du mauvais côté : celui de l'écran.

— Oups…

Un soupir m'échappe. Au fond, je sais bien que je n'aurais pas dû répondre à Gabin. C'est ce que Bleuenn et Rozenn me répètent à longueur de journée, mais… malgré toute leur bonne volonté, le seul argument qui trouve grâce à mes yeux reste celui de ma mère : « Imagine qu'il finisse à l'hôpital parce que tu as ignoré ses textos, ou pire : qu'il meure ! Tu t'en voudras toute ta vie de ne pas lui avoir répondu, ma poussinette. TOUTE TA VIE. »

Maman n'a toujours pas digéré notre rupture.

Pourtant, même mon père s'y est fait : « C'est pas grave, ma puce. La prochaine fois, tu nous ramèneras un mec qui aime le rugby. » Comme Maxence ?

« Ne m'en demande pas trop, Papa : il faudrait que je réussisse à te ramener un mec tout court, pour commencer. Qu'il kiffe le rugby, ça, c'est accessoire. »

Quitter mon *précédent* mec constituait déjà un exploit assez considérable pour moi. Les sentiments ne s'envolent pas comme ça, du jour au lendemain, et même si j'ai compris que ma relation avec Gabin était vouée à l'échec, je ne peux pas les faire disparaître en claquant des doigts. Il faut du temps, pour ces choses-là. Même Joséphine l'Ange Gardien n'y pourrait rien !

En attendant, un ou deux SMS par semaine en souvenir du passé, ça ne fait pas de mal, si ?

Ça prouve que quelqu'un s'intéresse à moi, au moins. Quelqu'un pour qui je ne suis pas « personne »…

# 37

# Un été pour tout écrire

*Quelque temps plus tard, dans la maison de Gérard...*

AU SECOURS ! Ça ne fait même pas une heure que Gérard est parti, et je donnerais déjà tout pour le voir revenir, à commencer par ma petite sœur. Pas sûr qu'on puisse en tirer quelque chose, mais tant pis.

Problème : je ne serai libérée de mes obligations qu'au retour de vacances du vieux Schtroumpf… dans deux mois.

Pour l'heure, je dois gérer une vieille mémère aveugle complètement paniquée à l'idée que son maître l'ait abandonnée, et une jeune chatte qui ne pense qu'à une chose : me griffer.

Mais même si ma journée a été très, TRÈS compliquée, elle reste dix mille fois moins déprimante que celle d'hier…

Je n'ai pas dit au revoir à Rozy et à mes parents en partant. Il me faut du temps pour soigner mon ego blessé. Je ne leur en veux pas, non, pas vraiment… J'ai juste besoin de rester seule quelques jours.

En attendant, je suis persuadée que cette retraite créative va me faire le plus grand bien.

— Miaou !

Oh, non… Depuis qu'elle m'a vue ranger mes affaires dans la chambre d'ami, Minette tente à tout prix de s'échapper.

Gérard m'a interdit de la laisser sortir pendant quarante-huit heures, le temps qu'elle s'habitue à ma présence, mais ce n'est que maintenant que je mesure l'ampleur de la tâche qui m'attend.

Cette féline est une vraie plaie. Sérieusement : je préfère *cat-sitter* Kurt et Georges durant une semaine plutôt que de rester une seconde de plus avec elle !

Elle est tellement agressive… Le vieux Schtroumpf m'a dit qu'il l'avait trouvée sous son porche, un matin, dans un état lamentable. Je préfère ne pas penser aux traumatismes qu'elle a subis avant qu'il ne l'accueille…

Heureusement, Pépette est une vraie crème. C'est le genre de toutou qu'on a envie de serrer fort, fort, fort contre soi après une dure journée de travail. Je sens qu'on va bien s'entendre, toutes les deux !

Quand elle arrêtera de se coller à moi et de baver sur mon bras, bien sûr.

Pour le moment, je suis indulgente : elle est stressée. J'imagine qu'une balade l'aidera à se calmer… et m'évitera d'égorger sa copine féline par accident, aussi. Si je reste une minute de plus dans cette pièce, je vais péter un câble.

Gérard m'a indiqué un sentier côtier à une centaine de mètres de la maison, mais je préfère ne pas m'y aventurer la nuit, et j'ai la flemme.

La plage suffira pour aujourd'hui.

— T'es prête, Pépette ? On y va ! beuglé-je en ouvrant la porte d'entrée. Non, Minette ! Tu n'as pas le droit de sortir, toi. Ordre de Gégé ! Essaie de ne pas tout saccager d'ici notre retour, OK ?

Oui, je comble mon manque de contacts sociaux en parlant aux animaux. Qui ne le fait pas ?

Ça irait probablement mieux si Jade ne passait pas son temps à me houspiller et si Max répondait à mes SMS, au lieu de me zapper comme un vieil épisode des *Frères Scott*.

Dehors, le soleil se couche. Des zébrures orangées parcourent le ciel. L'espace d'un instant, je m'imagine les suivre et voguer vers de nouveaux horizons. Le seul obstacle entre mes rêves et moi, c'est la mer.

Pépette, aussi. Je ne sais pas comment elle se débrouillerait sans quelqu'un pour l'aider ! Gérard m'a prévenue : c'est un véritable danger sur pattes à cause de ses problèmes de vue. Au moins, la plage lui offre assez de liberté pour courir sans se prendre un mur ou un poteau en pleine tronche.

Ce n'est pas évident de se retrouver subitement entouré d'animaux alors qu'on a du mal à supporter sa propre compagnie. Mais mon ami compte sur moi, et je ne veux pas le décevoir. Après tout, il est le seul à s'être montré présent, ces derniers mois…

Comment il s'y est pris ?

Il est venu me chercher tous les matins chez mes parents, et m'a aussi ramenée tous les soirs. Si on ajoute à ça quelques grimaces et deux ou trois blagues douteuses, on obtient la recette miracle du remontage de moral.

La mienne, en tout cas.

Et puis, ça fait plaisir de savoir que Gégé me fait suffisamment confiance pour me laisser vivre chez lui durant son absence. Même s'il a présenté ça comme une excuse pour que je veille sur ses deux protégées, je sais bien qu'il l'a surtout fait pour m'aider.

Gérard est un peu ma Marraine la bonne fée, quand on y pense.

Comment aurait-il pu m'inviter à séjourner dans la réplique parfaite de la maison de Macy Falls, autrement ? J'ai l'impression d'être une héroïne d'*On the leaves of Autumn* ; c'est l'endroit parfait pour écrire ! Si je ne trouve pas la motivation ici, autant définitivement abandonner mon projet de roman…

Cette fois, pourtant, je ne baisserai pas les bras ! Je suis déterminée à terminer *Mon cœur contre tes peurs* et à l'inscrire aux Wattys avant la date limite, le 31 juillet. Il me reste donc quarante-six jours pour rédiger et peaufiner les aventures de Meghan Rodriguez, une tueuse à gages qui lutte pour sa vie… et celle de sa petite amie.

La thématique centrale de cette histoire n'est pas des plus joyeuses, mais j'aime mes personnages de tout mon cœur, et c'est le plus important.

Face à moi, le soleil se couche tandis que je ressasse mes respirations… Les vagues, elles, m'inspirent autant qu'elles me terrifient. Elles sont calmes à cette période de l'année, mais leur quiétude ne trompe personne. Les tempêtes sont de plus en plus fréquentes sur la presqu'île de Crozon.

Quand j'étais petite, je prenais plaisir à les contempler de loin, fascinée de voir la mer se déchaîner ainsi. Aujourd'hui, je les observe depuis mon ordinateur ou mon téléphone, effrayée à l'idée de m'aventurer à l'extérieur. Les dégâts humains et matériels ne cessent de battre des records, ici comme ailleurs. On ne compte plus le nombre d'incendies ! Plusieurs lois pour le climat ont été votées ces dernières années, mais aucune d'elles n'a déclenché d'avancées significatives.

En résumé : c'est une catastrophe.

Autant dire que j'appréhende l'été et ses températures élevées, même si nous restons relativement épargnés, en Bretagne. Mes parents ont voulu descendre dans le Sud lors des dernières vacances, mais comme Rozy et moi refusions de suffoquer sous 40 °C, le tout s'est transformé en dispute familiale.

Papa et Maman nous ont remerciées quelques jours plus tard, quand la vague de chaleur est arrivée.

— *Waf, waf* !

— Pépette ?

Elle s'est un peu trop approchée d'un groupe de jeunes amassés autour d'un feu de camp – l'odeur des marshmallows grillés a dû l'attirer.

— PÉPETTE ! REVIENS ICI TOUT DE SUITE, ESPÈCE DE CLÉBARD GALEUX !

Évidemment, cette gourmande fait la sourde oreille. Quelle quiche !

Je me précipite vers elle pour l'empêcher de toucher quoi que ce soit, mais c'est trop tard : alléchée par l'odeur, elle fonce sur le tas de bois… et se jette dans les flammes.

# 38

# Les fiancées de l'automne

*Un quart d'heure et un barbecue plus tard...*

Ça sent le roussi. Le cramé, même.

Le cramé *et le chien mouillé*. La voleuse de marshmallows grillés – Pépette – m'a forcée à employer les grands moyens : une baignade improvisée, à 20 h.

Toutou et maîtresse de substitution inclus.

En revanche, je n'avais pas prévu de me retrouver trempée jusqu'aux os. Résultat : j'ai froid.

On parie combien que je viens d'attraper un rhume ?

Il ne reste plus qu'à croiser les doigts pour que les poils de ma protégée repoussent avant le retour de Gérard…

J'ai vraiment cru que j'allais devoir l'emmener aux urgences vétérinaires ! Mais par je ne sais quel miracle, Pépette pète la forme. C'est le cas de le dire. Le vieux Schtroumpf m'avait prévenue qu'elle avait des flatulences, d'où son nom, mais je ne m'attendais pas à ce qu'elle lâche des caisses toutes les trois minutes.

J'ignore à quoi il fallait s'attendre, en réalité.

Le principal, c'est qu'elle soit heureuse, là, tout de suite, maintenant, les papattes dans l'eau.

Je la laisse patauger encore quelques minutes en m'efforçant de ne pas penser au bain que je vais devoir lui donner en rentrant. Est-ce que la maison de Gérard est dotée d'une baignoire ? J'espère, sinon… je vais devoir supporter cette puanteur toute la nuit avant de me résoudre à la traîner chez mes parents pour la laver.

J'expire lentement en prenant conscience que je stresse littéralement pour… rien. Pourquoi est-ce que je panique comme ça, moi ? Pépette dégueulassera toute la maison et puera la moufette pendant trois jours, oui, mais ce n'est pas grave !

Tout ce que j'ai à faire, c'est profiter de l'instant présent. Ce n'est pas comme si elle allait se noyer non plus !

N'est-ce pas ?

Son *plouf-plouf* dans la mer m'offre l'occasion d'écrire quelques lignes de mon roman. Quelques pages peut-être. Suivre la méthode Blue, mais version Emy.

Je n'avais pas pris conscience à quel point j'avais terriblement besoin de retrouver l'univers de Meghan. C'est comme boire ou manger : c'est nécessaire au bon fonctionnement de mon organisme.

Je suis toujours bloquée au chapitre 45, mais j'ai tout le plan de l'histoire en tête. Si Meghan est l'archétype de l'héroïne *badass* que rien n'effraie, *Mon cœur contre tes peurs* met en scène sa déchéance progressive, depuis sa petite vie sans problème au fin fond du Jura jusqu'aux tréfonds de l'âme humaine, quand les meurtres et les trahisons deviennent son seul moyen de survie.

Mais pour l'heure, je dois me concentrer sur son quotidien de tueuse à gages. Bleuenn m'a encouragée à me documenter davantage sur le sujet, et je compte sur mes recherches pour valoriser ma participation aux Wattys.

Les histoires gagnantes ne seront dévoilées qu'à la fin du mois de septembre, mais tout le monde a déjà hâte de connaître les heureux chanceux qui participeront à la Watty Sélection. Nous sommes tellement nombreux à nous intéresser au concours depuis l'annonce du PDG de Wattpad… ce serait prétentieux de ma part d'oser prétendre à quoi que ce soit.

Si j'ai le courage d'y présenter ma fiction, ce sera déjà une belle réussite.

♥♥♥

*Deux heures plus tard…*

— *Waf, waf* ! aboie Pépette en m'aspergeant de sable avec sa queue.

— Je termine mon paragraphe et on rentre ! m'étouffé-je, prise d'une soudaine quinte de toux.

Je n'avais pas anticipé ce genre de difficulté.

Pourtant, rien n'y fait. Pépette continue à tourner en rond autour de moi. Elle me prend pour une quiche ou quoi ? Elle est aveugle, pas sourde !

— *Waf* ! *Waf, waf* !

— J'arrive… marmotté-je en me relevant difficilement, abandonnant définitivement mon idée. Je n'ai presque plus de batterie, de toute façon.

Cette fois, elle ne répond pas. Cette chienne est visiblement dotée du même fichu caractère que son maître : lorsqu'elle veut quelque chose, je n'ai pas d'autre choix que de m'adapter.

Ça me rappelle la fois où Gérard m'a forcée à lui acheter sept boîtes de chocolats différents *juste* parce qu'il n'avait pas envie de manger du blanc, alors qu'il m'en avait réclamé trois tablettes la semaine précédente.

Quelles têtes de linotte, ces deux-là !

— On y va !

J'hésite à attacher Pépette pour nous éviter une nouvelle baignade improvisée, mais puisqu'il n'y a aucun feu de camp à l'horizon, j'estime qu'elle mérite encore un peu de liberté avant de retrouver Minette.

Quand nous arrivons à quelques mètres de la maison, deux détails me sautent aux yeux : j'ai oublié d'éteindre la lumière du salon, et le ciel bleu a laissé place aux étoiles crépusculaires.

Autrement dit, l'image qui se présente à moi semble tout droit sortie du premier chapitre d'*On the leaves of Autumn*. Celui de la rencontre de Macy et d'Autumn : Macy est dangereusement assise sur le rebord de la fenêtre de sa chambre, à l'étage, quand Autumn fonce dans sa poubelle avec le vélo qu'elle a « emprunté » à sa grand-mère, en fuyant ses parents parce qu'ils se séparent. Ensemble, les deux jeunes filles vont tisser une amitié inébranlable qui se renforcera été après été… jusqu'à ce qu'enfin, l'automne mette en lumière leurs sentiments amoureux. C'est génial, non ?

…

Merci. Mes clients me regardent comme un lama tacheté atteint de cystite, quand je leur résume l'intrigue avec de grands gestes et un sourire de psychopathe.

Oui, bon : je peux les comprendre.

Bref, c'est le moment idéal pour prendre une photo, puis la partager sur le *#OntheleavesofAutumn*.

Et, accessoirement, ressusciter mon compte Instagram.

Ni une ni deux, je publie mon post en identifiant Eliott Scott au passage. Je doute qu'il le voie, mais d'autres fans de son roman tomberont peut-être dessus. J'espère qu'ils penseront eux aussi à cette scène en découvrant mon cliché.

À côté de moi, Pépette commence à s'impatienter. Elle ne s'attendait probablement pas à une telle excursion pour sa première nuit en ma compagnie. Je l'ai épuisée, la pauvre !

Le point positif, c'est qu'elle ne devrait pas avoir de mal à s'endormir. Minette, en revanche…

En théorie, un chat dort seize heures par jour, mais en ce qui la concerne, j'imagine que la pratique sera un peu différente.

Alors que je farfouille dans mes poches à la recherche des clés, mon téléphone vibre. C'est idiot, je sais, mais je ne résiste pas à la tentation de regarder d'où, ou plutôt *de qui* provient cette nouvelle notification. Et si c'était…

# 39

# Désillusion

… Eliott Scott ?

Je m'attendais presque à voir son pseudo apparaître sur l'écran (presque !), mais il faut que j'arrête de prendre mes rêves pour des réalités – surtout lorsqu'ils touchent à une star internationale.

À la place, je découvre un commentaire de @TasladegainedunMarsu :

« Putain, c'est dingue ! Je veux voir cet endroit en vrai ! T'es où, là ? »

Je tente tant bien que mal de dissimuler ma déception et lui réponds en privé, mais elle lance aussitôt un appel vidéo ; Blue n'est pas réputée pour sa patience.

Je n'ai même pas le temps d'ouvrir la porte qu'elle m'agresse d'un :

— Tu m'expliques ?

Pépette sursaute, peu habituée à toute cette agitation.

— Tu te souviens de mon ami Gérard ?

— C'est le père Noël *low-cost* au béret rose, nan ?

C'est vraiment comme ça que je l'ai décrit à Bleuenn ?

— Le papy qui m'emmène et vient me chercher au travail, oui.

Alors que j'essaie de garder un œil sur Pépette malgré l'obscurité ambiante, un long soupir se fait entendre à l'autre bout du fil.

— C'est un sociopathe, c'est ça ? Je t'avais prévenue ! Pourquoi est-ce que personne ne m'écoute ?

— C'est faux ! Gégé est adorable, crois-moi. C'est lui, le propriétaire de la maison sur mon dernier post Insta. Il me l'a laissée pour les deux prochains mois parce qu'il est en vacances en Tunisie.

Zut, je ne vois plus Pépette. Je savais que j'aurais dû la tenir en laisse ! Où est-elle passée ?

— C'est une blague ?

Pourquoi elle ne revient pas ? Ce n'est pas Blue qui l'a fait fuir, si ?

— Non, je te jure.

— Il se la coule douce, ton *sugar daddy* !

— Excuse-moi, Bleuenn, il faut que je vérifie un truc.

— Tu raccroches pas, hein ! J'ai pas le…

Trop tard. Je range mon téléphone avant qu'elle n'ait le temps de terminer sa phrase et me mets à courir après ma golden retriever préférée.

— Pépette ! Pépette, viens ici ! PÉPETTE !

Inutile de préciser que je me casse la gueule une ou deux fois en tentant de la retrouver.

Heureusement, le miracle se produit.

Pile au moment où je sens mes cordes vocales m'abandonner, cette idiote se précipite vers moi… et se prend la boîte aux lettres en pleine face.

Une bosse de plus pour Pépette, une !

— C'est bon, Blue. Tu es toujours là ?

— Où tu voulais que j'aille ? Aux chiottes ? Et c'est qui, cette Pépette ?

— Pépette, c'est la… contrepartie. Grâce à elle, je peux loger dans cette charmante demeure tout l'été.

— Toi, je sens que tu t'es fait avoir…

— Pas du tout ! objecté-je avec force, même si je sais pertinemment que Blue a raison.

— On verra si tu dis toujours ça dans quelques jours. Comment ça va, sinon ? Tu écris toujours ?

— Oui, oui. Pas de souci de ce côté-là !

— T'as pas continué à répondre à l'autre abruti, si ?

— L'autre abruti ?

— Ton ex !

Je prends quelques secondes pour formuler une réponse acceptable, mais Bleuenn me devance à nouveau :

— C'est quoi, cette tête ? Tu t'es remise avec lui, c'est ça ?

— Non !

Mais mon « Non ! » ne lui semble visiblement pas assez convaincant, puisqu'elle repart de plus belle :

— Émilie Jaouen, tu es encore plus désespérante que ma pote Scarlet ! Elle, au moins, a eu la bonne idée d'écouter mes conseils avant de s'engager dans une relation amoureuse vouée à l'échec.

— Mais…

— Première règle : ne jamais, ô grand jamais, ressortir avec son ex ! Jamais, tu m'entends ? JA-MAIS ! Pourquoi tu crois que les héroïnes de roman finissent avec le mec qu'elles rencontrent au premier chapitre ? Parce qu'elles larguent leur ancien petit ami complètement con et qu'elles ne se remettent pas avec !

— Oui, mais…

— Deuxième règle : quand tu es sur le point de craquer, il faut toujours appeler ta copine Bleuenn. TOUJOURS ! Je suis visiblement la seule à pouvoir t'empêcher de commettre l'irréparable. C'est pas si compliqué, si ?

— C'est juste que…

— Tu as quelque chose à dire pour ta défense ?

Nom d'un citron mal pressé ! J'en ai pour toute la nuit, avec elle. Si je ne trouve pas un moyen de l'interrompre là, tout de suite, maintenant, je peux dire adieu à mon sommeil.

Je jette un coup d'œil désespéré à Pépette, qui me supplie de rentrer… et c'est là que me vient l'Idée avec un grand I.

Une idée de génie. Autrement dit : une idée signée Emy.

Étape n° 1 : pousser un cri d'indignation.

— OH, NON !

Étape n° 2 : établir la source du problème.

— PÉPETTE ! Qu'est-ce que tu fabriques ?

Étape n° 3 : montrer des signes de détresse.

— Blue, il faut que je te laisse, je…

Possibilité de rajouter un supplément sanglots si la scène nécessite plus de *suspense*.

— Cette fois, c'est fichu : la guerre est déclarée.

Étape n° 4 : porter le coup de grâce.

— La chienne vient de chier sur la pelouse du voisin !

Une fois la dernière étape achevée, il ne faut pas perdre une seconde de plus. Tout est une question de *timing* : je dois raccrocher au plus vite, avant que mon interlocutrice n'ait le temps de dire « Hein ? Que ? Quoi ? Quiche ? ».

*Bip. Bip. Bip.*

Mission accomplie ! Il ne me reste plus qu'à attendre le message de Bleuenn, maintenant. S'il est écrit en capitales ou s'il se termine par un point, je peux préparer mon éloge funèbre.

Dans le cas contraire, tout ira bien.

Par chance, son texto est plutôt positif.

**BLEUENN :**

**« Heureuse de t'avoir connue, Emy ! Réserve-moi une place au paradis, OK ? J'ai trop de trucs à régler ici pour te rejoindre, mais je ne t'oublie pas, promis ! »**

Incroyable ! Pépette a bien mérité une ration de croquettes supplémentaire ! Après tout, c'est elle qui m'a soufflé l'Idée !

Oui, celle avec un grand I.

Soulagée, je déverrouille enfin la porte d'entrée, mon toutou préféré sur les talons. À moi le gros dodo !

Malheureusement, le répit est de courte durée : mes nerfs font face à une nouvelle catastrophe lorsque je pénètre dans le salon.

# 40

# Les tribulations d'une libraire

Catastrophe, c'est le cas de le dire : Minette a tout foutu en l'air. *Tout*. Les pots de plante, la télé, les épices de la cuisine, le canapé… Même la boîte de thon que Gégé avait laissée à son attention a valdingué à l'autre bout de la maison !

Il ne m'en faut pas plus pour fondre en larmes, complètement dépassée par la situation. Je n'ai même pas encore repéré l'emplacement du balai !

Bien sûr, la coupable en profite pour s'échapper.

— EH ! REVIENS ICI, ESPÈCE DE SAC À PUCES PUTRESCENT !

Mais dans un vain élan pour la rattraper, je bute contre la table basse et écrase la patte de Pépette, dont le hurlement déchire mon cœur de l'intérieur.

— Nom d'un clic-clac cassé ! Pardon, mon toutou d'amour !

Je ne vais pas pouvoir cohabiter avec ce chat pendant deux mois.

Pourtant, il faut impérativement que je nettoie ses bêtises avant d'aller me coucher. Gérard serait capable de m'avoir *prankée* et de se pointer comme une fleur au petit matin, sous prétexte de tester notre compatibilité amicale ou je ne sais quel concept qu'il aurait découvert dans le dernier numéro de *Marie Claire* – il y est secrètement abonné depuis 1987 !

Pour les poils de son chien, en revanche, je ne peux rien… Raison de plus pour retrousser mes manches et lustrer ce parquet pourri afin qu'il brille comme une boule à facettes à son retour, demain comme dans deux mois.

Oui, enfin… Ne soyons pas trop optimistes quand même.

♥♥♥

*Quatre heures d'aspirateur et de serpillière plus tard, samedi 15 juin 2024…*

Je peux *enfin* aller dormir.

Bon, je dois me lever dans deux heures pour me rendre au travail, mais ce n'est qu'un détail, pas vrai ? J'ai quand même le droit de profiter de mes 120 minutes de sommeil restantes !

119, à présent.

Par chance, je ne mets pas longtemps à grincer des dents en pensant au corps sans vie de Minette, tragiquement écrasée par l'une des voisines de Gérard. Ça ressemble plus à un rêve qu'à un cauchemar, mais je ne m'inquiète pas : bons comme mauvais, mes songes ne se réalisent jamais.

♥♥♥

*Trois heures plus tard…*

Par (mal)chance, je retrouve ma némésis féline à l'arrêt de bus. Elle me nargue depuis l'autre bout de la chaussée, les poils hérissés et les pupilles rétractées, comme si elle aussi cherchait un moyen de me tuer.

Nous sommes visiblement animées par la même envie de meurtre.

— Tu ne perds rien pour attendre, sale cloporte nécrosé ! beuglé-je en étouffant un bâillement.

Une fois arrivée au Leclerc, je pâtis rapidement des effets secondaires de ma micro-insomnie : mon dos me fait un mal de chien – désolée, Pépette –, et mes paupières se ferment chaque fois que j'ai le malheur d'aller chercher un livre dans la réserve.

— *Zzz… Zzz…*

— ÉMILIE.

— Hein ? Que ? Quoi ? Quiche ?

Je me réveille en sursaut et découvre la tête de Jade à seulement quelques centimètres de la mienne.

La tête *pas contente* de Jade.

Non, pas contente du tout.

— Tu étais en train de sucer ton pouce, commente-t-elle en arquant l'un de ses sourcils parfaitement épilés.

Elle se demande manifestement s'il ne serait pas temps de me virer.

Désireuse de lui prouver que je suis tout sauf une larvabée qu'il faut renvoyer, je dégaine mon téléphone afin de lui montrer ma – fausse – trouvaille.

— Regarde ! C'est le roman d'une jeune autrice Wattpad qui vient d'être éditée. Les premiers avis envoient du pâté ! On devrait le mettre en avant, tu ne penses pas ?

Je crois d'abord avoir réussi à la convaincre, malgré mes traits tirés et mes yeux cernés, mais elle me considère un moment avec un air de dégoût avant d'amorcer la première étape de son plan de licenciement :

— Dis-moi, *Émilie* : ça fait combien de temps que tu travailles ici ?

Rien qu'à la façon dont elle prononce mon prénom, je comprends que c'est foutu.

— Deux ans, pourquoi ? m'enquiers-je le plus naïvement du monde, bien que je sache pertinemment où elle veut en venir.

Je pensais que nous nous étions rapprochées, depuis l'*affaire Arielle*, mais pas assez pour qu'elle me garde dans son équipe, apparemment.

— Ton contrat se termine à la fin du mois d'août, c'est ça ?

— J'i… j'imagine.

— Et tu as pensé à poser tes congés ?

— Euh… non.

— Ah. C'est embêtant.

Embêtant, parce qu'elle veut me mettre à la porte.

— Il va falloir remédier à ça, d'accord ? *Vite*.

D'accord ? Elle est drôle, elle ! Mais qu'est-ce que je peux répondre, à part « Oui, bien sûr ! » ?

Elle ne relève pas et tourne les talons, visiblement soulagée. Tu m'étonnes : il ne lui reste que deux mois grand max à me supporter.

— Jade ?

— Oui ?

— Tu ne vas pas me virer, n'est-ce pas ?

Je m'attends bêtement à ce qu'elle me sorte son plus beau sourire hypocrite et me rassure d'un « Non, bien sûr que non », mais il n'en est rien.

Zut. Il semblerait que j'aie désormais un nouveau *job* à trouver…

Je me serais plainte auprès de Gérard en temps normal, sauf qu'il n'est pas là. Est-ce qu'on peut considérer ça comme un abandon de poste ? C'est vrai, quoi ! À qui je vais raconter mes journées pourries durant son absence ?

Pépette ? Je doute que nous partagions les mêmes préoccupa…

Je m'arrête net. Là, à une dizaine de mètres des barrières antivol, se tient une silhouette qui m'est étrangement familière.

Mais j'ai beau frotter mes yeux pour dissiper cette illusion, il n'y a plus aucun doute possible : elle… *il* est réel. *Il* m'a vue, et *il* s'avance vers moi avec un grand sourire aux lèvres.

Tout n'est peut-être pas perdu, finalement.

# 41

# Autant on emporte les dents

Un sourire qui ne m'a que trop manqué, et des lèvres que je n'ai que trop peu embrassées.

— Emy !

— Max ! Qu'est-ce que tu fais là ?

Ses courses, à tout hasard ?

— Je suis venu pour toi, à vrai dire.

Mon cœur fait un bond dans ma poitrine, si fort et si haut que j'ai l'impression qu'il va transpercer ma cage thoracique.

— C'est l'anniversaire de ma nièce demain, et je ne sais pas quoi lui offrir, alors je me suis dit que j'allais passer voir ma libraire… euh… préférée afin d'obtenir des conseils.

Est-il possible de cacher une déception aussi grande que celle que je ressens à cet instant ? Parce que j'ai beau serrer les dents comme un rhinocéros constipé, mon sourire est définitivement trop forcé pour paraître naturel, et je suis presque sûre que Maxence entend le crissement de mes molaires, là, tout de suite, maintenant.

Il ne me fixerait pas avec autant d'inquiétude autrement, si ?

— Oh, bien sûr ! pépié-je en tâchant de garder contenance. Quel âge a ta nièce ?

Au moins, il a pensé à moi. Pas de la façon dont je l'espérais, mais c'est un bon début, non ? Après tout, il m'a décrite comme sa « libraire… euh… préférée »…

Oui. Même sur ça, il a hésité.

— Treize ans.

Inspire, Emy, IN-SPIRE. Adopte un air détaché et ne scrute pas son visage comme s'il s'agissait d'une bouteille de Coca mal décapsulée, nom d'un navet potomane !

— Tu… tu connais son genre de prédilection ?

Max détourne le regard, signe qu'il est embarrassé.

Il faut le comprendre. C'est toujours difficile d'avouer à une vendeuse de livres que :

— Elle n'aime pas lire.

— Ah.

J'aurais bien ajouté un « Qu'est-ce que tu fous là, dans ce cas ? », mais j'ai peur de le faire fuir, et je compte bien trop sur sa présence pour égayer ma journée.

— Dé… désolé. J'ai paniqué, et je t'ai menti. Si je suis venu ici, c'est parce que…

— Parce que ?

Il prend une grande inspiration avant de se lancer, visiblement peu sûr de lui :

— Parce que je voulais t'inviter à dîner.

Hein ? Que ? Quoi ? Quiche ?

— Enfin, je *veux* t'inviter à dîner.

Un immense sourire fend mes lèvres fatiguées. Maxence est donc bel et bien venu pour moi !

N'est-ce pas ?

— Ta nièce fête vraiment son anniversaire demain ?

— Je n'ai pas de nièce, admet-il, gêné. Je voulais te recontacter plus tôt, mais je n'étais pas sûr que tu sois toujours séparée de Gabin.

Nom d'un sac poubelle troué ! Tout aurait été parfait s'il n'avait pas fait mention de mon boulet d'ex-petit ami.

— Gab' ? On ne s'est pas revus depuis la fois où je l'ai surpris en train d'embrasser mon ancienne collègue de travail !

Oui, enfin, on discute tous les soirs par SMS… mais ça, Max n'a pas spécifiquement besoin de le savoir.

C'est Gabin qui me harcèle de textos, de toute façon. Je ne fais que m'assurer qu'il survive à l'influence désastreuse que son pote Kévin exerce sur lui, c'est tout. Ça ne veut rien dire de plus. Absolument rien.

— Ah, tant mieux. J'ai vu que tu avais supprimé vos photos sur Instagram, aussi, alors j'ai pensé qu'il était temps de tenter ma chance. Sa dent va bien, au fait ?

— Bof. Son dentiste a décidé de la lui arracher pour plus de sécurité. Elle n'était pas stable et la plaie risquait de s'infecter, donc il lui a mis une couronne en argent à la pla…

Je m'arrête net en réalisant que ces précisions sur la molaire de mon ex n'accréditent pas la thèse du « on s'est déjà perdus de vue » aux yeux de Maxence.

— D'après ma mère, du moins. Ils sont restés proches, ajouté-je de façon plus assurée.

Ça, c'est vrai.

— Merci de t'être occupé de lui, d'ailleurs, renchéris-je.

— De rien, c'est mon travail.

— Oui… euh… en effet.

Merci de m'avoir embrassée, aussi. De m'avoir *laissée t'embrasser*, plutôt. Puis de m'avoir proposé de dormir chez toi alors que j'étais bourrée. Et de m'avoir reparlé après que j'ai compromis l'intégralité de la carrière de ta mère.

Zut. Il faut que je trouve quelque chose à dire avant que je ne panique trop et me mette à débiter des âneries. Vite.

— C'est d'accord, confirmé-je en le gratifiant d'un nouveau sourire.

— D’accord pour quoi ?

Fais un effort, Max ! Ce n’est pas parce que tu me proposes un rencard que c’est à moi de tout gérer !

Est-ce vraiment un rencard, d’abord ?

— Oh, pour le dîner ? saisit-il au bout de longues secondes de confusion. Très bien, je vais prévenir Maman.

MA-QUOI ?

— C’est… c’est un guet-apens ? Elle va m’étrangler à mains nues pendant que tu dégusteras tranquillement des pâtes bolo ?

Le rire de Max résonne dans tout le magasin. Je ne suis peut-être pas sa libraire « euh… préférée », mais je pense pouvoir affirmer avec une certitude toute mesurée que je suis la plus poilante.

— Elle veut surtout te cuisiner. Je lui parle de toi depuis tellement longtemps, alors… j’imagine qu’elle a quelques questions à te poser.

« JE LUI PARLE DE TOI DEPUIS TELLEMENT LONGTEMPS » ?

— J’en profiterai pour m’excuser, dans ce cas, répliqué-je le plus innocemment du monde, sans parvenir à retenir les deux énormes fossettes qui se creusent sur mes joues.

— Et… je pensais plutôt à des sushis. Mais les pâtes bolo me vont très bien aussi, si tu préfères.

Mes yeux s’illuminent instantanément lorsque je comprends qu’il n’a pas oublié l’engagement que nous avons pris lors de mon dernier passage aux urgences.

*Le soir où tout a basculé.*

— Non, les sushis… les sushis, c’est super.

Je n’ai pas spécialement envie de me lancer dans un *remake* de *La Belle et le Clochard.*

Probablement parce que Max serait le Beau et moi la Clocharde.

— D'accord ! Je t'enverrai un message pour qu'on organise ça. Tu as toujours le même numéro ?

Je hoche lentement la tête, m'efforçant de formuler une phrase suffisamment élaborée pour lui faire comprendre que j'ai très, très hâte de le revoir, du genre « Tu peux m'appeler dès ce soir, si tu veux » ou « L'attente sera longue, même si elle ne dure qu'un jour et quarante-sept secondes », lorsqu'une voix stridente me tire de ma rêverie :

— ÉMILIE JAOUEN !

Stridente et *traumatisante*.

Maxence et moi sursautons en même temps, effrayés par l'interruption brutale de Jade.

Ça ne lui suffit pas de m'annoncer mon futur licenciement ? Il faut aussi qu'elle ruine mes retrouvailles toutes mignonnes avec mon *crush* ?

— Tu ne nous présentes pas ? minaude-t-elle.

Je hausse un sourcil, soudain perplexe. Elle semble *curieusement* euphorique.

— C'est Maxence, mon ami d'enfance. Max, voici Jade, ma patronne…

… psychorigide, à l'origine de 92 % de mes cauchemars, à l'exception de ceux sur les limaces.

— Enchantée ! psalmodie-t-elle en lui tendant une main parfaitement manucurée. Oh, Émilie ! J'ai totalement oublié de t'inviter à ma soirée d'anniversaire, ce soir. Tu es libre, j'espère ?

Je ne parviens pas à cacher ma stupéfaction :

— Hein ? Que ? Quoi ? Quiche ?

Ça fait trop d'anniversaires pour un seul jour, là.

Surtout que Jade est Verseau et que nous ne sommes ni en janvier ni en février.

— Ça nous fera du bien de passer du temps ensemble en dehors du travail. Tu n'auras qu'à emmener ton ami avec toi ! roucoule-t-elle en posant la main sur le biceps dudit « ami ».

Et ça ? C'est quel genre de plan foireux, exactement ?

— C'est-à-dire que…

— Je suis libre si tu l'es, intervient Maxence avec un sourire encourageant.

Merci, Max. Tu viens de réduire à néant toutes mes chances de refuser poliment son invitation.

— Puisque c'est si gentiment demandé…

Si je coopère, Jade reviendra peut-être sur sa décision de me virer…

— Génial ! On va s'éclater, vous allez voir ! s'extasie-t-elle en couvant Maxence du regard.

… même si j'ai l'impression que ses intentions concernent plus mon potentiel futur petit ami que moi, là, tout de suite, maintenant.

# 42

# La carte des cons finis

*Cinq heures plus tard, quelque part au milieu d'un interminable escalier...*

Quand Jade m'a envoyé l'adresse, j'ai précisé à Max que ce n'était pas la peine de venir me chercher. Je n'étais qu'à vingt minutes à pied du lieu de la soirée, d'après Google Maps.

Oui, *d'après Google Maps.*

Vous sentez la catastrophe arriver ? Parce que moi, je la vis, là, tout de suite, maintenant.

Pour être tout à fait honnête avec vous, j'ai du mal à résister à la tentation de me faire hélitreuiller pour cause d'épuisement aggravé. Mais ce ne serait pas très écologique et je passerais pour une *débilos* aux yeux de mon *crush.*

Plus que d'habitude, j'entends.

— Allez, Emy ! grogné-je en serrant les dents. Plus que cinq minutes à tenir.

Toujours *d'après Google Maps.*

En attendant, il me reste encore une centaine de marches à monter.

Pourquoi n'ai-je pas préféré le confort des sièges en tissu de Max à ce *Pékin Express* improvisé sur les hauteurs de Crozon ? Mon popotin m'aurait remerciée, et mes pieds aussi… J'imagine déjà les ampoules se former entre mes orteils, vu la sueur suintant de mes espadrilles.

Et dire que pendant une courte, infime seconde, j'ai hésité à venir en robe.

En robe, oui. Le genre d'invention démoniaque qui provoque des frottements de cuisses dès que le thermomètre dépasse les 15 °C, frottements de cuisses qui se transforment inexorablement en brûlures vous obligeant à vous dandiner comme un canard pendant les cinq jours suivants.

Heureusement, j'ai opté pour un bon vieux jean bien confortable. Il aurait été parfait, si je ne m'étais pas mise à ruisseler comme une sirène au sortir de l'eau.

Autrement dit : je pue la mort et mon pantalon est collé à ma peau. Comme de la Super Glue, mais version sportifs mal entraînés.

Après une dernière série d'efforts et ma rencontre inopinée avec une vipère qui a manqué de me mordre, je parviens enfin au point de rendez-vous.

Problème : je suis terriblement en retard.

« Terriblement en retard », c'est-à-dire d'au moins deux heures.

Tous les invités sont rassemblés autour de la piscine et écoutent Jade gazouiller, une cigarette à la main et une canette de soda dans l'autre, sublime dans une robe bleu ciel qui sied parfaitement à son teint laiteux.

J'arque un sourcil, surprise de la découvrir ainsi. Je ne l'ai jamais vue fumer, mais je me souviens de ses récriminations à l'égard des employés qui enchaînent les pauses clope.

— Tenez, m'indique un inconnu en me tendant un Kleenex.

Très musclé, l'inconnu.

Trop, probablement.

Mais moins transpirant que moi, il faut en convenir.

— Merci, balbutié-je en m'emparant du mouchoir pour essuyer mon visage. Je ne vous le rends pas.

— Il ne vaut mieux pas, en effet.

Nous échangeons un sourire de connivence, amusés. Ses yeux noisette pétillent comme des bulles de Champomy, entre les quelques mèches blondes qui retombent sur son front.

— Je suis Jules.

— Emy. C'est vraiment son anniversaire ? m'enquiers-je en désignant ma *boss* d'un vague geste de la main.

— Non, confirme-t-il en triturant la montre dorée qui brille à son poignet. Ce n'est qu'une soirée comme une autre, mais Jade trouve toujours un moyen de se faire passer pour plus intéressante qu'elle ne l'est réellement.

— Je vois… éludé-je, pas certaine de comprendre le sous-entendu derrière ses paroles. Vous vous connaissez depuis longtemps ?

— Nous sommes de vieux amis, admet-il avec un sourire. Et vous ?

— C'est ma patronne.

— Ah.

La grimace de douleur qui déforme ses traits est tout ce qu'il y a de plus éloquent.

— Elle m'a virée aujourd'hui, déclaré-je soudainement. Enfin, elle m'a *fait comprendre qu'elle allait me virer.*

Cette fois, l'inconnu éclate franchement de rire.

— Vous vous demandez sûrement : mais qu'est-ce qu'elle fait là, celle-là ? ironisé-je.

La référence à Miss France, c'est cadeau.

Il s'incline vers moi et me glisse à l'oreille :

— Je n'osais pas vous poser la question.

Est-ce que… est-ce que ce type me drague ? Bleuenn jugerait probablement que oui, et Rozy qu'il est juste con, mais je ne sais pas…

Quelque chose cloche.

Et non, je ne parle pas de mon ventre qui gargouille depuis deux minutes trente parce que j'ai eu l'idée stupide de vider toute ma penderie pour trouver quoi mettre au lieu de manger avant de partir, tout ça pour me ramener en nage à la pseudo-fête d'anniversaire de ma supérieure.

— Eh bien, déglutis-je en tâchant de garder contenance, j'ai suivi mon meilleur ami dont je suis secrètement amoureuse car Jade a pour ainsi dire flashé sur lui.

Zut. Zut, zut, zut. Je ne ferai plus jamais confiance à Google Maps.

*Plus jamais.*

Peut-être que j'arrêterai de raconter ma vie au premier mec venu, comme ça.

— Elle a toujours eu un faible pour les blonds, stipule-t-il sans relever l'évidence.

Je me suis foutu la honte.

— Vous savez, poursuit-il, son regard mordoré glissant de mes lèvres à mon cou, j'ai une proposition à vous faire.

Hein ? Que ? Quoi ? Quiche ? Fait-il vraiment allusion à ce à quoi je pense ?

— Une… proposition ?

Il hoche la tête en se penchant encore davantage.

— Elle nous conviendrait parfaitement à l'un comme à l'autre, ajoute-t-il avec un sourire en coin.

NOM D'UN TAPIR EN SAPHIR ! OUI, CE TYPE QUE J'AI RENCONTRÉ IL N'Y A MÊME PAS UN QUART D'HEURE EST VRAIMENT EN TRAIN DE ME DEMANDER DE FORMER UN FAUX COUPLE AVEC LUI.

— Écoutez… euh… Comment vous vous appelez, déjà ?

Une journée de boulot + une séance de sport intensive pas du tout prévue = une Emy complètement rincée.

C'est le cas de le dire.

— Jules.

Jules…

Je sens que ce prénom devrait m'évoquer quelque chose, mais quoi au juste ?

— Écoutez, Jules : vous m'avez l'air d'être un chouette gars, vous êtes très musclé et je déteste mettre des râteaux – même faux – à quelqu'un, mais je sors d'une longue relation et je ne suis pas encore prête à en débuter une autre. Sauf avec Max, bien sûr. Mon meilleur ami.

Je suis en train de m'enfoncer, pas vrai ?

Vu l'air circonspect qu'affiche ledit Jules, oui, on peut considérer que je suis un clou et que le silence gêné qui s'ensuit est le marteau qui frappe mon crâne désossé.

— Mauvais trope, désolée, marmotté-je, de plus en plus embarrassée. J'ai toujours été plus *friends to lovers* que *fake dating*.

Ses yeux s'écarquillent tellement que je crains un instant qu'ils ne sortent de leurs orbites.

— J'allais vous indiquer où se trouvent les petits fours pour mettre fin à vos insupportables borborygmes, mais merci pour le râteau, je suppose.

NOM. D'UN. CAFARD. GUILLOTINÉ.

— Alors, ces petits fours ? insiste-t-il, hilare.

Je le comprends : il ne se doutait probablement pas que la reine de la soirée avait engagé une bouffonne pour divertir ses invités.

— Je… je crois que je n'ai plus très faim, là, tout de suite, maintenant. Il faut que je rejoigne… Maxence ! m'exclamé-je en le voyant s'avancer jusqu'à nous, Jade sur les talons.

L’homme le plus beau, le plus gentil, le plus salvateur de la Terre.

— Maxence… reprend Jules lorsqu’il se présente face à nous. Le meilleur ami dont vous êtes secrètement amoureuse, c’est ça ?

# 43

# Plonge avec elle

OK Google : comment disparaître de la surface de la Terre en moins de cinq secondes ?

Sans bombe atomique, si possible. Inutile de créer des dommages collatéraux.

— Bonsoir ! intervient tragiquement Maxence en saluant Jules. Qu'est-ce que vous venez de dire ?

Je me liquéfie sur place.

Je ne peux pas le laisser découvrir l'attirance que j'éprouve pour lui de cette façon, non, je ne peux pas.

— Terrence ! hurlé-je dans un sursaut de raison. Il parle de Terrence… Lockwood, mon dernier *book boyfriend* en date. C'est un loup-garou adorable, avec… des poils ?

Merci à *The Vampire Diaries* pour l'inspiration.

— Lockwood, hein ? s'étonne Max, pas dupe pour autant.

Je n'ai jamais autant regretté de l'avoir forcé à regarder la série qu'en cet instant.

Heureusement, Jade me sauve la mise en s'indignant :

— Qu'est-ce que tu fous là, Jules ?

La hargne contenue dans ses paroles achève de griller mes derniers neurones restants.

*Jules.*

Jules, Jules, Jules… Nom d'une clémentine mal épluchée ! C'est lui ! Son ex-fiancé ! Jules, le mec qui l'a trompée à Las Vegas après lui avoir imposé un mariage express, tout ça pour la quitter parce qu'il n'était pas prêt à s'engager.

*Jules le sale con.*

— Je réponds à ton invitation, riposte-t-il, l'air goguenard.

— Je ne t'ai jamais envoyé d'invitation.

— Dans tes rêves, si, soutient-il avec une assurance qui me dépasse.

Ce salaud a même l'audace de la gratifier d'une œillade.

— Vous êtes sacrément tordu, vous ! explosé-je. Non seulement vous vous pointez à la soirée de votre ex alors qu'elle ne veut clairement pas vous voir, mais en plus, vous avez le culot de draguer l'une de ses subalternes. Et ne me faites pas le coup des petits fours : je suis quasiment sûre qu'il n'y en a pas, tout comme je suis quasiment sûre que vous alliez me demander de jouer votre fausse petite amie pour rendre Jade jalouse.

Sources : les mille comédies romantiques que je me suis enfilées depuis ma naissance.

— Il n'y a aucun petit four, confirme mon meilleur ami.

Et c'est exactement pour ça que je l'aime.

Jules reste bouche bée un instant, le temps pour Jade de me prendre dans ses bras et de me glisser à l'oreille, les joues humides et le nez plein de morve :

— Félicitations, Émilie : tu viens de devenir l'employée du mois.

La sororité, ça a du bon !

Je lui aurais bien demandé si elle compte toujours me virer, mais c'est ce moment que choisit Maxence pour nous mettre en garde :

— Attention, vous allez…

Trop tard, malheureusement. Sous le coup de l'émotion, Jade se dégage brutalement de moi et nous basculons à la renverse dans la piscine.

— … tomber, complète-t-il tandis que j'effectue un triple saut périlleux arrière avant de me prendre l'eau chlorée en pleine face.

— *Glouglouglouglou…*

— Tout va bien, Emy ?

— *Glouglou* ! *Glouglouglouglouglou, glouglouglou* !

Traduction : « Non, idiot ! Si tu ne te décides pas à me sortir de là dans les trois prochaines minutes, tu peux commencer à remplir mon certificat de décès dès maintenant. »

— Tiens, attrape ma main, m'indique-t-il néanmoins en se rapprochant du bord.

Mais il est à au moins trois mètres de moi, je ne pourrai jamais l'atteindre !

Pourquoi ?

OH, PEUT-ÊTRE PARCE QUE JE NE SAIS PAS NAGER.

— Emy !

J'ai beau m'élancer dans sa direction, rien n'y fait : je ne bouge pas d'un iota.

Pire : je coule.

Lentement, certes, mais assez pour que je me mette à paniquer et imiter un gorille sur le point de se noyer.

On m'aurait balancée du Titanic *avant* que le bateau ne heurte l'iceberg, c'est une certitude.

— EMY !

— *Glouglouglou…*

Lorsque Jules enlace Jade, Max comprend enfin qu'il y a un problème et se jette à l'eau – littéralement. Il lui faut à peine cinq secondes pour me rejoindre et m'entourer de ses bras protecteurs, cinq secondes pour que je me sente à nouveau en sécurité à ses côtés, cinq secondes pour que je sois sauvée.

Il me ramène jusqu'à la rampe sans s'émouvoir de mes vagissements apeurés et me hisse même hors de la piscine, comme une chatte qui porterait son chaton par la peau du cou.

Jade s'en extrait à son tour et se dégage de l'étreinte de Jules, puis s'éloigne en direction de l'immense maison qu'elle a louée pour l'occasion.

La pauvre… Tourner la page n'est jamais facile après une rupture, mais dans son cas, la mission semble impossible.

— On ferait mieux de la suivre, marmonne Max en me poussant vers elle.

J'acquiesce lentement, trop honteuse pour articuler quoi que ce soit. Nous avons grandi ensemble : je l'ai soutenu dans ses traitements contre l'acné et il est devenu mon fournisseur officiel de tampons, à l'adolescence. Pourtant, je ne me suis jamais sentie aussi vulnérable qu'en cet instant.

Parce que, même si Maxence et moi prétendons le contraire, nous ne nous connaissons pas vraiment, tous les deux. Malgré tous les souvenirs que nous partageons, ses peurs et ses angoisses me restent toujours inconnues, et je ne lui ai jamais laissé entrevoir les miennes.

En serai-je capable un jour ? Rien n'est moins sûr…

Près de la véranda, Jade tire sur une nouvelle cigarette, plus nerveuse qu'elle ne voudrait le montrer. J'aimerais lui murmurer une parole réconfortante, mais je sais bien que rien de ce que je pourrai dire ne lui apportera ce dont elle a besoin : maintenir Jules à distance.

Alors je me contente de me tenir à côté d'elle, terrifiée et trempée jusqu'aux os.

— Il y a des serviettes dans la salle de bain, m'informe-t-elle en se détournant aussitôt. On se voit lundi.

C'est sa façon de m'obliger à prendre congé, c'est ça ?

— Je peux dire aux autres de rentrer, si tu veux, murmure Maxence en la retenant par le bras.

Attendez, attendez, ATTENDEZ. J'ai loupé un épisode ou quoi ?

J'ai beau me frotter les yeux encore et encore, rien n'y fait : un léger sourire s'esquisse sur les lèvres de Jade, qui dépose un baiser sur la joue de Max, *mon Max*, et le gratifie même d'un « merci ».

C'est un désastre. Un véritable désastre. Je ne l'ai *jamais* entendue remercier quelqu'un de sa vie.

Croyez-moi : si Jules n'était pas un connard de première catégorie, je me serais ruée vers lui pour l'embrasser à pleine bouche.

Aux grands maux, les grands remèdes, comme on dit !

Ou, dans ce cas précis, les grandes galoches.

— Je vais… je vais…

Replonger dans la piscine pour m'achever.

— La salle de bain ? propose Maxence en se dirigeant vers la terrasse.

La salle de bain, oui. L'endroit parfait pour pleurer toutes les larmes de mon corps sans être dérangée. Et faire le stock de serviettes, bien sûr.

♥♥♥

*Trente minutes et une cascade de sanglots plus tard, à l'arrière de la voiture de Max…*

— Tu n'es pas obligé de me ramener, tu sais. Je ne suis qu'à vingt minutes de chez Gérard, d'après Google Maps.

Je préférerais dévaler les escaliers de la mort avec un skate sans roues plutôt qu'encore me taper la honte devant lui ce soir.

— Il faut qu'on parle de Terrence Lockwood, annonce-t-il en ouvrant le coffre.

Je le regarde farfouiller dans les sacs posés devant lui avec un air de cachalot à moitié momifié.

Bien sûr. Comment ai-je pu croire un seul instant qu'il avait gobé l'explication fumeuse que je lui ai servie pour contrer l'aveu amoureux de Jules ?

— Dans ce cas, il faut qu'on parle de Jade, répliqué-je pourtant avec un aplomb qui me surprend moi-même.

Je dois m'y reprendre à deux fois pour y arriver, mais je me hisse sur la banquette afin de mieux étudier l'expression de Max.

Malheureusement, il reste impassible, même lorsqu'il se tourne vers moi pour marmonner :

— Quoi, Jade ?

— Vous avez passé toute la soirée ensemble, je me trompe ?

— Tu en as loupé les trois quarts… rétorque-t-il en haussant les épaules.

Oups ! Un point pour lui.

— Mais tu as bien conscience qu'elle est complètement dingue de toi, n'est-ce pas ?

Je me serais bien autocongratulée pour ma franchise miraculeuse, là, tout de suite, maintenant, si les joues de Maxence n'étaient pas devenues rouges comme des tomates et s'il n'avait pas eu le culot de me répondre :

— Pas particulièrement.

— Alors tu es un crétin.

— Alors je suis un crétin, admet-il en déboutonnant sa chemise. Mais un crétin qui t'a repêchée à deux centimètres du bord.

Zut. Deux points pour lui.

— Qu'est-ce que tu fabriques, au juste ?

L'intimidation par torse nu, c'est un stratagème digne des pires couvertures de romance, ça.

— Rien qui ne devrait te déranger, me flagelle-t-il en se détournant de moi.

Eh ! Qu'est-ce qu'il a, au juste ?

— Si Jade t'intéresse, tu peux me le dire, tu sais. Je ne le prendrai pas mal.

— Ce n'est pas mon genre de femme. D'humain en général, objecte-t-il, toujours de dos.

— Alors pourquoi tu lui donnes de l'espoir si tu…

— J'ai déjà une autre fille en vue, m'interrompt-il en pivotant vers moi.

Je reste coite.

— Le problème, c'est qu'elle en aime un autre.

— Ah. C'est embêtant.

— Très.

Je dois faire appel au peu de raison qu'il me reste pour garder mon sang-froid en lui demandant, les mains tremblantes et la voix chevrotante :

— À… à ce point ?

C'est la faute du froid, ça. Ça n'a absolument rien à voir avec mon appréhension croissante alors qu'il s'avance jusqu'à moi et déclare, à bout de nerfs :

— Oui. Il s'appelle Terrence Lockwood.

# 44

## Quatre chichis et un jean

— Te… Terrence Lockwood ?

J'ai beau bêler comme une chèvre en manque de pommes, voyons la vérité en face : je suis faite comme un rat.

J'aurais pu lancer à Max un commentaire sarcastique sur le fait que oui, effectivement, il m'avait « en vue », puisque je me trouve à moins de dix centimètres de lui, mais, manque de bol, je suis *justement* désarçonnée par notre proximité soudaine.

Et par la possibilité qu'il m'embrasse, aussi.

Surtout par ça, pour être honnête.

— Ne joue pas avec mes sentiments, Emy, susurre-t-il en plongeant ses beaux iris bleus dans les miens.

Plus sensuel, tu meurs.

Mais tout ce que je trouve à dire, telle la quiche que je suis, c'est :

— Je veux des chichis.

Il recule instantanément, comme frappé en plein cœur.

Nom d'une clarinette en steak ! Qu'est-ce qui ne va pas chez moi ? J'ai pourtant très envie de coller ma bouche contre la sienne jusqu'à ne plus pouvoir respirer, moi aussi, même si un baiser vient toujours avec son lot de gêne, de microbes et de salive.

— Attends ! m'écrié-je en rattrapant Maxence par le bras, pile là où Jade a posé sa main quelques minutes auparavant, irradiant mon corps d'une jalousie trop vile pour être ignorée plus longtemps.

Il s'arrête net, si vite, si brutalement que je lui écrase le pied.

— Aïe !

Zut.

Zut. Zut. Zut.

— Désolée !

— C'est… c'est pas grave.

— Ce que je voulais dire, c'est que…

Le regard qu'il pose sur moi, rempli de frustration et d'impatience, parachève ma mutation en tomate.

Une tomate-scrpillère, plus exactement, si l'on examine mes cheveux trempés même pas bien essorés et les gouttes d'eau chlorée qui s'échouent sur son jean gris.

*Ploc.*

— … j'ai envie de chichis, oui…

Il tente de réfréner un sourire, mais c'est trop tard. Il a compris que, pour une fois au moins, je vais rectifier mon erreur.

Et il a raison.

— … mais j'ai aussi envie de ça.

*Ploc. Ploc. Ploc.*

« Ça », c'est-à-dire lui rouler un patin, un sabot, un socque, une galoche tellement puissante que, dans ma hâte de l'embrasser, je me retrouve non pas à lui donner un baiser, mais… un coup de boule.

Comme Zidane, oui.

Le choc est tellement violent que nous sommes tous deux projetés en arrière, les fesses sur le bitume, totalement sonnés.

Totalement hilares, aussi.

La France a peut-être perdu la Coupe du monde en 2006 avec ce stratagème, mais Maxence et moi venons définitivement de gagner un fou rire.

Et d'éviter tout risque de mononucléose ; c'est important.

Pas plus que les chichis, mais tout de même.

J'ai à peine le temps de me remettre de mes émotions qu'une main surgit dans mon champ de vision. Je relève les yeux vers Max, sans comprendre.

— Viens, je vais t'acheter des *churros*.

Je ne sais pas s'il faut blâmer cette phrase ou les deux immenses fossettes qui creusent ses joues, mais on dirait que mon meilleur ami vient de trouver la formule magique pour que je le suive… sans chichi.

♥♥♥

*Une demi-heure plus tard, devant la boutique Landié…*

Trouvez-vous un mec qui vous achète un cornet de vingt *churros* sans sourciller. Sérieusement.

Vous me remercierez après.

— Je crois que je ne t'ai jamais vue aussi heureuse que maintenant, remarque timidement Max en m'observant gober mon cinquième chichi d'affilée.

— Je suis une femme comblée, opiné-je alors que nous entamons la descente du fronton de mer.

Direction : la plage.

Ses coquillages, ses sacs plastiques et son *spot* parfait pour un premier bisou.

Enfin, troisième, si l'on compte ma pirouette malencontreuse aux urgences et la tentative ratée de tout à l'heure.

Honnêtement, ça pourrait être pire.

Bleuenn m'aurait sûrement encouragée à me montrer plus entreprenante, en frôlant Maxence par accident, par exemple, ou en lui prenant la main, mais je suis maladroite et j'ai les doigts pleins de sucre, alors je me contente de serpenter à ses côtés entre le goémon et les châteaux de sable laissés à l'abandon.

Quand je suis avec lui, je ne pense plus à rien : ni aux réflexions de ma mère sur ma rupture avec Gabin, ni à mes sessions d'écriture manquées, ni aux menaces de Jade, qui m'aurait sans doute virée si je n'avais pas remis Jules à sa place – celle des ordures ménagères.

Je me sens bien. Juste bien. C'est donc ça, l'amour ?

Peut-être.

— Qu'est-ce que tu as ? s'inquiète Max en me voyant esquisser un autre sourire.

— Je suis contente, c'est tout… éludé-je en jetant mon dévolu sur un autre chichi.

— Si j'avais su qu'il suffisait de t'acheter des *churros* pour…

— Pour ?

Il secoue la tête, amusé par ma réaction. Aucun de nous ne veut finir ses phrases.

Par peur d'un énième accident, j'imagine.

— Pour ? insisté-je en lui donnant un léger coup de coude dans les côtes.

— Aïe !

Mince, c'était la rate.

— Pardon ! m'exclamé-je en me tournant aussitôt vers lui.

Malheureusement, mon cornet ne résiste pas à ce mouvement brusque, et tous les chichis volent dans les airs.

Il n'en faut pas plus pour attirer une meute de mouettes qui nous observaient depuis la jetée, l'œil vif et les palmes orangées.

— ATTENTION ! ATTAQUE DE MOUETTES ! hurlé-je en remontant à vitesse grand V la pente que nous venons à peine de dévaler.

Cette épreuve ne fait pas partie de *Pékin Express*, si ?

Je mets quelques secondes à m'apercevoir que Max ne m'a pas suivie : il est trop occupé à rassembler les chichis échoués sur le sable, au grand dam d'une énorme mouette sans bec prête à lui piquer le derrière avec ses pattes.

Nom d'un furoncle dépravé ! Comment ai-je pu le laisser seul face à l'équivalent ornithologique de Voldemort ?

— EH ! PAS TOUCHE, ESPÈCE DE VERMINE LYMPHATIQUE !

C'est de cette façon, grâce à mes cris d'otarie essoufflée et une série de gestes désordonnés dignes d'un moulin à vent cassé, que je sauve la vie de Max.

— Mer… merci, anhèle-t-il en tombant dans mes bras une fois la menace écartée.

Appelez-moi « Super-Emy » !

— T'inquiète, Gégé m'a appris à chasser les mouettes.

Je n'aurais jamais cru que l'une de ses anecdotes me servirait un jour.

— Gégé ? s'enquiert-il, perplexe.

Mon sourire ne fait que s'élargir davantage.

— Je te raconterai ça autour d'un plateau de sushis, d'accord ?

Il est grand temps que Max et moi planifiions un rencard digne de ce nom.

— D'accord, accepte-t-il en s'étalant sur le sol…

… pile sur une algue verte en décomposition.

Sur son torse toujours nu reposent quatre chichis ayant miraculeusement survécu à l'assaut des mouettes.

— C'est pour… lance-t-il nerveusement avant de s'interrompre.

Nous virons tous les deux au rouge ketchup, jusqu'à ce que je me décide à demander :

— Pour ?

— C'est pour toi, décrète-t-il finalement.

Et je jurerais que des papillons entament un combat de boxe dans mon ventre, là, tout de suite, maintenant.

# 45

# Les rêveries du promeneur (presque) solitaire

*Dix-sept jours plus tard, mardi 2 juillet 2024, dans la maison de Gérard…*

Est-ce que Max m'a embrassée, ou est-ce que j'ai complètement halluciné cette journée ?

Je commence sincèrement à me poser la question.

OK, il s'est levé d'un petit tas d'algues en décomposition pour se poster pile face à moi, a passé ses doigts pleins de sable dans mes cheveux encore humides avant de poser délicatement ses lèvres sur les miennes, mais POURQUOI NE M'A-T-IL PAS RAPPELÉE DEPUIS, NOM D'UN TRIANGLE SANS SOMMET ?

Ça fait exactement dix-sept jours qu'il m'a déposée devant la maison de Gérard avant de repartir sans mot dire. DIX-SEPT JOURS. Nous étions tous les deux lessivés, d'accord, mais je suis devenue désespérée au point d'établir des analogies avec les maths, vous vous rendez compte ?

C'EST UNE CATASTROPHE.

J'aurais pu le contacter moi-même, c'est vrai, mais j'étais débordée…

Si, si, vraiment.

Je n'ai fait qu'écrire, écrire et écrire pendant quinze jours. Je ne sais pas si c'est le baiser ou les trois promenades quotidiennes de Pépette et sa petite vessie qui m'ont tant inspirée, mais je n'ai jamais été aussi productive de ma vie.

Je peux remercier Jade pour ça, d'ailleurs. Quand Maxence et moi nous sommes éclipsés de sa pseudo-soirée d'anniversaire, Jules en a profité pour la courtiser et ils se sont remis ensemble.

Résultat : elle a décidé de me virer.

C'était soit Max, soit lui, je suppose. Moi ? Je ne lui étais utile que pour se rapprocher de mon meilleur ami, même si j'imagine que c'est le râteau que j'ai mis à son ancien/nouveau chéri qui a signé mon arrêt de mort.

J'aurais mieux fait de lui balancer une pelle en pleine tronche, tiens.

J'ai attendu un peu dans l'espoir que Jade revienne à nouveau sur sa décision, mais au bout de deux semaines, je commence à me faire une raison : il est grand temps que je m'inscrive au chômage.

Pour le moment, seule Bleuenn est au courant… et elle est plutôt énervée. Après avoir fustigé le manque de conscience féministe de mon ex-patronne, elle m'a assuré que mon avenir serait radieux, puis m'a engueulée pour avoir laissé le silence, la gêne et l'embarras s'installer durablement entre Maxence et moi.

J'ai haussé les épaules, blasée, et grignoté un paquet de 3D en matant un vieil épisode de *Jane The Virgin.* C'est cruel, mais j'aime voir les autres souffrir quand j'ai la sensation d'avoir touché le fond. Ça m'aide à remonter la pente.

Et ça explique aussi pourquoi j'ai déjà assassiné trois personnages dans mon roman…

Quoi ? Ils sont 100 % fictifs ! Je ne tue des gens que sur le papier, moi.

Meghan finira sûrement par être la seule survivante de *Mon cœur contre tes peurs*, mais l'histoire avance, au moins. J'arriverai peut-être même à la terminer avant la fin des inscriptions aux Wattys 2024.

Tout est possible, si je tiens le rythme… et si je parviens à réfréner mon imagination débridée.

J'ignore s'il faut mettre ça sur le compte de mon licenciement, du silence de Maxence, du *ghosting* de Gérard qui se dore la pilule en Tunisie ou de mon étrange propension à écrire, mais je suis ultra-inspirée.

Et quand je dis « ultra », c'est *trop*. J'ai dix nouvelles idées de livre par jour, et toujours aux pires moments : quand je viens d'éteindre mon portable pour aller me coucher, quand j'ai les mains pleines de liquide vaisselle, quand je suis aux toilettes… Chaque fois que mon corps prend l'ascendant sur le flux abondant de mes pensées.

Tenez ! C'est exactement ce qui se passe, là, tout de suite, maintenant ! Mon cerveau bouillonne tellement que je ne peux pas rester une minute de plus à l'intérieur. Il faut à tout prix que je sorte prendre l'air si je ne veux pas me liquéfier sur place sous l'effet du stress et de la nervosité.

Ma vie ne m'a jamais semblé aussi instable, aussi géniale, aussi périlleuse, aussi passionnante qu'en cet instant… et c'est ce qui la rend si épuisante.

Ni une ni deux, j'attrape mon ciré préféré – le orange citrouille doté d'une énorme capuche – et appelle Pépette, qui se précipite dans l'entrée.

Inutile de préciser qu'elle m'écrase les pieds une bonne demi-douzaine de fois en comprenant que je l'emmène se dégourdir les papattes. Elle est peut-être à moitié sourde et aveugle, mais son instinct est particulièrement développé, surtout lorsqu'il s'agit de flairer une nouvelle balade ou un steak surgelé.

Comme toujours, nous atterrissons sur la plage en contrebas de la maison. Je ne varie pas beaucoup l'itinéraire de nos promenades, mais Pépette aime avoir ses habitudes, comme moi. Ici, au moins, elle peut vagabonder à loisir sans se soucier de rien, à part se faire cramer en tentant de gober un marshmallow grillé. C'est un espace de liberté, pour elle… comme pour moi.

Faut-il pour autant considérer cette vieille golden retriever comme ma future ancêtre canine, si je venais à être réincarnée ?

Possible.

Mes lèvres se fendent d'un sourire. À deux pattes comme à quatre, ma vie tient plus du rêve que de la réalité, ces derniers temps. Tous les jours, je m'installe au bord du littoral pour faire le point sur mes attentes, mes doutes et mes quelques réussites, si bien que *Mon cœur contre tes peurs* devient autant un moteur qu'un ralentisseur. Mais mon introspection a beau durer, elle est nécessaire si j'espère repartir du bon pied.

L'écriture m'aide à amorcer ce virage à 180 °, même si elle ne me rapporte pas un centime et qu'il faudra bien que je songe à ma reconversion, à un moment ou un autre…

— Em' !

Je sursaute, surprise d'entendre une voix, *cette* voix. Rauque et paradoxalement criarde, qui m'agace déjà mais que j'aime pourtant.

Ma vue met quelques secondes à s'adapter à la silhouette qui me hèle à l'autre bout de la plage. Elle s'approche rapidement, comme si… comme si elle fuyait quelque chose.

Un tsunami ?

Une tempête de sable ?

Une mouette génétiquement modifiée avide de chichis et d'êtres humains ?

Ou pas. La silhouette ne fait que courir. Alors pourquoi mon rythme cardiaque s'accélère-t-il lorsqu'elle parvient enfin à ma hauteur ?

Est-ce parce que nos cœurs sont toujours connectés l'un à l'autre qu'elle m'est aussi familière ? Ou parce qu'il s'agit de…

# 46

# Deux petites tongs sur le sable mouillé

Gabin. C'est Gabin.

C'est plutôt logique, quand on y pense : il n'y a que *lui* pour faire son jogging sur la plage un mardi soir, alors qu'un orage menace d'éclater à tout instant.

Que lui *et moi*, sauf que je ne cours pas.

Il pique un sprint dans ma direction, le sourire aux lèvres. J'hésite à enfoncer ma tête dans le sable comme une autruche, mais ce ne serait pas juste pour Pépette. Tout ce qu'elle voulait, elle, c'était se balader *tranquilou bilou*, la truffe à l'air et des croquettes plein le ventre.

Ni elle ni moi n'aurions pu savoir que mon *débilos* d'ex allait m'apostropher comme une biscotte mal beurrée !

— Em' ! Aaaaaattends-moi ! hurle-t-il de plus belle.

Je n'ai pourtant pas bougé d'un iota.

Après quelques efforts supplémentaires, mon ancien petit ami se poste face à moi, fier comme un coq déplumé. J'ignore si c'est parce qu'il est essoufflé ou juste incroyablement stupide qu'il prend la liberté de poser sa main sur mon épaule, mais je m'écarte avec un dégoût à peine dissimulé.

Il me prend pour quoi, au juste ? Un arbre ? Le poteau contre lequel il vient de pisser ?

— Pourquoi tu m'as pas envoyé de message, ces derniers jours ? ânonne-t-il en projetant une pluie de postillons sur mon visage. Je commençais à m'inquiéter !

— C'est-à-dire que…

Qu'est-ce que je suis censée répondre à ça, moi ? Nous sommes ex !

Alors que le stress commence à monter et que de grosses gouttes de sueur dégoulinent le long de ma nuque, Pépette m'offre une distraction bienvenue : *prout…*

Après son coup d'éclat, elle lève la tête et me sourit innocemment.

Est-ce qu'un chien peut sourire, au moins ? Je n'en ai pas la moindre idée. Ce qui est sûr, c'est qu'à partir de maintenant, Pépette occupera toujours une place particulière dans mon cœur.

— J'étais occupée, comme tu peux le constater…

— Ouais, je vois ça. Il est à toi, ce clébard ? interroge Gabin, au comble de l'embarras.

— Pas exactement. Je suis sa *pet-sitteuse* ! annoncé-je avec fierté.

Vu le regard qu'il me lance, je me sens obligée de préciser :

— C'est comme une *baby-sitteuse*, mais pour animaux. Je m'occupe aussi d'un chat…

Chat que j'ai paumé dès mon arrivée et qui n'a presque pas donné signe de vie depuis.

— J'ai pigé ! m'interrompt Gab', qui ne souhaite manifestement pas en savoir plus sur mon occupation estivale. Ça va, toi, sinon ?

— Moi ? Très bien ! À merveille, même !

Surtout depuis que tu as débarrassé le plancher, étonnamment.

Métaphoriquement parlant, bien sûr. Concrètement, c'est moi qui ai déménagé.

— Et toi, comment ça gaze ? me forcé-je à ajouter.

Peu importe ce que Gabin avait en tête en me posant cette question, ce n'était définitivement pas la réponse qu'il attendait.

— Euh… bien ? Je n'ai pas eu à racheter de petites cuillères depuis que tu es partie.

— Tu as dû faire de sacrées économies !

Il faudra que j'investisse dans un nouveau set de couverts avant le retour du vieux Schtroumpf, d'ailleurs…

— Ça me manque, déclare mon ex, comme ça, de but en blanc. *Tu* me manques.

Nom d'un criquet enfariné ! Pourquoi ce genre de situation se produit-elle toujours au moment où je m'y attends le moins ? Il faut que je trouve de quoi faire diversion, ET VITE !

Je pourrais écraser son pied, ou lui jeter un tas d'algues à la figure… C'est pas mal, les algues : c'est biodégradable, et ça aurait le mérite de lui rafraîchir la mémoire.

— Em' ? Tu as entendu ce que je viens de dire ? minaude-t-il en penchant dangereusement la tête vers moi.

DIVERSION, MAINTENANT !

— Oh, une mouette ! beuglé-je en pointant ma sauveuse du doigt.

Gab' me fixe toujours intensément, comme si je n'avais pas ouvert la bouche pour balancer la première connerie venue.

Il fait peur, là. Au moins autant que Gérard la fois où je l'ai pris pour un tueur en série.

— Regarde ! Elle s'en va !

Il pivote de quelques centimètres pour observer l'oiseau s'envoler, tout en veillant à garder un œil sur moi au cas où je compterais faire de même.

Zut. J'avais oublié à quel point il me connaissait bien.

— Ce n'est pas une mouette, c'est un goéland.

— Ah.

Donc les mouettes qui nous ont attaqués l'autre jour, Maxence et moi, n'étaient pas des mouettes… mais des goélands ?

— Et tu n'as toujours pas répondu à ma question.

La panique afflue dans mon sang, tabasse mes neurones ensommeillés et s'infiltre entre mes lèvres pour meugler à ma place :

— Hein ? Que ? Quoi ? Quiche ?

— Tu as entendu ce que j'ai dit ? répète-t-il docilement.

DI-VER-SION.

— Ah ! C'est drôle, parce que j'ai justement un rendez-vous d'urgence avec mon ORL qui est prévu pour… là, tout de suite, maintenant. Je commence à devenir *bouzarde*[22] !

Je m'empresse de partir avant que Gabin ne songe à me retenir, mais ce pot de colle sur pattes a manifestement autre chose en tête :

— C'est pas grave, on pourra se voir à un autre moment. Tu viens au tournoi, dimanche ?

Au « tournoi » ? Au tournoi de foot ? Il me prend pour une taupe narcoleptique ou quoi ?

— Tu n'as qu'à demander à Arielle, tancé-je sarcastiquement.

— On n'est pas ensemble, réplique-t-il gravement. On ne l'a jamais été.

— Et le palot que tu lui as roulé dans ton salon, alors, c'était quoi ?

— Une erreur, insiste-t-il en battant des cils. Une terrible erreur.

Ça me donnerait presque envie de le croire.

---

22. « Sourde », en breton.

*Presque.*

— Parce que tu penses que ça change quelque chose, peut-être ? Le mal est fait, décrété-je, plus amère que je n'espérais le montrer.

Gab' reste pantois un instant, le temps pour mon cerveau de concocter une nouvelle idée de génie histoire d'enfoncer le clou :

— On peut se voir… euh… pas la semaine prochaine, mais celle d'après, si tu veux ? Je suis libre.

AH, NON. Ça, c'était ce que je ne voulais PAS dire. Pas l'inverse.

Zut. Comment je vais faire pour arranger ça ?

— Parfait ! gazouille-t-il, plus heureux que la fois où le SB29 a battu l'EAG 3-0.

C'était un match amical et il date de 2012, mais tout de même… Je mentirais si je prétendais que ça ne me touche pas un peu.

— Une crêperie, ça te dit ? propose-t-il avec enthousiasme. Je passe te prendre chez tes parents ?

Bravo, Emy. Tu t'es – *encore* – mise dans de beaux draps !

— Pas la peine, non. On n'a qu'à se rejoindre directement là-bas. Je loge chez un ami, ces temps-ci. Un TRÈS bon ami… qui est parti en vacances… sans moi.

Je sens les larmes me monter aux yeux. Pépette doit percevoir ma détresse, car elle se frotte contre mes jambes pour me consoler.

Ou pour faire barrage à Gabin, je ne sais pas.

Les deux se justifient.

— Je réserverai une table pour deux, alors. 20 h, jeudi, c'est bon pour toi ?

— Ça roule ! confirmé-je en m'efforçant d'ignorer le fait que mon ex m'invite à manger au restau de notre tout premier rencard.

Et celui où il m'a proposé d'emménager avec lui, un an plus tôt.

— Super ! J'ai hâte ! s'extasie-t-il avant de reprendre son footing improvisé.

Ce n'est qu'en l'observant s'éloigner que je remarque qu'il porte des tongs.

DES TONGS.

POUR COURIR.

DANS LE SABLE.

Autrement dit : il m'a prise pour un lapin de deux semaines et demie – c'est comme un lapin de trois semaines, mais en encore moins dégourdi –, en prétendant qu'il passait par là alors que son itinéraire a probablement été planifié de concert avec ma mère.

— Oh, Gabin… si seulement tu pouvais te faire foudroyer… marmotté-je en rebroussant chemin à mon tour.

Mais en attendant qu'un tel miracle se produise, j'ai plutôt intérêt à chercher une excuse pour décliner son invitation. Et rappeler Max, aussi.

Rappeler Max, ce serait bien.

# 47

# Mon ex, ce boulet

*Deux jours plus tard, jeudi 4 juillet 2024…*

OK, j'ai craqué. Depuis le soir fatidique où j'ai croisé Gabin, je n'ai rien fait.

*Rien.*

C'est comme si… comme s'il m'avait contaminée. Ça fait quarante-huit heures que je me suis à nouveau transformée en larvabée pas fichue de prendre sa vie en main, comme Cendrillon après l'intervention de sa Marraine la bonne fée. Je n'ai pas écrit une ligne de *Mon cœur contre tes peurs* alors que l'inscription aux Wattys s'achève à la fin du mois, je n'ai pas passé une seconde à réfléchir à mon avenir professionnel et je me suis contentée de lâcher Pépette au fond du jardin.

En gros : c'est la déprime.

Je pense souffrir du syndrome du cœur brisé, comme si je m'étais vidée de toute inspiration à la simple vue de Gabin, mais Blue croit que j'ai surtout la flémingite aiguë.

J'en ai eu les premiers symptômes mardi, quand j'ai zoné toute la soirée sur le canapé, le téléphone à la main, à attendre un quelconque signe de vie de Maxence.

Je me suis résolue à monter me coucher à 2 h du matin, au moment où Eliott Scott a posté un nouveau chapitre d'*If Gloria Brooks-Smith was still alive*. J'étais la première lectrice à laisser des commentaires, et il a même répondu à l'un d'entre eux avec un émoji 😘.

Impossible ne pas faire de beaux rêves après ça !

Sans son intervention fortuite, j'aurais sûrement passé la nuit à remettre l'intégralité de ma vie en question. Alors que j'étais persuadée d'avoir enfin réussi à aller de l'avant, voilà que mes retrouvailles avec mon ex, aggravées par mes réactions bizarres et franchement déconcertantes, ont suffi à réduire tous mes efforts à néant… Ça, plus le licenciement, c'est un peu dur à digérer.

Tout ce qu'il me faut, pourtant, c'est du courage. Ou une fiole de *felix felicis*.

Ça ne devrait pas être difficile à trouver, si ?

— Ce que je ne pige pas, c'est pourquoi tu ne lui donnes pas sa chance ! aboie Bleuenn à l'autre bout du fil.

Elle s'est inquiétée de savoir si j'étais toujours en vie en constatant que j'avais cessé de partager mon avancée d'écriture quotidienne avec elle. Je lui ai avoué que Maxence ne m'avait toujours pas contactée, même si ça n'avait strictement aucun rapport, et elle m'a appelée dans la foulée.

— Tu devrais lui envoyer un message, poursuit-elle, au lieu de poireauter comme une abrutie ! Kilian l'a bien compris, lui.

Kilian, son ex, qu'elle présente le plus souvent comme un « pot de colle ambulant ». Ça fait huit ans qu'ils ont rompu, mais il espère toujours pouvoir recoller les morceaux, le pauvre…

Je crains parfois de devenir comme lui, avec Gabin.

— Je ne sais pas, Blue… Je pense à Max, oui, mais le désir que je ressens à son égard est purement physique, et a toujours été lié à Gab', que je le veuille ou non…

— AH, NON, EMY ! NE ME DIS PAS QUE TU ES ENCORE AMOUREUSE DE CE BOULET.

Je déglutis avec difficulté.

— Non ! Bien sûr que non ! Je me suis construite en tant qu'adulte auprès de lui, c'est tout, et je n'ai jamais vraiment été célibataire. On est quand même sortis ensemble pendant six ans… Je ne suis pas sûre d'être prête à revivre ça. Pas tout de suite, du moins. J'ai besoin de me concentrer sur autre chose que ma vie amoureuse, même si ça ne m'empêche pas d'être attirée par Maxence…

Je m'interromps de moi-même, à bout de souffle. Je n'avais pas pris conscience de tout ça avant de le dire à voix haute.

— Je comprends, admet-elle, mais j'ai envie que tu sois heureuse, moi.

— Je peux être très heureuse toute seule, tu sais… avancé-je prudemment.

— C'est vrai. Et tu n'as surtout pas besoin d'un boulet à tes pieds ! renchérit-elle d'un ton menaçant.

Un rire m'échappe. C'est exactement la raison pour laquelle Bleuenn est ma meilleure amie : elle parvient toujours à dédramatiser les situations… même les plus dramatiques.

Alors que je m'apprête à répliquer, mon téléphone émet un son étrange que je mets plusieurs secondes à identifier.

— Attends, j'ai… un double appel ?

UN DOUBLE APPEL ! Ça ne m'arrive jamais !

*Deux* personnes s'intéressent à moi au même moment. Serait-ce le début de ma vie sociale ?

— IL FAUT QUE JE RACCROCHE, BLUE ! BONNE SOIRÉE !

Elle a à peine le temps de comprendre ce qui se passe avant que je n'appuie sur l'icône rouge… et me rende compte que je ne connais absolument pas le numéro qui s'affiche à l'écran.

Un rapide coup d'œil à l'horloge accrochée au-dessus de la télé m'indique qu'il est presque 17 h.

Mouais… Ça pue le démarchage téléphonique.

Vu le bol que j'ai, ça doit être Finistère Fenêtres. Depuis que j'ai répondu à leur premier appel il y a trois mois, ils n'arrêtent pas de me harceler. J'ai beau bloquer tous leurs numéros, rien n'y fait : ils trouvent toujours un moyen de me contacter.

Ne vous étonnez pas si on me découvre ensevelie sous des tonnes de lettres expédiées par des chouettes magiques !

Résignée, j'accueille mon interlocuteur d'un magnifique :

— Allez vous faire foutre !

Voilà ce qui arrive quand on passe deux heures au téléphone avec Bleuenn.

Ça n'aurait pas été si dérangeant, si la personne qui venait de m'appeler était *effectivement* un agent de Finistère Fenêtres. Le hic, c'est que la voix qui me répond paraît trop lisse pour que je l'associe plus longtemps à celle d'un télémarketeur :

— Émilie ?

# 48

# Le vieux Schtroumpf en vacances

— Gé… Gérard ?

Je suis émue, je l'avoue : c'est la deuxième fois qu'il m'appelle par mon prénom.

— T'as des ennuis, mistinguette ?

— Non, non ! Tout va bien ! m'écrié-je malgré les pleurs qui obstruent déjà ma vue.

Ça ne fait que quelques semaines qu'il est parti, et je ne me suis toujours pas habituée à son absence.

— J'espère qu'Minette et Pépette t'font pas trop la misère…

— Ab-so-lu-ment pas ! Elles sont adorables, surtout Pépette. Minette est juste… euh… Minette. Elle disparaît de temps à autre, mais elle continue de manger ses croquettes, donc c'est positif, je suppose.

Bravo, Emy ! Tu ne pouvais pas faire plus inquiétant, comme discours ? Autant lui dire que son chat a bouffé de la mort-aux-rats, tant que tu y es ! Je serais Gégé, je prendrais le premier vol pour foutre dehors la squatteuse pas fichue de s'occuper de mes animaux.

C'est moi, la squatteuse.

Heureusement, je ne suis *pas* Gégé. Avec un peu de chance, je pourrai conserver mon toit quelques jours de plus.

— C'est bien, c'est bien. Ça m'rassure d'entendre ça.

À mes pieds, Pépette est surexcitée. Gérard lui a manqué à elle aussi.

— Et vous, alors ? Vous passez de bonnes vacances ? C'est comment, la Tunisie ?

— Doucement, ma p'tite dame ! J'ai plus vingt ans, moi. J'peux pas répondre à dix questions à la fois !

— Mais je ne vous en ai posé que trois…

— Trois, dix… c'est pareil. Écoute, faut qu'j'te cause d'un truc : j'me suis fait un copain, là-bas. Yassine, qu'y s'appelle. C'est un pro d'la bicyclette ! Y m'a proposé d'rester chez lui un mois d'plus, alors j'ai accepté. Ça t'embête pas, hein ? J'sais qu'c'est pas toujours facile de s'occuper d'ma Pépette.

Cette fois, plus rien ne peut retenir mes larmes. Ça ne m'ennuie pas, de garder les animaux du vieux schnock. Non, pas du tout. Mais attendre trente-et-un jours de plus pour le retrouver, ça, c'est mission impossible. Ma vie était tellement plus simple quand il était là !

Pourtant, mon acolyte passe visiblement du bon temps en Tunisie. Ce serait égoïste de ma part de l'obliger à rentrer plus tôt. Il a le droit d'être heureux, lui aussi.

— Aucun problème ! Pépette et moi sommes devenues les meilleures amies du monde depuis votre départ.

Ça, c'est vrai.

— Et je m'en sors très bien, jusqu'à présent. Vous n'avez aucun souci à vous faire !

Ça, en revanche, c'est un peu moins vrai.

— Faites attention à vous, c'est tout. Vous ne prévoyez pas de faire du vélo avec Yassine, tout de même ? C'est peut-être un pro, mais vous…

Ce n'est pas tellement son âge qui m'inquiète, mais plutôt son respect approximatif du code de la route… s'il en possède réellement un.

— Quoi ? T'as cru qu'j'allais faire trempette tout l'été ? J'ai pas investi dans un casque pour rien !

Je crains le pire…

— C'est parce que vous étiez trop occupé à vous entraîner pour le tour de Tunisie que vous ne m'avez pas appelée ? m'enquiers-je innocemment.

Il aurait pu être kidnappé par des mafieux siciliens en voyage à Tunis, ou pire : accepter de déménager à plusieurs milliers de kilomètres de Crozon.

— Bah oui, *beuzelenn*[23] ! J'suis en *digital* toc-toc, j'réponds qu'aux cartes postales.

— Comment j'étais censée le savoir ? Vous ne m'avez rien dit !

— Si ! J'ai tout noté sur l'frigo !

Ah. C'est donc à moi qu'est destiné le fameux Post-it « Coordonnées ». Comme Gérard y avait inscrit « Regarder *Demain nous appartient* », je pensais que l'adresse indiquée était celle de son urologue.

Il trouve toujours un moyen de lier ces deux thématiques pourtant opposées. C'est presque un talent caché, à ce stade.

— Au fait, j'suis allé sur ton site, là, poursuit-il, d'humeur bavarde. Comment qu'y s'appelle, déjà ? Wattipad ?

— *Wattpad* ! m'exclamé-je en m'efforçant de retenir mon fou rire.

Ce n'est pas le moment de le vexer.

— C'est joli, c'que t'écris. J'ai pas d'5G et le code Wi-Fi est tapé trop p'tit pour qu'j'arrive à l'zieuter, alors j'peux pas commenter, mais j'kiffe grave, comme disent les d'jeuns. Faut qu'tu continues, mistinguette ! Et j'veux ma

23. « Bouse de vache », en breton.

dédicace au début du livre, hein ! Pourquoi t'as pas encore mis mon nom ?

— C'est-à-dire que…

— *Gast* ! Faut que j'te laisse, mam'zelle. On m'attend pour l'apéro !

Après quelques secondes de flottement, je parviens à articuler quelques mots :

— Merci, Gérard. Ça me touche beaucoup. J'ajouterai un petit mot à votre attention dans *Mon cœur contre tes peurs*. Vous revenez quand, exactement ?

Trop tard. Il a raccroché.

Après tout, le vieux Schtroumpf a un tour de Tunisie à préparer.

# 49

# Où est la ciboulette ?

*Deux semaines plus tard, jeudi 18 juillet 2024, dans la maison de Gérard...*

Ça y est : j'ai inscrit *Mon cœur contre tes peurs* aux Wattys.

Après les encouragements de Gégé et les rappels quotidiens de Bleuenn, je me suis remise à écrire et j'ai multiplié les meurtres.

Enfin, *Meghan* a multiplié les meurtres.

Moi, je n'ai fait qu'enchaîner les chapitres en m'efforçant d'ignorer le silence radio de Maxence.

C'est sa faute si les trois quarts des personnages du roman sont morts dans d'atroces souffrances. À commencer par John, un guitariste même pas fichu d'aligner trois accords d'affilée – Meghan l'a étranglé avec la dernière corde de sa gratte.

Maintenant, j'ai du mal à croire que l'intégralité de mon histoire est postée sur Wattpad.

Peu importe l'issue du concours, c'est déjà une belle victoire pour moi. Plus que tout ce que je me suis toujours autorisée à espérer.

C'est vrai, quoi : la Emy que Jean Le Guen a pris un malin plaisir à fustiger n'en aurait jamais été capable, elle !

Pour fêter ça, j'ai organisé une fête. J'ai invité Pépette, et Minette aussi – si elle veut bien nous honorer de sa présence. Au programme : croquettes et séries télé.

Malheureusement, j'ai à peine le temps de lancer le premier épisode de *The Vampire Diaries* que mon téléphone se met à vibrer.

Trois fois.

Je presse le bouton *off* pour l'éteindre, mais le numéro de Gabin s'affiche à l'écran.

Qu'est-ce qu'il me veut, celui-là ? Il a intérêt à avoir une bonne excuse pour m'appeler, comme… je ne sais pas, moi… être mort ?

D'accord, ce serait compliqué, mais on ne sait jamais. Les revenants existent !

— Salut, Gab', soupiré-je, profondément agacée. Qu'est-ce qui…

— T'es où, là ? me coupe-t-il, furieux.

Furieux *contre moi.*

— Bah… où tu voudrais que je sois ?

Je me trouve exactement là où je devrais être, pourtant : sur le canapé, dans mon pyjama préféré, avec Pépette à mes pieds.

— Devant le restau ! s'indigne-t-il.

— Devant le rest…

NOM D'UN PAMPLEMOUSSE MAL PRESSÉ.

— Ça fait une demi-heure que je t'attends !

Quelle quiche ! J'ai oublié d'annuler notre rencard ! J'en ai parlé avec Bleuenn, Gérard m'a recontactée, et *pouf* ! J'étais tellement occupée à écrire que j'ai zappé de prévenir Gabin.

Je n'ai absolument pas pensé à lui ces deux dernières semaines, en fait.

— Oh, Gab', je suis désolée ! Je comptais te téléphoner, mais ça m'est sorti de la tête.

— Pourquoi ? T'as un truc de prévu, ce soir ? demande-t-il en s'efforçant vainement de cacher la pointe de déception dans sa voix.

C'est moi, ou il tient réellement à ce dîner ? Je n'aurais peut-être pas dû lui faire faux bond… même inconsciemment. Nous avons eu nos différends, oui, mais six ans de relation, ce n'est pas rien…

Sans compter que ma mère va me tuer quand elle l'apprendra.

— Em' ? T'es toujours là ?

— Je ne sais pas comment réagir…

Je me sens étrangement coupable, en vérité : je lui ai posé un lapin, ce qui n'est absolument pas recommandé pour mon karma, tout ça alors que je viens à peine de compléter le formulaire d'inscription aux Wattys. Je sais bien que *Mon cœur contre tes peurs* a très peu de chances d'être sélectionné, mais… ce serait dommage de ruiner tous les efforts que j'ai entrepris ces dernières semaines par orgueil ou rancœur mal dissimulés.

Zut. Il va me falloir réaliser deux bonnes actions d'ici la fin de la journée pour compenser ça.

— On… on annule, alors ? rumine mon ex.

Sa voix se brise sur les derniers mots, et mon cœur se serre lorsque je perçois l'écho de son soupir.

Nom d'une tondeuse sans gazon ! Blue me tuerait si elle m'entendait dire ça, mais je n'ai pas envie de laisser Gabin dans un quelconque état de détresse, même illusoire.

Et puis, j'ai quelque chose à fêter, non ?

— Gab' ?

— Oui ?

— Tu peux venir chez moi, si tu veux. Enfin, chez Gérard.

— Gérard ? s'étonne-t-il, mi-confus, mi-ravi.

— Je loge chez lui pendant les vacances. C'est le très bon ami dont je t'ai parlé, l'autre jour. Je t'envoie les coordonnées sur Messenger.

Et une bonne action, une !

— Ça roule ! s'exclame-t-il à l'autre bout du fil, plus heureux que jamais.

Ce n'est qu'en jetant un coup d'œil à mes vêtements – un amas de loques trouées – que je commence à réaliser mon erreur. Non seulement je viens d'inviter mon ancien petit ami chez moi, mais en plus, je ne ressemble à rien.

Et encore, « rien » est un euphémisme. Même le néant a plus de charme que moi.

— Euh… dans combien de temps tu seras là ?

— Cinq minutes devraient suffire, établit-il après quelques secondes. Pourquoi ?

— Ne te presse pas, surtout ! Tu… tu peux rester dormir ici, si tu veux. Tu n'as qu'à passer prendre des affaires à la maison… TA maison.

Mais qu'est-ce que je traficote, encore ? Tout se passe pourtant très bien, depuis que Gabin est sorti de ma vie. Pourquoi faut-il que je m'évertue à l'y faire revenir ? Ce n'est pas compliqué de dire non.

Si ?

— Tu es sûre ?

— Moui ? murmuré-je du bout des lèvres.

Et je raccroche, bien plus incertaine que je ne l'ai été ces dernières semaines.

Si : c'est compliqué de dire non.

Je peux me traiter d'asticot pourri mangeur de rats, là. Et si je fais quoi que ce soit qui laisse entendre à Gab' qu'il a encore une chance avec moi, promis, je lui ordonne de m'assommer avec un balai à chiottes.

♥♥♥

*Une demi-heure plus tard...*

— C'est quoi cette odeur ? s'indigne Gabin à peine deux secondes après que j'ai ouvert la porte à la volée.

Ce qu'il ignore, c'est que j'ai passé toute la journée en pyjama, à comater sur le sofa à côté d'un paquet de gâteaux rancis. Je ne me suis activée que quand j'ai compris qu'il allait débarquer, là, tout de suite, maintenant. Ma mission de sauvetage d'image n'incluant pas de douche express – j'ai privilégié le double brossage de dents –, je n'ai rien pu faire d'autre que m'asperger du premier parfum venu.

L'eau de Cologne de Gérard, en l'occurrence.

Je croyais sincèrement que cette fragrance suffirait à camoufler le léger fumet de transpiration qui ne me quitte plus depuis deux semaines, sans imaginer que :

— Ça sent le mec.

Je manque de m'étouffer avec ma propre salive.

— LE QUOI ?

Rectification : *je m'étouffe* avec ma propre salive.

— Ça va ? panique Gab' en se précipitant vers moi.

Il est stupide ou il le fait exprès ?

— Non, ça ne va pas ! Je m'étouffe avec ma propre salive, Gabin ! MA PROPRE SALIVE !

— Tu... tu veux que je te tape dans le dos ?

Il doit prendre mon regard noir pour un « oui », parce qu'il commence à frapper mes omoplates.

Manque de bol pour lui, c'était un « non ».

— *Argh... argh...*

Alors que je me demande pourquoi mon imbécile d'ex-petit ami ne se décide pas à appeler les pompiers, mon souffle se débloque enfin.

Nom d'une croûte de verrue, je peux enfin respirer ! Gabin n'y est pour strictement rien, mais tant pis : l'important, c'est que je sois toujours en vie.

— Merde, Em' ! Tu m'as foutu la trouille ! s'exclame-t-il en entrant. Au fait, bonjour.

Il se penche vers moi sans prévenir et colle sa joue contre la mienne. C'est la première fois que nous sommes aussi proches depuis la rupture. Il n'était pas obligé de me faire la bise, mais c'était encore moins nécessaire d'y ajouter un supplément bave !

— C'est stylé, ici ! s'extasie-t-il sans faire cas de ce contact plus intime que je ne l'aurais souhaité.

Je le suis prudemment jusqu'à la cuisine, où il entreprend une inspection minutieuse des herbes et épices de Gérard.

— Ail semoule, basilic, herbes de Provence, paprika, curry, curcuma…

C'était une mauvaise idée.

— Où est la ciboulette ?

Une TRÈS mauvaise idée.

Ce n'est pas pour rien que « ciboulette » comporte le mot « boulet ».

— Elle doit être… lancé-je nerveusement en ouvrant la porte du premier placard venu.

Mais je m'interromps net en apercevant une inquiétante silhouette à travers la fenêtre.

Horrible, terrifiante. Une pure vision d'épouvante, vraiment.

Maxence, une boîte de sushis entre les mains, les yeux rivés sur Gabin et moi.

# 50

# Il était une fois deux cœurs brisés

Le regard que j'échange avec Gab' est plus parlant que n'importe quel aveu amoureux.

Il hurle : « Qu'est-ce que tu fiches encore là, espèce de chimpanzé desséché ? »

Il crie : « Pousse-toi, je dois me précipiter vers Max pour le rattraper ! »

Il chuchote : « Tu vois ? Je ne t'aime plus. »

Pourtant, mon ex ne s'écarte pas. Il reste parfaitement stoïque, incapable de donner du sens à la scène qui se joue là, devant lui…

Devant lui, mais *sans lui*, si bien que j'hésite une seconde à le laisser seul.

Une, pas deux.

Nous ne sommes plus rien l'un pour l'autre, désormais.

Sans plus tergiverser, je me rue vers l'entrée, croisant tous mes orteils pour dissiper ce malencontreux malentendu. Tant pis si je brise le cœur de Gabin dans l'intervalle.

C'est lui ou Maxence.

Et, dorénavant, ce sera Maxence. Ce sera forcément…

— MAAAAAAX !

Nom d'un pois chiche géant ! Je le vois déjà s'éclipser à l'autre bout du jardin, l'âme en peine, la patte traînante.

Non. Non, non, non. Je refuse. Ça fait trop de cœurs brisés pour une seule journée.

— MAAAAAAAAAX !

Toujours rien. C'est à croire qu'il est devenu sourd en me voyant avec Gabin.

— JE NE L'AIME PAS ! beuglé-je à nouveau. PAS DU… BEURK !

Je n'ai même pas le temps d'achever mes dénégations que mon pied s'enfonce dans… une crotte de chien.

— AAAAAAH !

Note à moi-même : troquer mes Crocs contre une paire de chaussures lors de la prochaine course-poursuite nocturne contre mon *crush*.

Promener Pépette, aussi, histoire d'éviter de fouler d'autres cacas tout mous.

— Emy ?

Je relève la tête, ébaubie. Maxence s'est retourné et m'observe avec une inquiétude non dissimulée, comme si je m'étais cassé la jambe ou le périnée.

Là, tout de suite, maintenant, j'ai l'impression de me retrouver dans le final d'une comédie romantique, malgré mon talon enlisé dans la coulante d'un vieux toutou qui a manifestement la diarrhée.

— Max ?

Son air encourageant me rassure. Qui sait ? La légende dit peut-être vrai ? Marcher dans une bouse porte bonheur.

Mais lorsque je clopine jusqu'à lui, son sourire à peine esquissé se fane sur ses lèvres, et il se retourne sans mot dire.

— MAAAAAAAAAX !

Si ni Gabin ni une crotte de chien ne m'ont arrêtée, ce n'est pas cette déception soudaine et parfaitement injustifiée qui va me stopper.

— Je suis désolé, lance-t-il en ouvrant la portière de sa voiture. Je pensais vraiment que vous étiez…

— SÉPARÉS ! Gabin n'est rien de plus que mon ex, je te le jure. Mon ex un peu pot de colle et boulet sur les bords, oui, mais… c'est mon ex, achevé-je en parvenant enfin à sa hauteur.

Je serais restée avec lui, s'il ne m'insupportait pas 70 % du temps.

Maxence ne semble pas pour autant convaincu et amorce un mouvement en direction du siège conducteur. Je me raccroche désespérément à son bras, mais, dans ma hâte de le retenir, le plateau de sushis qu'il tient dans sa main droite effectue un vol plané… jusqu'à ce que sa main gauche le réceptionne.

— Nom d'un gingembre vérolé ! m'exclamé-je, émerveillée. C'est exactement pour ça que je t'aime.

— Que tu quoi ?

— Que je…

Il me scrute avec appréhension, tandis que je me hisse jusqu'à lui et susurre, plus gênée que je ne l'ai été de ma vie entière :

— Que je t'aime.

Un rai de lumière éclaire aussitôt son visage triste.

Oui, même s'il fait nuit, que le lampadaire le plus proche est à une quinzaine de mètres et que le ciel est trop nuageux pour que les rayons de la lune percent à travers la pollution atmosphérique.

Ses yeux bleus pétillent et ses joues se colorent de rouge, reflets discrets de mon embarras.

— Quand je vous ai aperçus, à la fenêtre, j'ai cru que vous alliez vous embrasser… confesse-t-il timidement en inclinant la tête vers moi.

— Ça ne risque pas ! objecté-je, faussement scandalisée. Pépette n'aurait jamais laissé faire Gabin, et moi non plus.

— D'accord, admet-il avec un demi-sourire.

— Tu me crois ?

— J'essaie, promet-il en humant mon parfum.

Enfin, celui de Gérard, techniquement.

— Et si ce n'était pas lui, mais *toi* que j'embrassais, ça accréditerait cette théorie ?

Parce que j'ai très envie qu'elle se vérifie, là, tout de suite, maintenant.

— Tout dépend. Tu ne me donneras pas de coup de boule, cette fois ?

Je me retiens d'éclater de rire au souvenir de notre dernière virée.

— J'essaierai, murmuré-je en approchant lentement, très lentement mes lèvres des siennes.

Trop, à son goût, car il laisse tomber le plateau au sol et s'empare de mon visage pour me rouler la plus grosse pelle de ma vie.

Tant pis pour les sushis.

Tant pis pour mon pied embourbé.

Tant pis pour la retenue censée caractériser les premiers baisers.

Tant pis pour Gabin qui nous observe à coup sûr depuis la porte d'entrée.

— Les… les makis… soufflé-je lorsqu'il se détache de moi.

Vite, trop vite.

— Ils peuvent attendre encore quelques secondes avant d'être dévorés, argue-t-il, insolent au possible.

— Mais moi, non.

Je m'efforce de contrôler l'incendie qui embrase mes joues, en vain.

— Mais toi, non.

Son sourire s'élargit tandis qu'il se baisse pour ramasser le plateau, puis s'esclaffe près de ma cheville.

OH, NON.

PAS LA CROTTE DE PÉPETTE !

PAS APRÈS CE MOMENT PARFAIT.

— Tu sais ce qu'on dit ? lance-t-il en désignant ma Crocs fientée.

Ça fout carrément la honte.

— Ça porte chance ?

Il pointe du doigt ses propres chaussures, tout aussi crottées, et, après une seconde de gêne intense, nous pouffons comme deux gamins édentés.

Peut-être que je ne suis pas la fille la plus malchanceuse de l'univers, finalement.

Pas là, pas tout de suite, pas maintenant.

Ou peut-être que si, réalisé-je à l'instant où Gabin claque violemment la porte de la maison de Gérard.

Il ne me faut qu'une seconde pour me retourner, oublier Maxence et me noyer dans ses immenses yeux verts, deux billes de désespoir.

# 51

# Naufrage au bout de la nuit

*Une heure plus tard, sur la plage de Morgat…*

C'est la merde.

Littéralement.

Maxence a sagement battu en retraite en me laissant l'intégralité du plateau de sushis – comment ne pas l'aimer ? –, tandis que Gab' n'a même pas attendu son départ pour fuser vers le bord de mer, sans crotte de chien pour le ralentir.

— Gabin !

Qu'est-ce qui lui prend ?

— GABIN !

Bleuenn me damnera certainement pour l'avoir suivi, mais tant pis : je *culpabilise.*

Parce que je sais ce qu'on ressent, quand la personne que l'on aime roule un palot à quelqu'un d'autre que soi… Alors je serre les dents, balance mes Crocs en direction des poubelles et me lance à sa suite.

— GAAABIN !

Malgré mes cris répétés, mon ex ne m'écoute pas et continue à s'enfoncer dans l'obscurité. Mon estomac se noue encore davantage alors qu'une honte acide ravage mon assurance chancelante.

C'est incompréhensible. J'étais moins choquée que lui à l'instant, lorsqu'il a embrassé Arielle, alors que nous venions de nous séparer. Peut-être qu'il vit mal notre rupture, comme le répète ma mère. Elle ne cesse de me sermonner pour l'avoir « jeté comme une vieille chaussette pourrie ».

Pourtant, je ne l'ai jamais vu aussi… vulnérable.

Les effluves de notre couple passé se dispersent dans l'air marin, fracassant ma joie naissante et le silence angoissant de Gabin. Ma mémoire ondoie de souvenir en souvenir, me transportant dans la crêperie où je devais le retrouver ce soir.

Celle où il m'a proposé d'emménager avec lui, il y a bientôt un an.

Celle où j'ai immédiatement répondu oui.

C'était une suite logique, la continuation d'une relation de longue durée. J'avais passé plusieurs jours au loft au cours de l'année, et tout allait bien entre nous… en surface, du moins.

En vérité, nous communiquions de moins en moins.

Je me suis bercée d'illusions, espérant vainement que ses sentiments se renforceraient au fil du temps. Et, pile quand je commence enfin à l'oublier, il m'empêche d'aller de l'avant !

Peut-être parce qu'il est aussi perdu que moi. Peut-être parce qu'il nage sans cesse à contre-courant. Peut-être parce qu'il sombre dans des abysses d'attente et d'incertitude, alors même que je l'ai toujours considéré comme le pilier qui maintenait notre couple à flot, peu importent les tempêtes et les intempéries.

Mais encore aujourd'hui, je reste inondée par mes chimères. Si nous avons fait un si long chemin, tous les deux, c'est grâce au duo de choc que nous formions, lui et moi.

Pas juste *lui*.

*Moi* aussi.

— Émilie ? bredouille-t-il à quelques mètres de là, coupant court au fil de mes pensées.

Je tournoie dans sa direction, les yeux embués de larmes. Sa réaction me blesse plus que je ne désire l'admettre, car elle me donne le sentiment que je n'ai pas droit au bonheur. Pas sans lui.

— Je suis désolé, souffle-t-il en me prenant dans ses bras. J'ai pas supporté de vous voir… toi… lui… Je pensais qu'on…

Il s'interrompt de lui-même en comprenant que sa phrase, peu importe la façon dont elle est formulée, n'a pas vocation à être terminée.

— Ça arrive, de se tromper… balbutié-je naïvement.

C'est plus fort que moi : je me laisse aller à son étreinte et hume son parfum, y cherchant désespérément un souffle, une idée, une inspiration pour remonter à la surface. Pourtant, je n'y trouve rien. Les sentiments que j'éprouvais pour lui ne sont plus qu'une coquille vide à l'intérieur de mon cœur.

Notre amour a dérivé il y a une éternité, voguant contre vents et marées jusqu'au naufrage.

Tout ce que nous nous échinons à restaurer, là, tout de suite, maintenant, ce sont les fragments d'une épave trop brisée pour être réparée.

Je prends une grande inspiration, hésitant à prononcer ces mots brûlants, ces mots blessants qui auraient dû franchir mes lèvres longtemps auparavant.

Bien trop longtemps.

— Je crois… je crois qu'on devrait arrêter. De se voir, se parler, même par messages interposés. Pour ton bien et pour le mien.

Ce sont les plus durs que j'aie eu à lui dire, et probablement ceux qu'il aura le plus de mal à retenir, mais il faut qu'il les entende. Même si je ne les pense pas complètement, même si je souhaite plus que tout les retirer, quitte à les laisser s'abîmer dans un océan d'incompréhension…

— Tu as raison, bredouille-t-il pourtant en baissant la tête. Ce n'est pas comme si on allait se remettre ensemble, hein ?

L'eau lèche mes chevilles et je frissonne, transie par le tourbillon de pensées que ces remous viennent de ressasser. Je n'aurais pas dû le suivre.

Et, face à cette question à laquelle il m'est impossible de répondre, je n'ai plus qu'à fuir, fuir, fuir en direction de la maison de Gérard pour y enfiler le pyjama le plus doux qui soit et m'enrouler dans un plaid en écoutant Pépette ronfler sur le tapis.

Maxence a tort : marcher dans une crotte de chien ne porte pas chance.

Pas quand vous avez toujours eu un boulet attaché à votre pied.

Pas quand vous boitillez encore des mois après vous en être libéré.

Pas quand vous reculez, hésitant, en réalisant que vous étiez à deux doigts de renouer avec un passé qui a manqué de vous noyer.

# 52

# La poêle de notre amour

*Une heure plus tard, dans le salon de Gérard...*

Qu'on soit clairs : après notre échange à cœur ouvert sur la plage, Gabin aurait pu, aurait *dû* rentrer chez lui.

Pourtant, ce *débilos* a préféré venir camper sur mon canapé pour zapper entre les différents programmes télé.

Il m'a demandé s'il pouvait rester dormir ici cette nuit et j'ai accepté, après lui avoir fait jurer puis cracher qu'il se carapaterait aux premiers rayons du soleil.

Je n'avais plus la force, plus l'énergie de le foutre dehors.

Demain, peut-être, mais tout ce que je veux, là, tout de suite, maintenant, c'est dor…

— Em'.

… mir.

— EM'.

Je me redresse en bougonnant, mécontente d'avoir été tirée de mon sommeil.

— Je piquais du nez, là.

— T'as tapé ta meilleure sieste sur mon épaule, surtout ! rétorque Gab' avant de pointer la télécommande vers l'entrée. Y a un type chelou qui fait des allers-retours sous le porche depuis tout à l'heure.

Il ne m'en faut pas plus pour lever mes fesses du sofa et trottiner jusqu'à la porte. « Un type chelou », dans sa bouche, ça peut très bien désigner le père Noël ou Maxence.

Dans les deux cas, cette perspective m'enthousiasme assez pour que j'achève de me réveiller.

Malheureusement, je déchante vite en découvrant un homme que je ne connais ni d'Ève ni d'Adam, l'air peu amène et les sourcils froncés, nonchalamment adossé contre la rampe d'escalier qui mène au jardin.

Qu'est-ce qu'il fait là, avec ses beaux yeux noirs et ses bottes de pluie définitivement trop grandes pour lui ?

— Bon… bonsoir ? lancé-je sans grande conviction.

Gabin rapplique aussitôt, alerté par les tressautements de ma voix. Notre visiteur nocturne ne m'inspire pas du tout confiance.

Il est incapable de choisir des chaussures à sa taille, déjà.

— Vous êtes qui, vous ? tance mon ex en posant une main protectrice dans le bas de mon dos.

Je lui aurais probablement collé une paire de baffes en temps normal, si je n'avais pas *effectivement* besoin d'être rassurée.

— *Vous*, vous êtes qui ? réplique-t-il. Vous n'avez rien à faire ici !

Ça, c'est la meilleure !

— Eh ! Ma copine a une très bonne raison d'être là, clochard. Elle garde la maison de son pote pendant son absence.

Je ne sais pas ce qui me choque le plus : que Gabin me présente encore comme sa « copine » ou qu'il évoque le gars qui a pissé sur son paillasson.

— Et moi, je suis Thierry Jaouen-Manioc, décrète l'intrus. Cousin des carottes, fan de *Koh-Lanta*, et…

— *Thierry* ! m'exclamé-je. Sa saleté d'gendre !

… saleté d'gendre de Gégé.

Gab' et lui me dévisagent tous les deux, sans comprendre.

— Gérard parle beaucoup de vous, vous savez, continué-je en l'invitant à entrer. Il trouve que vous êtes radin et aimerait bien que vous lui offriez plus de boîtes de chocolats à Noël, mais…

Je m'interromps de moi-même en remarquant que personne ne m'a suivie à l'intérieur.

Les deux hommes ne se quittent pas des yeux, impassibles au possible. J'aurais cru qu'ils étaient tombés fous amoureux si Gabin n'avait pas dégainé une poêle de je ne sais où pour la balancer dans la tronche de Thierry.

*Diiiiiing.*

— HEIN ? QUE ? QUOI ? QUICHE ? éructé-je en fermant et rouvrant les paupières trois fois pour dissiper cette vision, sans succès.

Non, ce n'est pas un cauchemar : mon ex a bel et bien tenté d'assassiner Thierry.

Le pauvre s'écroule lamentablement sur le sol, au ralenti, comme dans un mauvais film d'action.

Je me précipite sur lui pour l'aider, mais Gab' brandit sa poêle pour s'interposer entre nous.

— Qu'est-ce que tu fiches ? Il est complètement sonné !

— C'est un voleur, Em'. Si je ne l'avais pas assommé, il se serait barré avec le nain de jardin de Gérald, précise-t-il en pointant un gnome du doigt, juste à côté du pot de succulentes qui surplombe les escaliers – le vieux Schtroumpf a pour habitude d'y cacher ses clés.

C'est drôle, je ne l'avais jamais aperçu auparavant.

— *Gérard.* Son *beau-père.*

Beau-père qui prétend certes détester Thierry, mais pas jusqu'à vouloir organiser ses funérailles, si ?

— Beau-père de rien du tout, ouais ! Ce mec pensait que la maison était vide et a vrillé quand il a pigé qu'elle était habitée, c'est tout. Heureusement que j'étais là, hein ?

— MAIS PUISQUE JE TE DIS QUE C'EST SON GENDRE ! SON GENDRE, GABIN, SON GENDRE. ET TU VIENS DE LE FRAPPER !

Autrement dit : c'est une tentative d'homicide.

— C'est… c'est vraiment son gendre ? barguigne mon *débilos* d'ex en laissant tomber sa poêle.

— Je ne serais pas au bord de la crise d'apoplexie si ce n'était pas le cas, soupiré-je en composant le numéro de Max.

Il n'y a que lui qui puisse nous sauver… nous, et Thierry. Surtout Thierry, bien sûr.

— Est-ce qu'il est mort ? s'inquiète enfin Gabin.

— Je… je ne crois pas, hésité-je en palpant son cou, mais tu devrais peut-être entamer un massage cardiaque, au cas où.

Il cède momentanément à la panique et fond sur sa victime à la seconde où Maxence décroche.

— Max ? C'est moi, Emy. Ah, oui, c'est vrai. Mon prénom s'affiche sur l'écran. Comment ça va, depuis tout à l'heure ? Bien ? Bien. Moi ? Oh, euh… ça peut aller. J'ai peut-être un cadavre sur les bras, mais à part ça…

— Em' ! s'insurge Gab'. Je peux pas l'embrasser et le ranimer en même temps !

Aussitôt, je jette le téléphone dans le pot de fleurs et m'accroupis à côté de lui, me préparant à compresser la cage thoracique de notre victime.

— Emy ? Qu'est-ce qui se passe ? s'affole Maxence à l'autre bout du fil.

Je prends soudain conscience que si Thierry venait effectivement à trépasser, là, tout de suite, maintenant, mon meilleur ami deviendrait lui aussi complice de ce crime.

Zut.

Alors je raccroche, espérant que Max ait tout oublié de cet appel à son réveil. Après tout, il paraît que le sommeil fait des merveilles…

— Je suis con, décrète mon ancien petit ami entre deux insufflations.

Nom d'un poivron perverti ! Gabin doit donc assassiner quelqu'un pour s'apercevoir qu'il est un boulet ?

— Tu peux répéter ? halluciné-je en frottant si fort mes yeux qu'il me faut quelques secondes pour distinguer à nouveau ses boucles rousses.

— Je suis con, marmonne-t-il à nouveau, éreinté. Et maintenant, je vais finir en prison.

— Eh ! Ce n'est pas le moment de t'autoflageller ! Thierry est encore en vie.

Même s'il ne respire pas et que ses lèvres bleuissent à vue d'œil.

— T'es un gars super, Gabin ! insisté-je, refusant de le voir baisser les bras. Enfin, quand tu veux.

— C'est vrai ? hoquette-t-il en pinçant le nez du blessé.

Il aurait probablement dû commencer par ça, mais tant pis.

— Je ne serais pas tombée amoureuse de toi autrement, argué-je avec un sourire.

— Ouais, mais tu l'es plus, alors…

— Je n'ai pas dit ça, objecté-je sans réfléchir.

Il relève la tête, intrigué.

Oh, non… Ai-je vraiment suggéré que je l'aimais encore ?

Blue va me tuer.

— Le massage cardiaque ! rappelé-je.

C'est vrai, pourtant : une part de moi éprouvera toujours des sentiments pour lui, même s'il reste une larvabée doublée d'un criminel et que… NOM D'UNE MOULE PALMÉE, THIERRY REPREND CONSCIENCE !

Gabin et moi reculons pour le laisser inspirer, au bord des larmes. Toute notre vie aurait pu basculer en un instant, si… si…

— Tu t'appelles pas Thierry, mec, mais Jésus, siffle Gab' alors que l'intrus recommence à respirer. T'étais *dead* de chez *dead* il y a encore dix secondes.

Je pose ma main sur son bras pour lui intimer le silence, priant pour que le gendre de Gérard ne se précipite pas à la gendarmerie pour porter plainte. Je n'ai pas envie d'être incarcérée avant d'avoir fini le nouveau roman d'Eliott Scott !

— Qu'est-ce qui s'est passé ? s'enquiert Thierry, pas franchement rassuré.

Il regarde autour de lui, plus sonné qu'une cloche de Pâques.

— T'as trébuché et tu t'es fracassé le crâne sur le gnome, explique Gabin le plus naturellement du monde, comme si c'était la stricte vérité.

J'essaie de garder une expression neutre, bien que je sois sidérée par sa propension à mentir. On dirait qu'il a fait ça toute sa vie !

— Ah ouais ? Je suis pourtant pas maladroit, d'habitude… Gérard est là ?

— Il est… en vacances en Tunisie, déglutis-je avec difficulté.

On dirait que, contrairement à mon ex, j'ai plus de points communs avec Pinocchio que Joe Goldberg.

— C'est bizarre, il m'a pas prévenu.

— C'est-à-dire que…

Il ne vous aime pas. Mais genre pas du tout.

— Faut que tu te remettes de tes émotions, mon vieux ! intervient Gab'. Tu veux manger un bout ? On a des sushis.

Dans d'autres circonstances, j'aurais catégoriquement

refusé qu'il sacrifie les makis de Maxence, mais là, tout de suite, maintenant, je suis soulagée de souffler deux minutes.

Je peux remercier Max pour ça, je suppose.

Et Gabin.

Un peu.

# 53

# L'éducation matrimoniale

*Un jour plus tard, vendredi 19 juillet 2024…*

Gabin est-il un *serial killer* ? Vous avez quatre heures.

Comment ne pas s'interroger après l'avoir vu blesser, ressusciter puis rassurer Thierry en une heure à peine ? Comment ne pas sursauter en descendant les escaliers, quand je le découvre dormant à poings fermés à côté de sa poêle et de…

— Minette !

Je suis tellement surprise de retrouver ma seconde colocataire que j'oublie momentanément que Gab' est allergique aux chats. Ça fait des lustres qu'elle n'a pas posé une patte ici !

Depuis mon arrivée, en fait.

Elle n'a jamais caché son aversion pour moi. Pour Gabin, en revanche… Je ne me rappelais pas que son ventre était confortable au point de vouloir s'y affaler en ronronnant comme le moteur d'un tracteur du siècle passé.

Mais bon, je ne suis pas un chat, après tout.

Je me rapproche pour exfiltrer ma rivale féline avant que mon ex ne se réveille, mais mon regard dérive vers le téléphone dangereusement posé sur le rebord du canapé.

N'y touche pas, Emy. N'Y TOUCHE PAS.

Pour mon plus grand malheur, une notification apparaît pile à l'instant où je m'en saisis :

**8 h 37**
**KÉVIN :**
**« Alors, tu l'as pécho ? 😜 »**

Nom d'un alpaga rasé ! Pourquoi faut-il que mon ancien petit ami soit le seul *débilos* au monde pas fichu d'installer un code sur son écran de déverrouillage ? Je ne vais pas pouvoir m'empêcher de fouiner, maintenant !

Je me replie dans la cuisine, croisant les doigts pour que ni Thierry ni Gabin ne me grillent.

Mon ex et son coéquipier ont passé une bonne partie de la nuit à discuter, et pas seulement de foot, on dirait… Presque pas de foot, en fait.

Pas du tout, même.

Leur conversation se limite à un seul sujet : moi.

**23 h 3**
**GABIN :**
**« c mort mec, elle est pas venue à la crêperie et elle sort avec un autre gars je crois »**

**KÉVIN :**
**« *WTF !* 😲 »**

**GABIN :**
**« ouais, elle schlinguait l'eau de Cologne »**

Mais ça ne veut rien dire du tout ! J'ai paniqué, et le parfum de Gérard est le premier qui m'est passé sous la main !

**KÉVIN :**
**« sa veut rien dire »**

Voilà ! Merci, Kévin.

Si tu pouvais soigner ton orthographe, la prochaine fois, ce serait parfait.

GABIN :

« il lui a aporté des sushis et elle l'a embrassé. Pas un *smack*, hein, une vraie galoche
depuis quand elle aime les sushis, d'abord ??? »

Euh… depuis toujours ?

KÉVIN :

« tkt c qu'une passade, elle est vénère pcq tu tes tapé sa collègue »

Un peu plus que cela, même.

GABIN :

« mais c n'importe quoi ! je l'ai meme pas touchée ! c elle qui m'a sauté dessus
et on était plus ensemble »

Ah ?

Peut-être que Gab' n'a pas couché avec Arielle, finalement…

KÉVIN :

« Bah jsp, mec… »

GABIN :

« Em' bave sur mon sweat, là »

Ce n'était pas mon plus grand moment de gloire…

KÉVIN :

« ah bah tu vois ! Faut lui sortir le grand jeu 😎 »

GABIN :

« att, y a un mec chelou devant la porte »

C'est là que Thierry intervient, je suppose ?

KÉVIN :

« vasy, dégomme-le. elle va grave kiffer 😏 »

C’est donc à Kévin que l’on doit cette tentative d’homicide involontaire !

23 h 54

GABIN :

« mec !!! »

Est-ce qu’il va lui raconter son bouche-à-bouche avec Thierry ?

KÉVIN :

« tu l’as buté ? »

GABIN :

« elle m’aime toujours !!! »

Oh, non…

KÉVIN :

« c sa qu’on veut !!! bravo mon reuf 👍 et l’autre gars ? »

GABIN :

« le mec des sushis ? tkt je gere »

« JE GÈRE » ? COMMENT ÇA, « JE GÈRE » ?

KÉVIN :

« sa y est ? Vous etes re-ensemble ? »

GABIN :

« pas encore »

Je manque de m’étrangler. Jamais, tu veux dire !

GABIN :

« je veux pas la brusquer, mec »

KÉVIN :

« pk ??? »

GABIN :

« Christelle ma dit qu’elle était pas prête »

Oh, Maman… je vais te tuer.

KÉVIN :
« pfff ! »

GABIN :
« j'ai pas envie de tout faire foirer…
c elle ou personne, tu le sais »

Un hoquet de stupeur s'échappe de mes lèvres. Je n'aurais jamais cru lire ça un jour.

Pas à mon sujet.

Pas de la part de Gab'.

Pas de la part de quelqu'un tout court.

KÉVIN :
« vasy, tu saoules »

GABIN :
« c la femme de ma vie »

LA FEMME DE SA QUOI ?

KÉVIN :
« 💍💍💍 »

GABIN :
« arrête. elle était pas prête, je te dis »

NOM D'UN RAGONDIN SANS QUEUE. EST-CE QU'ILS FONT VRAIMENT ALLUSION À CE QUE JE PENSE ?

KÉVIN :
« elle aurait dit oui »

Comment ça, « AURAIT » ?

GABIN :
« nan »

KÉVIN :
« si »

GABIN :

« elle veut pas de mioches, deja, alors le mariage… »

KÉVIN :

« tas qu'a lui demander 😉 »

GABIN :

« tes con »

KÉVIN :

« peut etre, mais je garde pas une bague au fond de mon tiroir a calbuts depuis presque un an, MOI »

— HEIN ? QUE ? QUOI ? QUICHE ?

# 54

# La vérité sur l'affaire Thierry Manioc

Je porte la main à mes lèvres, mais c'est trop tard : mon cri est tellement strident que Pépette, Minette et Gabin se lèvent d'un même élan alors que le mot « fiançailles » s'inscrit au fer rouge dans mes pensées ensommeillées.

— C'EST QUOI CE TRUC ? hurle Gab', terrorisé.

« Ce truc », c'est Minette. La diversion rêvée pour que mon ex n'apprenne jamais, ô grand jamais que j'ai déroulé les trois quarts de sa conversation *privée* avec son meilleur ami.

Sa conversation *privée* avec son meilleur ami, dans laquelle j'ai découvert qu'il voulait – veut toujours ? – m'épouser.

— Une manifestation concrète de ton subconscient ? tenté-je en l'absence de meilleure idée.

— C'EST… ATCHOUM ! C'EST UNE ABOMINATION !

Sans crier gare, il soulève la féline par la peau du cou et se dirige à grandes enjambées vers la poubelle.

LA POUBELLE, OUI.

Il n'en faut pas plus pour que Pépette vole à la rescousse de sa petite protégée en dégainant sa technique secrète : le *prout-prout* de la mort.

Gabin marque un temps d'arrêt, intoxiqué. Je tente de m'emparer de Minette pour la protéger, mais cette filoute me voit venir et s'accroche à ses jambes en espérant m'échapper.

— AAAAAAAAAÏE !

Elle a l'art et la manière de se venger, je dois bien le lui concéder.

En temps normal, je me serais probablement ruée sur mon ex en le voyant s'effondrer puis se tordre de douleur sur le sol, mais ce matin, je préfère me tenir à distance.

Parce qu'il a voulu jeter le chat dont j'ai la garde À LA POUBELLE, déjà, et parce qu'il me fait flipper, à parler mariage avec Kévin à 23 h.

Il n'était pas sérieux, si ?

Plutôt que de m'attarder sur cette question à laquelle je ne désire de toute façon pas de réponse, je préfère courser Minette sur la moitié du jardin, avant d'abandonner par peur de tomber sur une autre crotte de Pépette.

Parce qu'elle m'a semée, aussi.

Quand je rebrousse chemin, un détail attire pourtant mon attention. Je suis quasiment certaine d'avoir verrouillé la porte à clé hier soir. Et puis, j'aurais forcément aperçu Minette si elle était rentrée durant l'incartade entre Gabin et Thierry…

— Thierry !

Les pièces du puzzle s'assemblent peu à peu dans mon esprit pour former un tableau improbable… effrayant… mais plausible. Plus que plausible, même, si j'en crois les récriminations de Gérard à son égard et les mises en garde de mon ex.

— Gab' ? C'est toi qui as déverrouillé la porte cette nuit ?

— CE CHAT EST UN PSYCHOPATHE ! hurle-t-il en désignant son jean lacéré. NON, UN *PSYCHOCAT* !

Je l'ignore et fonce à l'étage, de plus en plus inquiète.

Il ne me faut que quelques minutes pour me rendre à l'évidence.

— Thierry est parti.

— COMMENT ÇA, « PARTI » ? beugle Gabin depuis le salon.

Je me laisse tomber contre le mur le plus proche, désemparée. Nom d'un Malabar au Carambar… Pas étonnant qu'il se soit échappé à la première occasion venue ! On a manqué de le tuer !

Résultat : en plus d'être au chômage, je vais me retrouver en prison pour je ne sais combien d'années à cause de mon ex qui lui a balancé une poêle à la figure.

Zut. Je fais toujours tout foirer, quand Gab' est dans les parages.

— Je t'avais dit que c'était un voleur… soupire-t-il en montant avec difficulté les marches de l'escalier.

Un voleur ? N'importe quoi ! Thierry ne peut pas être un voleur, voyons, c'est la « saleté d'gendre » de Gé…

— Oh, non.

Mes yeux papillonnent vers le bureau disposé dans le couloir, là où j'avais laissé mon PC, bien en évidence.

— Mon ordi, il… il a disparu.

*Pouf*, envolé !

*Volé*, plus exactement.

— Putain ! L'enfoiré ! s'exclame Gabin en me prenant dans ses bras.

Pour me consoler, je suppose.

Mais là, tout de suite, maintenant, ce n'est pas de la tristesse que je ressens. C'est de la colère. Contre Thierry, contre Gab', et surtout contre moi, pour m'être montrée plus quiche que la plus quiche de toutes les quiches.

Qui me dit que Thierry est réellement Thierry, d'abord ? OK, il s'est présenté comme *Thierry*, mais il avait sûrement fait des repérages, et je l'ai aidé en lui rappelant involontairement tout ce qu'il devait savoir sur *le vrai* Thierry.

— Tiens, me souffle Gabin en me tendant un vieux mouchoir usagé.

— Mais… je ne pleure pas.

— Si.

— Non ! m'indigné-je en le repoussant violemment.

À quoi il joue, au juste ? Si c'est une technique de drague, elle est très mauvaise, pour ne pas dire complètement naze.

Je tâche de reprendre mes esprits et compose le numéro de Gérard à la va-vite, mais tombe directement sur son répondeur :

« Salut, c'est Gégé ! J'sais pas qui c'est, mais j'suis sur mon vélo, là, alors vous m'faites chier. Ah, attendez ! Si c'est Mymy, faut que j'te dise que j'ai planqué un sachet de croquettes supplémentaire sous l'évier. Faut l'sortir qu'en cas d'extrême nécessité. »

En cas d'extrême nécessité, c'est-à-dire… ?

« Si c'est Lulu, arrête de picoler, t'as déjà la berlue ! Et si c'est Thierry, bah… tu peux raccrocher, mon grand. Enfin, faudrait déjà qu'tu saches t'servir d'un téléphone, parce que t'es pas très fute-fute, en plus d'être klep… »

Le vieux schnock est coupé en plein milieu de sa phrase – il a sûrement dépassé la limite de temps imposée par sa messagerie –, mais il a raconté tout ce que j'avais besoin d'entendre.

— Thierry est kleptomane ! exulté-je en me tournant vers Gabin, qui m'observe d'un air sceptique depuis la chambre d'ami.

*Bye bye*, Azkaban !

— C'est surtout un bon gros mytho, ouais… Et nous, on s'est fait avoir comme des blaireaux. T'aurais pas dû m'obliger à le ranimer, Em'.

Ça, c'est la meilleure !

— Parce que tu préférais avoir sa mort sur la conscience, peut-être ?

Ce *débilos* ouvre la bouche pour rétorquer je ne sais quelle ânerie, mais il est interrompu par un bruit salvateur : la sonnette de la porte d'entrée.

Je me précipite au rez-de-chaussée, soulagée. Thierry est revenu me rendre mon PC ! Ce n'est pas une mauvaise personne. Il est un peu radin et klepto sur les bords, oui, mais il reste fondamentalement bien attentionné.

Lorsque j'ouvre la porte à la volée, 100 % rassurée, ce n'est pourtant pas sur lui que je tombe…

— Coucou, ma Emy.

… mais sur…

— Papa ?

# 55

# Ton âme frère (ou presque)

— Je suis… je suis venu dès que j'ai pu, balbutie-t-il en serrant vivement la main de mon ex.

Il est bouleversé.

— Pas la peine ! Thierry est kleptomane, d'accord, et alors ? Il va revenir ! Il faut juste qu'il se rende compte qu'il m'a piqué mon PC… avancé-je, de moins en moins assurée.

Les sourcils broussailleux de mon père se froncent encore davantage, comme s'il n'avait strictement aucune idée de ce dont je parle.

— Qui est Thierry ?

OK : il n'*a* strictement aucune idée de ce dont je parle.

— Oh ! Bonjour, toi, s'extasie-t-il en apercevant Pépette.

Il a toujours voulu un chien, en vain. Ma mère trouvait que « Bono » et « Freddy » ne convenaient pas, comme noms de toutous. Pas plus que « Céline » ou « Madonna ».

— On s'en fout, Jean-Luc, intervient Gabin. La situation est assez grave comme ça.

« La situation » ? Quelle situation ? Mon regard papillonne de l'un à l'autre, sans comprendre.

Qu'est-ce qu'ils ont, à me fixer comme un hétérocéphale fétide ? Je n'ai rien d'un rat, rien d'une taupe, et je ne suis pas nue !

— Assieds-toi, ma Emy, m'ordonne mon père.

Une grimace déforme mes traits.

Il ne me demande jamais de m'asseoir.

Il ne me demande jamais rien, en vérité.

— Qu'est-ce que tu as fait ? m'agacé-je en pivotant vers Gab'.

Il est bien trop serein, pour un type qui pourrait passer le reste de sa vie derrière les barreaux.

— Je t'ai protégée, Em'. Ça a toujours été ma seule vocation, déclare-t-il solennellement.

— Ah bon ? Et tu l'as planquée où, cette vocation ? Dans ton tiroir à calbuts ?

Son visage se décompose instantanément. Je ne sais pas encore quel cataclysme il a déclenché, mais pour que mon père débarque ici, à tout juste 8 h un vendredi matin, on ne peut que présager le pire.

— Avant que je ne commence, entame Papa sans remarquer notre trouble, je voudrais que vous me promettiez une chose, tous les deux.

Je me laisse tomber sur le canapé, de plus en plus méfiante. La dernière fois qu'il a voulu que je prête un quelconque serment, c'était pour cacher à Maman qu'il avait bouffé l'ultime part de tartiflette. Kurt et Georges ont été désignés comme coupables et privés de croquettes pendant les trois jours suivants, ce qui a donné lieu à un épisode particulièrement sanglant : la purge des Rattata.

Rozy a trouvé trois cadavres de souris sur son lit en rentrant de l'école.

— Christelle ne doit jamais entendre parler de cette histoire, *jamais*. Elle est déjà bien assez perturbée par votre rupture… Si elle apprenait ça, elle ne s'en remettrait pas.

— La faute à qui, hein ? maugrée Gabin.

— La ferme.

Mon père ne nous laisse pas le temps de nous chamailler davantage et lance :

— Maxence est ton demi-frère.

Comme ça, d'un coup.

— HEIN ? QUE ? QUOI ? QUICHE ?

— Enfin, je crois, précise-t-il alors que Gab' bascule du sofa et tombe à la renverse…

… pile sur la gamelle d'eau de Pépette.

— Non, objecté-je fermement. Non, non, non.

— Je suis désolé, ma Emy. Je suis sorti avec Monique pendant quatre ans, jusqu'à ce jour fatidique où j'ai rencontré ta mère… Ça a été le coup de foudre, pour moi. J'aimais Momo, vraiment, mais je ne pensais plus qu'à ma Christelle, alors je suis redevenu célibataire et j'ai attendu. Trois ans après, je te prenais dans mes bras pour la première fois, conclut-il en peinant à contenir ses larmes.

— Waouh… Merci, Jean-Luc. Tu viens de me redonner foi en l'amour, commente Gabin.

Je me mords très fort la joue, en vain. C'est impossible : Papa ne vient pas de m'annoncer que Max est de ma famille ! Ni qu'il a quitté *sa* mère pour *ma* propre mère !

— Pince-moi, ordonné-je à Gabin.

Il s'exécute docilement en approchant la main de mon popotin.

— PAS SUR LES FESSES, SOMBRE *DÉBILOS* !

— J'ai toujours gardé une tendre affection pour Momo, poursuit mon père sans s'émouvoir. Mais elle et moi, ce n'était rien en comparaison de ce que j'éprouvais déjà pour ma Chrichri.

— Et pendant tout ce temps, tu n'as jamais cru bon de me dire : « Oh, tiens, Maxence est *peut-être* ton demi-frère » ? répliqué-je hargneusement.

— C'est-à-dire que…

— Il flippait que Christelle le prenne mal, intervient Gabin avec l'air de celui qui s'y connaît.

— Qu'elle la considère comme une rivale, renchérit Papa.

Nom d'un parmesan mal râpé ! Je n'avais jamais réalisé que mon père et mon ex avaient autant en commun, à commencer par leurs attitudes de kékés.

— AH OUI ? explosé-je en me tournant vers Gab'. COMME LA FOIS OÙ TU AS EMBRASSÉ MA COLLÈGUE DE TRAVAIL À PLEINE BOUCHE, C'EST ÇA ?

— C'est pas pareil, Em' ! Aurélie s'est jetée sur moi. J'ai rien pu faire pour la repousser.

— Arielle. Elle s'appelle Arielle.

— *Aurélie*, maintient-il.

— DEHORS.

— Mais…

— DEHORS ! répété-je en flanquant ces deux abrutis à la porte.

— Pardonne-moi, ma Emy ! Je suis venu dès que j'ai pu, quand Gabin m'a appris que Maxence et toi aviez… beurk.

J'écarquille les yeux face à ses aveux, retenant les larmes de colère qui menacent de sillonner mes joues.

— Tu t'immerges dans ma vie privée ? ruminé-je à l'attention de mon ancien petit ami. Très bien. Alors laisse-moi m'incruster dans la tienne pour te promettre… non, *te jurer* que je ne t'épouserai jamais.

Il pivote lentement vers moi, au comble de l'horreur. C'est comme si… comme si son pire cauchemar devenait réalité.

Et c'est entièrement sa faute.

— Même si ça fait près d'un an que tu gardes une bague au fond de ton tiroir à calbuts, l'achevé-je en paraphrasant Kévin.

Il ne lui en faut pas plus pour déguerpir, la queue entre les jambes. Je déglutis avec difficulté, frustrée mais heureuse de l'avoir chassé. J'avais besoin d'enfoncer le clou pour qu'il ressente ne serait-ce qu'un centième de la peine qu'il m'a infligée.

Seul mon père ose s'attarder, manifestant plus de courage qu'il n'en a montré au cours de mes vingt-trois premières années d'existence.

— Je suis désolé, ma Emy. Je préférais que tu le saches avant que…

— Avant que je ne tombe amoureuse de mon *demi-frère* ? C'est un peu tard pour ça, le cinglé-je, amère.

Je lui claque la porte au nez et m'effondre sur le comptoir de la cuisine, sans pleinement réaliser que mon père ET mon ex viennent de me briser le cœur.

Comment vais-je annoncer à Max que, malgré toute l'affection que je lui porte, je ne sortirai jamais avec lui, car il est « peut-être » mon demi-frère ?

— Comment, hein ? persiflé-je tandis que Pépette fuse sur moi pour me consoler.

# 56

# Réparer les PC

*Six semaines plus tard, mardi 27 août 2024, dans le salon de Gérard...*

Réponse : en ne faisant rien.

Rien, pendant presque deux mois.

*Deux mois.*

C'est long, deux mois. Ça représente deux, trois litres de larmes, un vieux Schtroumpf injoignable… 80 heures de recherches acharnées pour retrouver Thierry et mon PC, 16 pots de glace, 131 balades avec Pépette et 60 000 mots rédigés sur mon téléphone.

Depuis la fermeture des inscriptions aux Wattys, en juillet, je n'ai pas cessé d'écrire, enchaînant les sessions journalières. C'était la meilleure distraction possible pour cesser de penser à Max, mon *crush*, ami d'enfance et possible demi-frère.

Mais ce qui m'a le plus encouragée, ce sont les retours des lecteurs sur *Mon cœur contre tes peurs*. Ils ont beau ne pas être très nombreux, leurs remarques semblent globalement positives et, même quand elles ne le sont pas, j'ai l'impression de progresser.

D'avancer, enfin.

L'autre jour, quelqu'un a carrément ajouté l'histoire à sa liste de lecture « coups de cœur » !

Je ne m'en suis toujours pas remise.

C'est plus, *tellement plus* que tout ce que j'avais espéré. J'ai l'impression d'être à ma place sur Wattpad, avec des gens qui me comprennent et non des *débilos* qui ruinent mon couple naissant en pensant qu'ils n'ont qu'à s'excuser pour que je les pardonne, du genre… Gabin.

Il n'a attendu que quelques heures pour m'envoyer un premier SMS rempli de remords et de fautes d'orthographe – je soupçonne Kévin de l'avoir écrit à sa place. Depuis, il me bombarde de messages stipulant qu'il regrette ses actions, notre rupture, sa venue au monde, mais je refuse toujours de lui répondre.

OK, il ne pouvait pas prévoir que mon père allait accourir chez Gérard pour me balancer un horrible secret de famille, quand il s'est plaint auprès de ma mère de mon baiser avec Maxence, sauf que ça ne change rien : le mal est fait, comme à chaque fois. Gab' n'a pas un mauvais fond, mais il finit toujours par me blesser, peu importent ses intentions… alors, je le tiens à distance, même si je peine à m'habituer à son absence.

J'ai trouvé une technique pour éviter de me confronter à la réalité : dénicher une activité parfaitement futile à réaliser. C'est de la procrastination, agrémentée de pics de stress.

Résultat : je me suis lancée dans la confection de scoubidous, ces longs fils en plastique qu'on assemblait en porte-clés quand on était enfants ! J'en ai rempli tout un saladier en m'efforçant de ne penser ni à Max ni à Gabin.

*Toc, toc, toc.*

Pépette et moi levons la tête, perplexes. Personne n'a toqué ou sonné à la porte depuis ce jour funeste où Papa a débarqué et fait voler toute ma vie en éclats.

Je me redresse doucement, pas très rassurée. Ça fait quelques semaines que Gab' me menace de passer à l'improviste pour « discuter », sous prétexte que je ne lui donne plus de nouvelles. Il sait qu'il n'est pas le bienvenu ici, mais son ego ne l'a probablement pas empêché de se convaincre du contraire, et voilà comment il s'est retrouvé à planifier une intervention.

*Toc, toc, toc.*

Zut. Je ne m'étais pas préparée à ce qu'il se pointe, là, tout de suite, maintenant. J'étais très bien, sur le sofa, à commanditer le meurtre de Daphné, l'héroïne de ma nouvelle histoire. Pourquoi faut-il que mon ex gâche toujours tout ?

Sans réfléchir, je m'empare de sa poêle préférée et ouvre la porte à la volée, bien décidée à m'en servir s'il m'assomme avec l'une de ses techniques de drague foireuses dont il a le secret.

Pourtant, ce n'est pas Gabin qui se trouve face à moi, un PC entre les mains, mais…

— Thierry ?

Il n'a même pas le temps d'en placer une que je me jette dans ses bras, au comble de la joie. J'avais raison ! Thierry n'est pas un cambrioleur, juste un kleptomane ! Quand je vais dire ça à Gab'…

— Est-ce que… est-ce que vous pouvez reposer ça ? demande-t-il, tremblant.

« Ça », c'est la poêle qui a failli causer sa mort.

— Oh ! Oui, bien sûr. Pardon, je croyais que c'était mon ex.

Il me scrute avec appréhension, regrettant probablement de s'être pointé ici.

— Le sale type qui a manqué de vous tuer, précisé-je, mais cette remarque ne fait que renforcer son inquiétude. Je n'arrive pas à croire que vous soyez revenu !

— Moi non plus… marmonne-t-il en me suivant à l'intérieur.

— Vous voulez boire quelque chose ? J'ai du thé, du café et une vieille bouteille de jus d'orange entamée depuis… euh… deux mois.

— Le jus d'orange, ce sera très bien.

Je marque un temps d'arrêt, déroutée par son choix. Ce mec veut vraiment mourir ou quoi ?

— Comment ça se soigne ? m'enquiers-je pour changer de sujet.

— Comment se soigne quoi ?

— La kleptomanie.

Cette fois, Thierry paraît franchement décontenancé.

— Je ne comprends pas un traître mot de ce que vous dites.

— Ah ! J'ai saisi : vous êtes dans le déni ! Si ça se trouve, vous ne savez même plus pourquoi vous êtes venu ici…

— Si, m'interrompt-il. Ça, j'en ai parfaitement conscience. Gérard voulait que je répare son ordinateur, comme il passe son temps à s'éteindre. Je le déposais juste.

— Mais… vous êtes kleptomane, balbutié-je platement.

— Non, je suis informaticien.

Je cligne des yeux trois fois, en vain. Thierry se tient toujours face à moi, l'air constipé. Alors il n'est pas kleptomane ?

— Le radiateur de refroidissement était fichu, ajoute-t-il avec dédain.

— Mais ce n'est pas son ordinateur, objecté-je en pointant mon PC du doigt. C'est le mien.

— Hein ?

— Que ? Quoi ? Quiche ? complété-je avec enthousiasme.

Il amorce un mouvement de recul, de plus en plus nerveux.

— Quand mon épouse m'a expliqué que son père s'était noué d'amitié avec une jeune femme, j'ai pensé que le vieux commençait sérieusement à perdre la boule. Ça faisait quelque temps qu'on envisageait de le placer en EHPAD. Il ne nous restait plus qu'à compléter les démarches… Mais, maintenant que je vous vois, je me dis que vous êtes juste aussi perchée que lui.

— Donc si je comprends bien, vous venez de me traiter de tarée…

— Tout à fait.

— … mais Gérard n'ira pas en maison de retraite.

— Pas pour le moment…

— Jamais ! répliqué-je fermement en lui arrachant mon PC des mains. Gégé a peut-être tendance à exagérer, mais il ne mentait pas, quand il vous a présenté comme sa « saleté d'gendre ».

— Eh ! Ce n'est pas votre…

— Vous êtes sourd ou quoi ? Puisque je vous dis que c'est *mon* ordinateur ! Le vieux Schtroumpf a laissé le sien dans sa chambre.

Par un quelconque miracle, Thierry comprend enfin qu'il s'est planté.

— Ah… euh…

En beauté.

— Vous n'auriez pas pu m'expliquer tout ça plus tôt, d'ailleurs, au lieu de partir comme un voleur ?

— Votre petit ami a essayé de…

— EX-PETIT AMI ! hurlé-je en lui balançant le jus d'orange à la figure.

Malheureusement, je n'avais pas anticipé le retour – que dis-je, la résurrection – de Minette qui, alertée par mes cris d'otarie, a la très, très mauvaise idée de sauter sur la bouteille.

Résultat : elle explose en plein vol.

Là, tout de suite, maintenant, je suis à peu près certaine de trois choses :

1. La cuisine, Thierry et moi sommes recouverts de Tropicana.
2. Mon PC est foutu.
3. Ce chat va mourir écrasé par une voiture ou par une dizaine de coups de poêle, et ce sera entièrement mérité.

— MIIIIIIIIINETTE ! tonné-je en me lançant à sa poursuite.

Je ne me bénirai jamais assez pour avoir promené Pépette matin, midi et soir au cours des six dernières semaines, troquant le champ de bouses au bout duquel j'ai embrassé Maxence contre un beau et joli jardin.

Plus que quelques mètres et je rattraperai enfin ce sac à puces opportuniste pour…

*Criiiiiiiii-iiiiii-iii.*

Je m'arrête net, profondément choquée par la scène qui se déroule sous mes yeux ébahis.

— Mi… Minette.

Le destin s'en est chargé pour moi, on dirait.

Le destin, ou une mamie pas fichue de regarder dans son rétroviseur avant de se garer.

# 57

# Cat-astrophe

*Dix secondes et un chaton blessé plus tard...*

— Qu'est-ce qu'il foutait sur la route, aussi, celui-là ! s'exclame la vieille dame en pointant sa victime du doigt.

Elle est tellement tourneboulée qu'elle vient d'éclater une poubelle avec sa portière.

Il ne me faut qu'un instant pour reconnaître Martine Le Guellec, la commère du quartier. Elle habite dans la maison d'en face et colporte toutes sortes de ragots sur les résidents de l'allée, à commencer par Gégé.

Quand elle a appris qu'il s'était offert des vacances, elle a raconté à tout le monde qu'il s'était barré à Las Vegas pour se marier avec Lucien, le chauffeur de taxi.

— C'était un accident ! poursuit-elle en se ruant vers moi, de plus en plus affolée. J'ai entendu un miaulement, j'ai freiné, mais c'était trop tard ! Et maintenant, maintenant… Maintenant, je crois qu'il est *couic*, le minou.

J'avance avec appréhension jusqu'à la bagnole, un pot de yaourt en apparence inoffensif qui vient pourtant d'écraser la chatte que Gérard m'a confiée.

— J'ai jamais tué personne, moi ! Et c'est pas l'envie qui m'en a manqué, surtout avec mon deuxième mari. Quoi ? s'indigne la coupable lorsque je darde mon regard courroucé sur elle. Il était con comme ses pieds !

— *Miaou* !

Je sursaute, prise d'épouvante.

— Minette !

Un long et profond soupir de soulagement m'échappe lorsque je la vois clopiner dans ma direction. Ma protégée n'est pas morte ! Mieux : elle est déjà occupée à me grogner dessus !

En me penchant pour examiner ses blessures, je réalise qu'elle a eu de la chance. Beaucoup de chance.

Heureusement, la voisine a tout de suite eu le réflexe de freiner et a empêché la roue de faire plus de dégâts : seule la patte arrière semble touchée.

Mais ce n'est pas joli à voir, et je commence à me demander s'il ne faudrait pas transporter Minette aux urgences vétérinaires…

Nom d'une confiture d'avocat ! Comment vais-je annoncer à Gérard que son chat a failli mourir à cause d'une bouteille de Tropicana qui traînait dans son frigo depuis presque deux mois et a dégueulassé toute sa cuisine ? Si je ne l'avais pas jetée sur Thierry, Minette ne se serait pas prise pour Catwoman et je ne serais pas en train de consoler la voisine du vieux schnock en me demandant comment je vais payer la facture du véto.

— Elle est vivante ? s'enquiert-elle face aux nouveaux miaulements de la chatte.

Même si ce n'est vraiment, mais alors vraiment pas le moment, j'ai de la peine pour elle. Je n'ai peut-être pas le permis, mais j'imagine sans mal la douleur que l'on ressent en croyant être responsable de la mort d'un animal. Ce n'est pas totalement sa faute, quand on y réfléchit : les petites bêtes comme Minette sont difficiles à repérer depuis l'avant d'une voiture, surtout lorsqu'elles surgissent en courant pour échapper à leur maîtresse furax.

— Ne vous inquiétez pas ! tenté-je de la rassurer, bien que je ne sois moi-même pas très apaisée. Il faut que je l'envoie chez le vétérinaire, c'est tout.

Même si mon compte est déjà à découvert et que penser à mon banquier plus de trois secondes me file des sueurs froides.

Sur le bitume, les hurlements de Minette s'intensifient. Zut. Il faut que je trouve une solution pour la soigner, et vite.

L'évidence s'impose à moi, mais j'attends encore plusieurs secondes avant de me ruer à l'intérieur pour attraper mon téléphone, sans m'émouvoir de retrouver mon PC à terre.

Évidemment, cette saleté de Thierry a déjà profité de l'occasion pour filer.

Je parcours ma liste de contacts en grimaçant et me résous à appeler la seule personne qui puisse m'aider : Maxence.

— Emy ? C'est bien toi ?

— Oui, c'est… c'est moi. Tu me considères probablement comme la pire garce de l'univers parce que je t'ai *ghosté* sans aucune raison apparente, mais j'ai découvert que tu étais peut-être mon demi-frère, alors j'ai paniqué, sauf que là, tout de suite, maintenant, j'ai vraiment, vraiment besoin de toi, Max, lancé-je sans réfléchir.

Aucune réponse ne me parvient à l'autre bout du fil.

— Enfin, j'ai surtout besoin d'un véto, mais je sais que tu es super doué avec les fils, et tu as probablement mis plus de plâtres que moi dans ta vie, alors…

— Qu'est-ce qui se passe ? me coupe-t-il, grave au possible.

— Le chat que je garde s'est fait écraser par une voiture, balancé-je platement.

— J'arrive.

Et il raccroche, sans me laisser le temps de le remercier ou de lui répéter à quel point je suis horriblement, terriblement, atrocement désolée.

# 58

## Maxence, ange gardien

*Une demi-heure plus tard, dans la maison de Martine...*

Que fiche une table champignon imitation amanite tue-mouche au milieu du salon ?

C'est la question que je me pose depuis presque trente minutes pour éviter de trop penser à Max ou à Minette qui agonise sur le carrelage de la cuisine de la voisine de Gérard.

Elle a pris les choses en main quand l'adrénaline a déserté les dernières parcelles de mon corps, et estimé qu'il faisait trop chaud pour la laisser dehors.

Depuis, je sirote une tasse de café même pas bien moulu devant un épisode de *Familles nombreuses*. J'essaie de recenser tous les bibelots présents dans la pièce, mais ils sont tellement nombreux que je doute d'en être capable.

— 243, lâche Martine.

— Hein ?

— J'ai 243 babioles dans cette baraque, toutes chinées chez mes ex.

— « Chinées », ou volées ?

— À ton avis ? Ils m'ont assez déplumée comme ça, ces loustics ! Et puis, ça me fait des souvenirs… C'est pas croyable ! Qu'est-ce qu'ils sont *dingos*, ces deux-là ! peste-t-elle en reportant son attention sur la télé.

Je commence à comprendre pourquoi Martine apprécie ce programme : parce qu'elle passe son temps à critiquer les parents.

— Vous n'avez pas d'enfants ? deviné-je en esquissant un sourire.

— Tu m'as prise pour une poule pondeuse ou quoi ?

J'éclate instantanément de rire. C'est exactement ce que je me dis chaque fois que Maman me demande quand elle deviendra grand-mère.

— J'avais un cochon d'Inde, avant. Une vraie pissouse ! Je peux te dire que ça m'a suffi…

Martine est aux antipodes du cliché de la vieille fille, avec ses sabots rose fluo et ses lunettes octogonales. Elle a dix fois plus de style que n'importe laquelle de mes connaissances.

Même Jade, qui passe pourtant son jour de repos hebdomadaire à arpenter les boutiques de Brest.

— C'est beau, commenté-je. De savoir apprécier sa propre compagnie.

— Si tous mes fiancés l'avaient pigé, je me serais peut-être mariée une quatrième fois, tiens ! Tu serais pas gay, par hasard ? s'enquiert-elle avec un sourire de connivence.

Deux immenses fossettes se creusent sur mes joues. OK, cette mémé a failli tuer Minette, mais elle n'en est pas moins sympathique pour autant.

— Malheureusement, non.

— Eh bah ! Tu sais pas ce que tu perds, ma choupette !

Je lui aurais bien rétorqué que ça explique sans doute pourquoi je suis nulle pour choisir mes mecs, étant donné que mon ex est un boulet et que mon ancien *crush* s'est révélé être mon demi-frère, mais un miaulement rauque nous interrompt.

Je fonce vers le frigo sans parvenir à cacher mon inquiétude. Minette est de plus en plus mal en point. C'est dur de la voir étendue là, sans défense, elle qui est toujours si vive et sauvage.

J'ai beau m'efforcer d'ignorer l'angoisse qui monte en moi, plus le temps passe et plus elle devient difficile à maîtriser. Gérard ne me pardonnera jamais d'avoir causé la mort de son chaton, même accidentellement.

— Tiens ! Voilà ton pote véto ! s'exclame Martine en se postant à la fenêtre.

— Pas tout à fait…

J'accours à l'entrée, toute nervosité refoulée. J'avais tellement peur que Maxence ne vienne pas !

Pourtant, il est là, et bien décidé à m'aider : il se gare au bord de la chaussée et saute du véhicule avant même d'avoir coupé le moteur pour s'élancer dans ma direction. J'ouvre les bras en croyant qu'il va me faire un câlin, mais je me trompe.

C'est vers Minette qu'il se rue, pas moi.

— Elle respirait aussi vite il y a quelques minutes ? me presse-t-il en parvenant à ma hauteur.

Je ne m'en formalise pas et le guide vers la cuisine. Il se penche aussitôt sur la blessée pour palper sa plaie et prendre son pouls.

— Je ne crois pas, pourquoi ?

— Waouh ! Tu ne m'avais pas dit qu'il était aussi sexy que Georges Clooney dans sa jeunesse, me glisse Martine à l'oreille.

En temps normal, mes joues auraient probablement viré à l'écarlate, mais là, tout de suite, maintenant, je suis bien trop troublée pour prêter attention à ses élucubrations.

— Mince ! Elle est en train de perdre connaissance. Il faut qu'on fasse vite, précise Max à mon attention. Autrement, elle risque de tomber dans le coma.

— Dans le coma ? répété-je, complètement sonnée.

— Pour un félin, c'est souvent fatal. Je vais appeler Baptiste, mon collègue vétérinaire. Il te fera une ristourne.

Ses mots m'apaisent, mais son ton me glace d'effroi. Minette est encore toute jeune, elle ne peut pas mourir ! D'accord, c'est un chat tyrannique qui passe plus de temps à éventrer les poubelles qu'à ronronner sur mes pieds dans le canapé, mais c'est *le chat du vieux Schtroumpf* et, par conséquent, c'est un peu le mien aussi.

— Si vous pouviez éviter d'en parler à Gérard, intervient Martine, ça m'arrangerait ! Ça fait un moment que je veux mettre le grappin sur lui, et tous les Tupperware que je lui ai prêtés sans qu'il me les rende n'auront servi à rien si vous lui racontez cette petite mésaventure.

— Si Minette survit, je vous assure que Gégé ne saura jamais que son chaton a passé le seuil de sa porte, certifié-je en suivant Maxence à l'extérieur.

Après tout, il n'avait qu'à pas partir trois mois en Tunisie en ne me donnant presque aucune nouvelle et en laissant sa saleté d'gendre kleptomane sur les bords piquer mon ordinateur.

— Ça, c'est une brave fille ! acquiesce ma complice en me tapotant l'épaule. T'es pas d'accord avec moi, Georges ?

Max ouvre la bouche pour répondre, mais la referme aussitôt en se rappelant que je n'ai répondu ni à ses appels ni à ses messages pendant six semaines.

Pas sûr que « brave » soit le qualificatif qui me corresponde le plus, en effet…

— Les sushis étaient bons ? attaque-t-il un instant plus tard en s'installant dans le siège de sa voiture.

Hein ? Que ? Quoi ? Quiche ?

— Très.

Pourquoi il me pose cette question, au juste ?

— Parfait, approuve-t-il en se tournant vers moi. Maintenant, explique-moi qui est l'idiot qui t'a raconté qu'on était de la même famille.

# 59

# La boulette de mon père

*Une semaine plus tard, dimanche 8 septembre 2024, chez les Jaouen…*

— Bonjour, Jean-Luc, lance Max d'un ton glacial en me suivant dans le salon.

Il n'a toujours pas digéré la fuite du petit secret de mon père.

Il faut dire que Papa s'est sacrément planté : Monique et lui ne sont pas sortis ensemble trois ans avant qu'il ne se mette à fréquenter Maman, mais *cinq*. Ses doutes étaient donc totalement infondés… et parfaitement anachroniques.

C'est la mère de Maxence qui a dissipé tout soupçon de consanguinité en m'appelant.

Elle ne l'avouera peut-être jamais, mais je crois qu'elle me hait, maintenant. Qui le lui reprocherait ? Même s'il m'a pardonnée, Max a beaucoup souffert de notre séparation forcée : il était persuadé que j'avais détesté notre baiser et que j'étais retournée avec Gabin.

Je lui ai assuré que je n'avais pas parlé à ce boulet depuis le jour fatidique de la tentative d'assassinat de Thierry, sauf pour lui raconter que la saleté d'gendre de Gérard avait bousillé mon PC, il y a quelques jours.

Max m'a crue et m'a invitée à sortir.

Là, tout de suite, maintenant.

Quand il m'a confié qu'il adorait marcher et qu'il cherchait de nouveaux sentiers de randonnée, une fois Minette sortie d'affaire, j'ai sauté sur l'occasion et je lui ai proposé de nous promener sur le large chemin qui longe la maison de Gérard.

Malheureusement, la semaine a été mouvementée – 100 % à cause du félin en convalescence et du retour catastrophique de son maître –, et je n'ai pas réussi à maintenir l'entraînement intensif que j'avais pourtant planifié pour tenir la cadence aux côtés de Maxence.

Même si j'ai encore du mal à le considérer comme autre chose que mon demi-frère, je n'ai pas particulièrement envie qu'il me voie suer comme un lama addict aux orties dès les premiers mètres de notre balade.

C'est comme ça que je me suis retrouvée à emprunter Pépette au vieux Schtroumpf à minuit passé pour faire croire à mon meilleur ami que je connais le chemin comme ma poche… et c'est comme ça que je suis rentrée à la maison à 6 h du matin, après m'être perdue trois fois et avoir tourné en rond durant la moitié de la nuit.

Quand j'ai déposé Pépette chez elle, aux premières lueurs du jour, elle était tellement épuisée qu'elle s'est effondrée sur le tapis du salon. Elle n'a même pas eu la force de monter rejoindre Gégé – c'est dire !

C'est donc avec des cernes de trois kilomètres de long et une humeur plus que maussade que j'ai accueilli Max chez mes parents. Il avait envie de manger des sushis sur la plage, en référence à notre premier rendez-vous raté, et j'ai accepté, en croisant très fort les doigts pour que la situation ne dégénère pas.

Malheureusement, ça n'a pas suffi.

Et pas seulement pour ce pique-nique improvisé…

# 60

# Comme un poisson dans l'eau

*Une heure plus tard, sur la plage de Morgat…*

*Bip. Bip. Bip.*

Je lève les yeux au ciel, passablement énervée. Je n'ai même pas besoin de jeter un œil à mon téléphone pour découvrir qui est le *débilos* qui m'appelle.

— C'est Gérard, précisé-je à l'attention de Maxence.

Ça fait trente minutes qu'il me bombarde de textos afin de savoir si c'est le bon moment pour planter des épinards.

J'aurais dû mettre mon portable en mode avion. Depuis qu'il est revenu de Tunisie, il y a une semaine, le vieux schnock passe son temps à me solliciter. Il faut dire qu'il n'a pas grand-chose d'autre à faire : il s'est cassé la clavicule en tombant de vélo, et les médecins lui ont conseillé de rester tranquille pendant deux mois.

Sauf que « rester tranquille pendant deux mois », ça relève de l'impossible, pour Gégé. La preuve : malgré tous mes efforts pour l'en dissuader, il a profité de ce repos forcé pour entamer un potager. Je l'ai aidé à l'entretenir pour m'assurer qu'il n'en fasse pas trop, mais ma scoliose et ma routine d'écriture n'aiment pas beaucoup cette nouvelle passion pour le jardinage.

— Tu ne décroches pas ? s'enquiert Maxence, étonné par mon agacement apparent.

J'éteins l'appareil avec un air béat, pas tout à fait certaine d'avoir compris sa question pourtant simple.

Vu mon degré de fatigue, on ne peut pas dire que je sois *réellement* présente, mais physiquement, je suis là. Heureusement, notre sortie en bord de mer se passe bien : Max se charge de faire la conversation, et je m'efforce de ne pas piquer du nez.

Jusqu'à présent, ça a plutôt fonctionné.

— Ton taux de cholestérol a baissé, au fait ?

Je ris nerveusement en repensant à la fameuse nuit où j'ai découvert que j'étais enceinte, puis que je ne l'étais pas, avant de malencontreusement l'embrasser et d'apprendre que j'avais un taux trop élevé de LDL. Plus le temps passe et plus je me demande si je n'étais pas possédée, ce soir-là, même si Bleuenn me répète que j'ai agi sous le coup de l'émotion, révélant ainsi mes véritables sentiments pour Maxence… et mon aversion pour Gabin.

Mouais. Je ne suis pas sûre que ce soit aussi simple que cela.

— Je ne sais pas encore. Je dois faire une prise de sang dans quinze jours pour voir si ça s'est arrangé ou si je vais prendre des médicaments jusqu'à ma mort. Pardon, ajouté-je quelques secondes plus tard. C'est un peu morbide, comme remarque.

À peine !

Max est aussi gêné que moi, mais profite de cette occasion pour me livrer une touchante confession :

— Ça fait deux ans que je prends des cachets à cause de mes problèmes gastriques, et le spécialiste m'a prévenu que la quantité de comprimés risquait d'augmenter avec l'âge.

Était-ce vraiment nécessaire de me dévoiler cette section de son dossier médical ?

Je ne crois pas.

— Tout ça pour dire que tu n'es pas seule, Emy !

— Ah, euh… d'accord.

Face au nouvel embarras provoqué par cette révélation, nous gardons le silence jusqu'à la fin du déjeuner. Certains pourraient qualifier la situation de « *cringe* », mais il est… encore… trop tôt pour… s'en inquiéter. C'est… la fatigue. C'est forcément… la fat…

*Zzz… Zzzzzzzz… Zzz… Zzz… Zzz…*

— Emy ?

— Hein ? Que ? Quoi ? Quiche ? bramé-je en me réveillant en sursaut, complètement hébétée.

— Tu t'es endormie.

C'est une blague, n'est-ce pas ?

Pitié, dites-moi que c'est une blague.

— Pour… pour de vrai ?

— Tu as ronflé, confesse Max en camouflant admirablement son dégoût.

Ronflé ? Ça ne m'arrive jamais, pourtant ! Gabin a toujours été celui qui faisait du bruit lorsqu'il dormait, pas moi !

Nom d'un PQ usagé ! Pourquoi je pense à lui, d'abord ?

— Excuse-moi, murmure Maxence, me sortant de ma léthargie. Je ne suis pas de très bonne compagnie…

— Non, non, non ! Tu n'y es pour rien. C'est moi qui suis crevée. La semaine m'a tuée, avec le boulot, et tout et tout.

— Mais… tu ne t'es pas fait virer il y a trois mois ?

Cesserai-je un jour de faire des bourdes aussi monumentales ? Ce n'est même plus un défaut, à ce stade : c'est une malédiction !

— Si, mais… j'ai quand même beaucoup de travail, brodé-je, au bord de l'apoplexie. Je m'occupe d'un petit vieux, je ne te l'ai pas dit ? Le propriétaire de Minette. Il n'a plus toute sa tête, alors je l'aide.

Le vieux Schtroumpf appréciera…

Et puis, j'écris, à côté. Même si je ne suis pas payée, et que mon rythme a sacrément diminué depuis le retour de Gégé.

— C'est gentil de ta part, commente Max en m'offrant un sourire qui suffirait à faire fondre la banquise, tant il est chaleureux. Il a de la chance d'avoir quelqu'un comme toi dans sa vie.

— Je veux me montrer présente pour les personnes qui étaient là lorsque j'en avais besoin, et Gérard est une vraie source de bonheur. Grâce à lui, j'ai l'impression d'être utile, de servir mon prochain, conclus-je naïvement.

Je ne sais pas si c'est la fatigue qui me fait délirer comme ça, mais si le vieux schnock m'entendait, il me donnerait une bonne baffe pour s'assurer que tous mes neurones sont bien en place. On n'est pas dans un épisode de *Demain nous appartient* !

Oui, je l'avoue : j'ai regardé la série cet été pour que Gégé rattrape facilement son retard à son retour.

Le problème, c'est que je n'ai pas arrêté depuis. Je me suis attachée aux personnages, et je suis accro.

— Tu mérites d'être heureuse ! renchérit Maxence.

J'ai à peine le temps de me remettre de mes émotions qu'il enchaîne, tout fier de lui :

— D'ailleurs, j'ai une surprise pour toi ! Tu sais nager, pas vrai ?

— Na… nager ?

Il a oublié l'épisode de la piscine, au pseudo-anniversaire de Jade ? Parce que moi, non.

Et j'en suis toujours traumatisée.

— C'est nécessaire pour l'activité.

Zut. Zut, zut, zut.

Ma culpabilité, mon amour des surprises et mon absurde propension à mentir auront ma peau :

— Comme un poisson dans l'eau ! Sans les écailles, bien sûr.

Je suis toc-toc ou quoi ? Je vais le regretter. Je vais *forcément* le regretter.

Soit je me prendrai la honte de ma vie quand mon *crush* aura enfin saisi que mes aptitudes ne dépassent pas celles d'une planche de surf, soit je mourrai dans d'atroces souffrances parce que j'aurai trop honte de lui avouer que j'ai peur de l'eau depuis le jour tragique où un maître-nageur m'a poussée du plus haut plongeoir du plus grand bassin, car « c'est en sautant qu'on apprend ».

(*Spoiler* : sa technique fonctionne peut-être pour les crêpes, mais pas pour une gamine de six ans.)

— Tu es sûre que ça va aller ? insiste Max, pas convaincu par mon sourire encourageant, de plus en plus vacillant.

Ah ! Donc il se souvient bien de l'épisode de la piscine. Il m'accorde simplement le bénéfice du doute.

Raison de plus pour lui prouver qu'il n'a aucun, mais alors aucun souci à se faire, même si c'est totalement faux et que je n'ai pas la moindre idée de la façon dont je vais réussir à éviter ce naufrage annoncé.

— Je n'attends que ça ! pépié-je en déposant un baiser tout baveux au bas de sa joue fraîchement rasée.

— C'est parfait ! s'extasie-t-il, rassuré par mon enthousiasme factice. Justement, voilà notre carrosse qui arrive.

Dans un élan d'insouciance, je fais l'erreur de tourner la tête et découvre ledit « carrosse ».

Après un rapide examen de la situation, deux constats s'imposent à moi :

1. Une espèce de grosse barque colorée agrémentée de pagaies n'est pas un bon concept à associer au mot « carrosse », surtout lorsqu'elle risque de sombrer sous le poids de mon inconscience mortelle.
2. Mon après-midi plage avec Max n'est pas un rencard. C'est une mise à mort.

# 61

# L'antre des passions

*Quelques minutes et une dizaine de palpitations plus tard…*

Si, à mon réveil, on m'avait dit que je monterais dans *une pirogue* en direction d'une destination inconnue à plusieurs kilomètres des côtes, je n'y aurais pas cru.

Vraiment pas.

Pourtant, me voilà à quelques mètres du bord, prête à embarquer avec mon plus beau gilet de sauvetage sur le dos.

Ce n'est pas comme si j'en faisais la collection, non plus.

De plus en plus nerveuse, je jette un coup d'œil à Max, en pleine discussion avec le propriétaire du bateau. Malgré la grisaille environnante, sa crinière blonde étincelle grâce aux reflets de la mer.

Je cherche désespérément un moyen de lui avouer que j'ai peur de l'eau, sans le trouver. Pourtant, il vaudrait mieux que je reste sur le sable.

Là où j'ai pied.

Là où je ne risque pas de sombrer.

Une rapide recherche sur Internet m'indique que « les passagers d'une pirogue subissent nettement moins l'effet des vagues que sur un voilier ou une barque ». Bon.

Ça devrait me rassurer, n'est-ce pas ? Alors pourquoi mes dents continuent-elles de s'entrechoquer ?

— Tu es prête ? me crie Maxence quand son pote se charge de nous mettre à l'eau.

*Ab-so-lu-ment pas.*

— Bien sûr ! m'exclamé-je en feignant une joie de vivre que je n'éprouverai plus jamais, si nous nous noyons dans des circonstances tragiques.

Comme après avoir heurté un iceberg, par exemple.

Ça pourrait marcher : Maxence est blond et, à quarante-neuf ans, Leonardo DiCaprio est trop vieux pour reprendre le rôle de Jack.

Ou alors, je passe trop de temps à métaphoriser le désordre que constitue ma vie sentimentale.

— Emy ? Tu es sûre que ça va ? Tu es très pâle, tout à coup.

— Tout… tout roule, m'efforcé-je d'articuler. J'ai la peau blanche, c'est pour ça.

Nom d'un béluga au caca d'oie ! Ceci est officiellement la pire excuse du monde pour camoufler un début de malaise. J'ai envie de me cogner la tête contre un rocher tellement je me sens quiche.

Le bois de la pirogue fera l'affaire, vous pensez ?

— Vous êtes sûre que ça va aller, Madame ? Monsieur Max m'a assuré que vous saviez nager et, comme c'est mon ami, je n'ai pas exigé de certificat de natation, mais peut-être serait-il préférable que…

Je m'apprête à lui expliquer que non, finalement, *ça ne va pas aller du tout* étant donné que je ne sais strictement pas nager, mais Maxence m'interrompt en me gratifiant d'un joli coup dc pagaic au visagc.

— Aïe !

— Mince ! Pardon, Emy ! Excuse-moi. Je suis désolé !

Pas autant que moi, Max. Pas autant que moi…

♥♥♥

*Trois quarts d'heure plus tard, au milieu de l'eau...*

À quel point votre rencard est-il fichu si votre *crush* vous a vu gerber derrière un gros caillou recouvert d'algues mortes ?

Totalement ?

D'a... d'accord. Je ne m'en étais pas aperçue avant, comme j'ai toujours veillé à me tenir à bonne distance de l'océan, mais j'ai vraisemblablement le mal de mer.

À l'autre bout du bateau, Maxence pagaie à toute vitesse, pressé d'arriver à sa destination ou de me fuir, je ne sais pas. Heureusement, son ami est parti. Il aurait fini par comprendre que tout ne tournait pas rond chez moi, s'il était resté.

Moi ? J'ai ramé pendant les dix premières minutes, et maintenant, je me contente d'apprécier le paysage.

Oui, je suis une flemmarde doublée d'une ingrate.

Où cst passée notre après-midi randonnée ? J'ai tout fait pour ne pas paraître ridicule, tout ça pour qu'il nous prépare une petite aventure en mer ! C'est chou, vraiment, mais j'aurais préféré qu'on s'en tienne à notre plan initial, pour le coup.

— On y est !

Je lâche un soupir de soulagement à l'idée d'enfin poser les pieds sur la terre ferme, mais le répit est de courte durée : nous sommes entourés d'eau et de vieilles pierres usées par le temps.

— On y est ? répété-je, pas vraiment convaincue.

— Attends, tu vas voir.

Et, sans crier gare, Max recommence à ramer en m'aspergeant d'eau salée.

Oh, le *débilos* ! Il veut jouer à ça ? OK !

— QU'EST-CE QUE TU FABRIQUES ? s'écrie-t-il alors que je l'éclabousse d'un coup de pagaie.

— Je ne vois pas pourquoi je devrais être la seule à me retrouver trempée jusqu'aux os !

Sérieusement, j'ai bien fait de prendre mon ciré orange citrouille avec moi et non ma veste en jean, comme Blue me l'avait recommandé.

— MAIS JE NE VOULAIS PAS T'ARROSER ! proteste Max en tâchant de retenir un fou rire.

Il m'offre l'un de ses sourires timides en guise de réconfort. Le premier depuis que nous avons pris le large.

Je me rapproche pour installer une proximité entre nous, consciente qu'il est plus que temps d'entrer dans le vif du sujet : le roulage de pelles.

En observant le vent décoiffer quelques mèches de ses cheveux, j'aperçois enfin notre destination : à une dizaine de mètres de l'embarcation apparaît une immense grotte prête à nous engloutir tout entiers. Sous le ciel couvert, le trou béant semble plonger dans un gouffre sans fin.

— Bienvenue à la grotte Sainte-Marine ! s'exclame Maxence face à mon air émerveillé.

Même si elle m'a déjà flanqué la plus grosse frousse de ma vie trois fois, sa surprise en valait la peine, je dois bien le reconnaître.

Je ne suis pas une grande connaisseuse de grottes, mais je sais que le village de Morgat en compte beaucoup. Chacune d'elles possède sa propre particularité. Si je me rappelle bien, celle-ci est parfois accessible à pied, à marée basse.

Les strates roses et grises des pierres m'ensorcellent. J'ai l'impression d'être à l'autre bout du monde, sur les bords d'une île secrète à laquelle seuls Max et moi aurions accès.

Le silence est d'ordre, ici. Aucun de nous n'ose souffler mot face à cet espace hors norme au goût d'éternité. Combien de fois les vagues se sont-elles brisées sur ces rochers ? Combien d'années d'érosion ont-elles été nécessaires pour sculpter ces joyaux de quartz ?

Mon esprit a beau être submergé de questions, une certitude domine : je me sens bien, là, tout de suite, maintenant, même si j'ai paradoxalement conscience que cette impression ne sera que de courte durée.

Je suis apaisée, sereine comme je ne l'ai pas été depuis longtemps. L'océan, mon meilleur ennemi, semble tellement impuissant face à cette grotte que je me dis qu'il n'est pas assez fort pour m'atteindre.

C'est faux, évidemment, mais j'ai toujours pris plaisir à me noyer dans mes illusions.

C'est Maxence qui coupe court à ma rêverie en venant s'installer à côté de moi, à l'arrière du bateau. De là où nous nous tenons, nous pouvons presque toucher les pics rocailleux du bout des doigts. Je le sens frissonner près de moi et remarque qu'il a froid, malgré son pull de marin. Ou alors, il est juste frileux.

Je lui aurais bien offert mon ciré, mais j'ai peur de ne plus jamais réussir à enfiler mon gilet de sauvetage si je l'enlève.

— C'est beau, décrète-t-il en me contemplant.

# 62

## *Prête à dériver*

Peut-on trouver une déclaration plus mignonne que celle-là ?

Moi qui ai toujours été une inconditionnelle romantique, je suis servie ! Il ne manque plus qu'une rose rouge pour que mon cœur chavire – littéralement.

C'est cliché, mais j'aime à penser que tout ça est bien réel, même si je ne sais plus exactement où j'en suis dans ma relation avec Maxence.

Considérer son *crush* comme son demi-frère pendant des semaines n'aide pas vraiment à développer des sentiments amoureux à son égard.

Je souris en retour, sans savoir quoi faire ni comment réagir.

En panique, je fixe mes yeux sur le plafond de la grotte tandis que j'essaie de donner du sens aux signaux que m'envoie mon cerveau. Mais comment les interpréter ? Ça fait des jours que je m'y emploie, et pourtant, je n'ai toujours pas réussi à démêler le fil de mes pensées.

Depuis mon retour chez mes parents, le calme s'en est allé et la tempête est revenue, si bien qu'une houle d'émotions s'agite constamment au fond de moi, même si elles sont trop vagues pour que je parvienne à les distinguer.

Tout paraît trop rapide, trop soudain, trop opportun.

Malheureusement, Maxence perçoit mon malaise et se replace à l'avant du bateau, gêné. Sans réfléchir, je pose ma main sur la sienne et nos doigts s'entremêlent, comme une huître qui retrouve sa perle.

Qu'on soit clairs : je suis l'huître, il est ma perle.

Oui, bon, d'accord. Je ferais mieux d'arrêter avec mes analogies à deux balles pour me concentrer sur ma mission principale : sceller mon couple avec Max.

Par un baiser, exactement comme dans les contes de fées.

— C'est beau, murmuré-je à mon tour.

Il attrape ma deuxième main et place nos paumes face à face, comme nous le faisions quand nous étions enfants. Si je me montre plus enthousiaste, il profitera sûrement de ce moment pour m'embrasser.

C'est ce qui se serait passé dans l'un de mes romans, en tout cas.

Mais dans la réalité, c'est un peu différent. Je me contente de fermer les yeux et d'apprécier la simplicité de l'instant. Maxence ne dit rien et reprend les rames, l'air absent. Je crois qu'il est heureux, mais qu'il se demande ce que je veux.

Ce que je veux *vraiment.*

Je m'efforce de mettre des mots sur ce que je ressens, ne serait-ce que pour lui exprimer ma gratitude, mais aucun son ne sort de ma bouche. Tout ce que je parviens à articuler, c'est :

— On ne rentre pas ?

— Pas tout de suite, réplique-t-il mystérieusement.

♡♡♡

*Quelques coups de pagaie et trois litres de doute plus tard...*

OK, je valide à 100 % ce regard énigmatique.

Max est fort, *très* fort.

Il a contourné la grotte Sainte-Marine pour accoster sur un petit banc de sable accolé à une falaise. Je n'aurais jamais pu imaginer ça par moi-même, dans l'une de mes histoires !

Sans lui laisser le temps de stabiliser le bateau, je m'échappe maladroitement de la pirogue et détale en direction de la plage.

Ma tête tourne lorsque mes pieds retrouvent la terre ferme, mais je réussis à regagner le rivage avant que la pluie ne se mette à tomber.

Les éclats de rire de Maxence se répercutent dans toute la crique tandis qu'il se jette à l'eau à son tour, laissant le bateau à la mer. Ni une ni deux, il se précipite sur moi pour m'éclabousser. Je lâche un cri tellement strident qu'il manque de faire s'effondrer la grotte.

Heureusement, mon poursuivant me rattrape avant que mes hurlements ne réduisent la pierre en poussière, enserrant ma taille de ses bras musclés. Sans savoir pourquoi, j'amorce un mouvement de recul pour me dégager de son étreinte, mais reviens m'y accrocher comme une moule à son rocher.

Oui. Mes comparaisons sont assez douteuses, aujourd'hui.

La faute au stress, sans doute.

Max et moi me donnons l'impression d'être une oie et son canard, une étoile de mer et son bernard-l'hermite.

Je n'avais jamais réalisé à quel point nous étions en décalage complet… contrairement à Gabin et moi.

— Tu es toute trempée ! s'esclaffe-t-il en remontant la capuche sur ma tête pour me protéger de l'humidité.

— Et toi, tu te soucies trop de moi, ironisé-je.

Il fait mine d'être vexé, mais n'arrive pas à retenir un nouvel éclat de rire.

— C'est seulement maintenant que tu t'en aperçois ?

Il semble vraiment apprécier ce moment.

— Non ! Je l'ai toujours su. C'est ce qui m'a le plus angoissée, témoigné-je dans un élan de sincérité.

Comme Javotte lorsqu'elle tente d'enfiler le soulier de Cendrillon : elle est persuadée que son pied rentrera, mais au fond d'elle, elle sait que c'est impossible.

— Le bateau commence à dériver à cause des vagues, remarque Maxence. On ne va pas pouvoir rester longtemps.

— Je sais, chuchoté-je, voyant exactement où il veut en venir.

Malgré les obstacles et nos différences, je veux croire que nous sommes toujours sur la même longueur d'onde, tous les deux.

Lui aussi, on dirait. Sinon, il ne se pencherait pas vers moi pour m'embrasser, là, tout de suite, maintenant.

Pas avec autant de douceur, de tendresse… d'amour.

Malheureusement, ma réaction n'est pas à la hauteur de ses attentes.

Elle en est tout l'opposé, à vrai dire.

À la seconde où ses lèvres entrent en contact avec les miennes, un spasme d'horreur secoue mon corps.

Il m'aime. Il m'aime depuis des semaines, des mois, des années peut-être.

Il m'aime, et je me sens dépassée par la situation, happée par une affection trop grande pour moi, désorientée par des sentiments que je ne partage pas totalement.

Un peu, oui.

Beaucoup, peut-être.

Mais pas passionnément, pas à la folie.

Pour moi qui ai toujours cru au coup de foudre, ce baiser est comme un électrochoc.

Alors je m'écarte et romps tout contact physique entre nous.

Comme ça, d'un coup. Aussi violemment que l'évidence m'est apparue.

Je suis une quiche – même si, sur le moment, je ressemble davantage à une poule mouillée.

Maxence a tout pour me plaire : la gentillesse, l'humour, la sensibilité… le physique, aussi, si ça compte pour quelque chose. Je pourrais me perdre des heures dans son regard azuré, aussi intense que les flots de l'océan.

Je pourrais, oui. Je devrais, aussi. Ce serait tellement facile, si je n'étais pas une fille déchirée entre ses peurs et ses aspirations, son cœur et sa passion.

Ma vie n'a aucun sens, remarqué-je en observant la déception se peindre sur ses traits fatigués. J'ignore même si elle en a jamais eu…

♥♥♥

*Une trentaine de minutes plus tard, sur la plage de Morgat...*

C'est sûrement à cause de ça – et de mon idiote peur de l'eau – que, juste après avoir reçu un dernier bisou de Max sur la joue, je me rue vers les seuls bras auxquels j'aie jamais été habituée.

Sans lui dire au revoir.

Sans même lui confirmer l'existence d'un « nous » ou la subsistance d'un « moi ».

Sans rien confesser, sans le respecter.

Je le plante sur le rivage, les bras ballants, sans pouvoir lui expliquer mon terrible comportement.

Il médite sans doute toujours lorsque je frappe à une porte qui ne m'est que trop familière…

# 63

# Retour vers le passé

*Une demi-heure plus tard, sur un canapé rempli de crottes de nez…*

Cette porte, c'est celle de Gabin.

Non : ce n'est ni une blague ni un cauchemar. Ça fait dix minutes que je raconte le pire et le meilleur rencard de ma vie à mon ex, qui prépare une pâte à crêpes pour le dîner.

Oui, c'est un détail important. Nous sommes en Bretagne !

Mais la vraie question, c'est : « Qu'est-ce que tu fous là, Emy, BORDEL DE SALSIFIS ? »

Je me la suis posée pendant une ou deux secondes, avant de me raviser : je sais pourquoi je suis là. Je l'ai su dès que mes pieds ont à nouveau foulé la plage de Morgat, il y a une demi-heure à peine.

Même si j'ai tout fait pour l'éviter, j'ai fini par me retrouver devant le fait accompli. Impossible de le nier plus longtemps : mon cœur est encore attaché à celui de Gabin.

Comme une chaîne à son boulet.

Sinon, je l'aurais bloqué encore et encore, jusqu'à ce qu'il cesse de me contacter.

Sinon, je ne me serais pas refusée à aimer quelqu'un d'autre.

Surtout si ce « quelqu'un » est le type le plus gentil du monde.

J'ai conscience de ma bêtise, promis, mais je ne peux pas faire comme si de rien n'était avec Maxence alors que j'ai la sensation d'être infidèle.

À Gabin, à moi, aux deux à la fois.

— … et j'ai embrassé Max, conclus-je, à demi essoufflée après avoir conté le récit de mes mésaventures. Ah, non : c'est lui qui m'a embrassée. C'était la quatrième fois, donc forcément, c'était différent…

— *La quatrième* ? m'interrompt mon ex en lâchant sa spatule.

Les mots franchissent mes lèvres avant que je ne puisse les retenir :

— C'est arrivé une fois, le soir où on a cru que j'étais enceinte, quand tu m'as bloqué le dos et que tu as perdu ta dent. Tu te rappelles ? Puis une autre, quand on a participé au faux anniversaire de ma *boss*, et encore…

Mais je m'arrête net en réalisant que Gab' n'était pas au courant de la première fois… et qu'il n'aurait *jamais* dû l'être.

Quelle quiche ! C'est là qu'il fallait mentir ! Pas avant ! Ni après !

— Mais on sortait encore ensemble, à cette époque…

Mon silence se charge de confirmer l'évidence.

— Tu m'as trompé ! comprend-il, sidéré par cet aveu inconsidéré.

— C'était un accident ! me justifié-je avec maladresse. Ce baiser n'avait aucune valeur, je te le jure ! J'étais tellement soulagée… Si tu avais été à côté de moi quand j'ai appris que mon dossier avait été échangé avec celui d'une autre patiente, c'est toi que j'aurais embrassé. J'étais confuse, et nous avons rompu avant que je ne trouve les mots pour t'en parler, alors je ne l'ai pas fait.

Et je ne comptais pas le faire, mais ça, mon ex n'a pas besoin de le savoir.

Il s'appuie contre le frigo et me fixe comme si j'étais une étrangère.

Si ses réactions m'ont parfois paru disproportionnées, ce n'est rien en comparaison du regard qu'il m'adresse à cet instant. Je suis tout bonnement incapable de l'affronter, trop honteuse que quelqu'un me confronte à mes erreurs.

Surtout s'il s'agit de Gabin.

— Arrête, Em' ! Tu ne peux pas me dire que ça ne signifiait *rien* alors que tu as galoché ce type trois fois par la suite !

Je le prends dans mes bras en espérant le calmer, mais il me repousse.

— Tu te fous de ma gueule ? Tu m'as fait tout un foin pour Arielle, alors que je suis sûr que tu t'envoyais déjà en l'air avec Maxence !

— Hein ? Que ? Quoi ? Quiche ?

J'ai l'impression d'être une soigneuse à qui l'on a ordonné d'apprivoiser une bête sauvage, sauf que je n'ai ni l'expérience ni les connaissances d'une soigneuse. Lorsque je pose une main sur son bras, c'est son corps tout entier qui se met à trembler, animé d'une rage que je ne lui connais pas et qu'il peine à contenir.

— En six ans, je suis jamais allé voir ailleurs. Jamais. J'aurais pu, mais j'ai toujours été fidèle.

Je suis submergée par les remords. Je n'ai pas pleinement réfléchi aux conséquences de ce baiser, le reléguant au second plan ou me forçant à l'oublier. Probablement parce que je savais qu'il blesserait Gabin, quand bien même notre amour était condamné.

Le reste n'a été qu'une succession de mauvais choix.

— Gab', s'il te plaît… Si ça avait été important pour moi, j'aurais commencé à fréquenter Maxence il y a des semaines ! J'avais besoin de temps pour me décider, mais j'ai enfin compris ce que nous étions, lui et moi : de très bons amis. Rien de plus. J'aime être avec lui, oui, mais j'ai fui quand il m'a embrassée. Et tu sais quelle est la première chose que j'ai faite, après ça ? Courir deux kilomètres pour venir ici… pour venir te voir, et te dire ce que j'avais sur le cœur !

C'est moi qui frissonne, désormais, fatiguée de prétendre que tout va bien alors que je passe mes journées sur le canapé, fatiguée de courir après des rêves trop fous pour être réalisés, fatiguée de me mentir à longueur de journée… Fatiguée de vivre dans un univers rempli d'illusions.

— Mes réactions sont les plus illogiques du monde, mais quoi que je fasse, quoi que je pense, tu restes celui vers qui je me tourne quand je suis perdue, plaidé-je en m'efforçant de retenir des larmes de frustration. Il n'y a pas d'explication rationnelle à donner à tout ça. Nous deux, c'est terminé, mais j'ignore comment marcher droit quand tu n'es pas à mes côtés. Tout ce que je sais, là, tout de suite, maintenant, c'est que j'ai besoin de toi.

J'allais préciser que ce n'était pas une déclaration d'amour, mais le constat d'une fille paumée qui passe 99 % de son temps à douter, sauf que… Gabin m'en empêche en collant ses lèvres sur les miennes.

Malencontreusement ou pas, je m'en fiche.

Je lui rends son baiser avec encore plus d'ardeur et l'impression de commettre une très, très grosse erreur.

Après tout : « Le cœur a ses raisons que la raison ne connaît point. »

Ce n'est pas moi qui le dis, c'est Pascal !

Pascal, le philosophe du XVII$^{e}$ siècle. Et tout le monde a besoin d'un Pascal dans sa vie, même si je ne pense pas que la citation de ce cher Blaise ait pour but d'illustrer ce qui suit : Gabin m'empoigne sauvagement les cheveux, si fort que je ne peux retenir un cri de douleur, et me jette en arrière comme un vulgaire sac de pommes de terre.

— MON DOS !

Ce *débilos* est un véritable danger pour ma colonne vertébrale.

Je devrais en profiter pour retrouver mes esprits et partir d'ici, mais ma raison n'est visiblement pas assez forte, puisque nous continuons de nous peloter comme deux chimpanzés en rut… jusqu'à ce que les activités auxquelles s'est livré Gabin sur ce bon vieux sofa me reviennent en mémoire.

— On peut décaler ailleurs ? m'enquiers-je sans réussir à chasser cette vision d'horreur de mes pensées.

Pitié, faites qu'il n'y colle plus ses crottes de nez.

— Mmmh… marmonne-t-il au creux de mon oreille. Il faut que la pâte à crêpes repose, de toute façon.

— C'est très important, oui, renchéris-je en l'embrassant de nouveau.

Nom d'un café vaseux ! Je dois vraiment être en manque de sexe pour ne pas fuir face à un tel tue-l'amour.

Sérieusement, qu'est-ce qui ne tourne pas rond chez moi ? Il me manque le gène qui code pour l'entendement… Je ne vois pas comment c'est possible de coucher avec son ex qu'on n'aime même plus, autrement !

C'est vrai, quoi : j'aurais mieux fait de passer la nuit avec Maxence… même si je lui ai déjà assez brisé le cœur pour aujourd'hui.

Ça aurait pourtant été moins compliqué, au réveil.

# 64

# À la recherche de la culotte perdue

*Un jour plus tard, lundi 9 septembre 2024…*

Le réveil, justement. Parlons-en.

J'aurais aimé revenir sur ma nuit torride avec Gabin, ou la façon dont il a arraché mes vêtements et les a éparpillés partout dans la chambre – petite culotte incluse –, mais là, tout de suite, maintenant, j'ai surtout envie de vomir.

Comme après avoir ingurgité un litre de Coca-Mentos, oui.

Sans un regard en arrière, je me rue vers les toilettes avec la vague impression d'avoir mérité ma nausée.

Il faut dire que j'ai frappé fort ! Que je décide de parler de mon rencard désastreux avec mon ex comme je le ferais avec un pote, ça passe encore, mais que *je passe la nuit* avec lui, ça, ce n'est pas ce que j'appelle tourner la page.

Pour résumer : j'ai merdé.

Et pas qu'un peu ! Mais ça en valait la peine.

Je crois.

Pour être honnête, j'ai rarement connu meilleure partie de jambes en l'air.

Il faut dire que Gabin est mon comparé et mon comparant, mon premier et mon dernier. Ça ne laisse pas beaucoup de place à l'innovation…

Après avoir rendu le reste de mon déjeuner dans la cuvette de mon ancienne salle de bain, je me frappe le visage avec un flacon de gel douche à la papaye pour reconnecter les derniers neurones de mon cerveau.

Les autres ont rendu l'âme lorsque j'ai soupiré d'extase, tard hier soir.

Les joues écarlates, j'étouffe un bâillement et retourne dans la chambre en me demandant comment clarifier la situation pour que cette nuit d'égarement n'ait *aucune* incidence sur notre relation – une entente cordiale entre deux ex.

— Chérie ?

Zut. Un « chérie », dans un couple séparé, c'est pire qu'un « CHOUCHOU » lancé par un Gabin bourré !

— Rendors-toi, mon cœur, rendors-toi…

Terrorisée, je ramasse mes affaires le plus discrètement possible pour m'éclipser avant que mon amant ne se réveille totalement. Mon jean, mon soutien-gorge, mes chaussettes, mon débardeur, et…

— MERDE.

Où est passée cette saleté de petite culotte ?

Alors que la panique afflue dans mes veines, le « ATCHOUM ! » de Gabin me fait sursauter.

Oh, non.

Oh, non, non, non.

Je dois agir *maintenant* si je ne veux pas que la situation devienne plus embarrassante qu'elle ne l'est déjà.

Quand je tourne la tête pour vérifier que ce boulet est toujours endormi, mes yeux se posent sur mon gilet… mon gilet couvert de poils ! Je l'ai laissé sur ma chaise de bureau, la veille, en prévision de mon rencard avec Max, mais ce *débilos* de Kurt s'est permis de piquer un somme dessus, et Gab' en fait les frais.

Ce n'est plus qu'une question de minutes, de secondes même, avant qu'il n'ouvre les yeux et se plaigne de démangeaisons. Autrement dit : j'ai intérêt à dégager, et vite !

C'est donc sans petite culotte que j'entame un *walk of shame* des plus mémorables.

D'abord, parce que Gabin ne cesse d'éternuer et manque de s'éveiller à quatre reprises.

Ensuite, parce que je me casse la gueule cinq fois sur le trajet qui mène à la porte d'entrée.

Et enfin, parce que la sonnerie de mon téléphone retentit à la seconde où ma main se pose sur la poignée.

Les déboires de ma vie sentimentale me paraissent soudain parfaitement insignifiants lorsque je décroche et qu'une voix, *cette voix*, se fait entendre :

— *Hello ! Is this Ame... Amel... Amely Jaouen* ?

*À suivre...*

# Bibliographie

Voici la liste des ouvrages qui ont inspiré les titres des chapitres de cette histoire :

1. CARROLL Lewis, *Alice au pays des merveilles*, ill. Benjamin Lacombe, trad. Henri Parisot, Soleil, coll. Métamorphose, 2015, 290 p.
2. VALOGNES Aurélie, *En voiture, Simone !*, Le Livre de Poche, coll. Littérature, 2019, 256 p.
3. JACKSON Holly, *Meurtre mode d'emploi (à l'usage des jeunes filles)*, trad. Julie Sibony, Casterman, coll. Romans Grand Format, 2019, 528 p.
4. RICE Anne, *Chroniques des vampires – Tome 1 : Entretien avec un vampire*, trad. Suzy Borello et Cyrielle Ayakatsikas, 2013, Pocket, coll. Roman contemporain, 448 p.
5. DUNLAP Shannon, *Izzy + Tristan*, trad. Frédérique Le Boucher, Robert Laffont, coll. R, 2019, 384 p.
6. ZOLA Émile, *Au Bonheur des Dames*, éd. Henri Mitterand, Gallimard, coll. Folio Classique, 1999, 544 p.
7. ANDERSEN Hans-Christian, *Le vilain petit canard*, ill. Ulises Wensell, Bayard Jeunesse, coll. Belles Histoires, 2021, 32 p.

8. QUIRKE Antonia, *Les dents de la mer*, Akileos Éditions, coll. Les Classiques Du Cinéma, 2018, 96 p.
9. FORMAN Gayle, *Si je reste*, trad. Marie-France Girod, Pocket Jeunesse, coll. Pocket Jeunes Adultes, 2010, 224 p.
10. LONDON Jack, *L'appel de la forêt*, trad. Jean Muray, Le Livre de Poche Jeunesse, coll. Classiques et Prescrits, 2014, 192 p.
11. SÉGUR (comtesse de), *Les Malheurs de Sophie*, ill. Margaux Motin, Bibliothèque Rose & Verte, coll. Bibliothèque Rose, 2020, 192 p.
12. DRAKE Brenda, *Library Jumpers, t. 1 : La Voleuse de secrets*, trad. Julie Lafon et Diane Durocher, Pocket Jeunesse, coll. Hors collection sériel, 2020, 496 p.
13. VIEL Tanguy, *Paris-Brest*, Éditions de Minuit, coll. Romans, 2009, 192 p.
14. NOTHOMB Amélie, *Stupeur et tremblements*, Le Livre de Poche, 2001, 186 p.
15. FANTASKEY Beth, *Comment se débarrasser d'un vampire (amoureux) ?*, trad. Elsa Ganem, Le Livre de Poche, coll. Littérature Fantastique, 2011, 448 p.
16. FRANQUIN André, *Gaston Lagaffe, t. 1 : Gaston*, Dupuis, coll. Gaston Édition 2018, 2018, 48 p.
17. CHASE Emma, *Il était une fois*, Hugo Poche, coll. New Romance, 2019, 409 p.
18. REUSSARD Laurène, *La vie cachée d'Isis*, Hachette Romans, 2020, 400 p.
19. LOCKHART E., *Nous les menteurs*, trad. Nathalie Peronny, Gallimard Jeunesse, coll. Pôle Fiction, 2018, 336 p.
20. HAN Jenny, *L'Été où je suis devenue jolie*, trad. Alice Delarbre, Albin Michel Jeunesse, coll. Romans Ado, 2022, 312 p.
21. JAMES E. L., *La Trilogie Fifty Shades, t. 1 : Cinquante nuances de Grey*, trad. Denyse Beaulieu, Le Livre de Poche, 2014, 672 p.

22. UHLMAN Fred, *L'Ami retrouvé*, trad. Léo Lack, Belin Éducation, coll. Classico Collège, 2017, 160 p.
23. FISHER Mary Frances Kennedy, *Biographie sentimentale de l'huître*, trad. Jacqueline Henry, Béatrice Vierne, Dalva, coll. Littérature, 2021, 226 p.
24. CHAMARRÉ Maxandre, *Rival*, Hachette Romans, 2023, 400 p.
25. (de) MAUPASSANT Guy, *Contes de la bécasse*, éd. Louis Forestier, Le Livre de Poche, 1979, 160 p.
26. CERRUTI Carole, *Rêver n'est pas un vilain défaut*, City Édition, coll. Roman, 2018, 320 p.
27. WOOLF Virginia, *Une chambre à soi*, trad. Clara Malraux, 10/18, coll. Bibliothèques 10-18, 2001, 176 p.
28. VAREILLE Marie, *Le Syndrome du spaghetti*, Pocket Jeunesse, 2020, 288 p.
29. JOHNSON Leah, *La Méthode Lighty*, trad. Anaïs Papillon, De Saxus, coll. Ellipsis, 2021, 349 p.
30. GRUEN Sara, *De l'eau pour les éléphants,* Le Livre de Poche, coll. Littérature, 2009, 480 p.
31. DANTE, *La Divine Comédie*, trad. Jacqueline Risset, Flammarion, coll. GF, 2010, 630 p.
32. RENARD Jules, *Poil de Carotte*, Gallimard Jeunesse, coll. Folio Junior, Textes classiques, 2018, 240 p.
33. BLACKMAN Malorie, *Entre chiens et loups*, trad. Amélie Sarn, Le Livre de Poche Jeunesse, 2017, 416 p.
34. MOLIÈRE, *Les Fourberies de Scapin,* Belin Éducation, coll. Classico Collège, 2022, 160 p.
35. GRIMALDI Virginie, *Il est grand temps de rallumer les étoiles*, Le Livre de Poche, 2019, 384 p.
36. HOLYNSKI Céline, *Rupture, Tarot et Confiture*, Larousse, coll. Roman, 2020, 352 p.
37. (de) LA CRUZ Melissa, *Filles au pair, t. 1 : Un été pour tout changer*, trad. Florence Schneider, Le Livre de Poche Jeunesse, coll. Jeunesse Séries, 2009, 352 p.

38. DABOS Christelle, *La Passe-Miroir, t. 1 : Les Fiancés de l'hiver*, Gallimard Jeunesse, coll. Pôle fiction, 2016, 608 p.
39. MEYER Stephenie, *Twilight, t. 1 : Fascination*, trad. Luc Rigoureau, Le Livre de Poche Jeunesse, 2011, 576 p.
40. SAM Anna, *Les Tribulations d'une caissière*, Le Livre de Poche, coll. Documents, 2009, 192 p.
41. MITCHELL Margaret, *Autant on emporte le vent,* trad. Pierre-François Caillé, Gallimard, coll. Folio, 2020, 784 p.
42. REPPELIN Marie, *La Carte des confins*, Pocket Jeunesse, coll. Pocket Junior Grand Format, 2021, 456 p.
43. TL Oly, *Plonge avec moi*, Hugo Poche, coll. New Romance, 2020, 474 p.
44. BRASHARES Ann, *Quatre filles et un jean*, trad. Vanessa Rubio, Gallimard Jeunesse, coll. Pôle Fiction, 2021, 384 p.
45. ROUSSEAU Jean-Jacques, *Les Rêveries du promeneur solitaire*, trad. Érik Leborgne, Flammarion, coll. GF, 2011, 240 p.
46. JULLIAND Anne-Dauphine, *Deux petits pas sur le sable mouillé*, J'ai Lu, coll. Documents, 2013, 256 p.
47. LAZEBNIK Claire, *Ma sœur, ce boulet*, trad. Valérie Dario, Fleuve Noir, coll. Littérature, 2005, 498 p.
48. PEYO, *L'Univers des Schtroumpfs, t. 7 : Les Schtroumpfs en vacances*, Le Lombard Éditions, coll. Histoires de Schtroumpfs, 2016, 48 p.
49. BRASWELL Liz, *Où est la vraie vie ?*, trad. Laurent Laget, Hachette Heroes, coll. Heroes, 2021, 448 p.
50. GARBER Stéphanie, *Il était une fois un cœur brisé*, trad. Patrick Imbert, De Saxus, coll. Fantasy, 2023, 376 p.
51. CÉLINE Louis-Ferdinand, *Voyage au bout de la nuit*, éd. Stéfan Ferrari, Gallimard, Folioplus Classiques, 2006, 624 p.
52. SPARKS Nicholas, *Les Pages de notre amour*, trad. Jean Rosenthal, Michel Lafon, coll. Poche, 2022, 249 p.
53. FLAUBERT Gustave, *L'Éducation sentimentale*, éd. Stéphanie Dord-Crouslé, Flammarion, coll. GF, 2013, 624 p.

54. DICKER Joël, *La Vérité sur l'Affaire Harry Quebert,* Rosie & Wolfe, coll. En poche, 2022, 864 p.
55. HIGGINS Kristan, *Ton âme sœur (ou presque)*, trad. Marie Lauzeral, Harper Collins, coll. Poche, 2019, 400 p.
56. DE KERANGAL Maylis, *Réparer les vivants*, Gallimard, coll. Folio, 2020, 304 p.
57. HUBBARD L. RON, *Mission Terre, t. 8 : Catastrophe !*, Pocket, Pocket Sf, 1993, 285 p.
58. GALDRIC, MATHY Mimie, ROBBERETCH Thierry, *Joséphine, ange gardien*, Jungle, 2006, 48 p.
59. PAGNOL Marcel, *La Gloire de mon père*, De Fallois, coll. Fortunio, 2004, 240 p.
60. HUNT Lynda Mullaly, *Comme un poisson dans l'arbre*, trad. Paola Appelius, Castelmore, coll. Lectures 8-12 ans, 2015, 320 p.
61. FERNANDO Chantal, *Sauvage, t. 1 : Wind Dragons*, trad. Sophie Beaume, City Édition, coll. Eden Poche, 2018, 320 p.
62. JAMESON Lauren, *Prête à succomber*, Marabout, coll. Poche, 2014, 358 p.
63. GIPE George, *Retour vers le futur*, Fleuve noir, 1998.
64. PROUST Marcel, *À la recherche du temps perdu, t. 1 : Du côté de chez Swann*, éd. Antoine Compagnon, Gallimard, coll. Folio Classique, 1988, 720 p.

# Remerciements

Merci infiniment à tous ceux qui ont un jour donné sa chance à cette histoire. Je me suis lancée dans *Mes Amours éponymes* sur un coup de tête, sans me douter que les premiers mots d'Emy se retrouveraient imprimés sur le livre que vous tenez entre vos mains. Alors je tiens à remercier :

- La partie irrationnelle de mon cerveau qui les a postés sur Wattpad dans la foulée.
- Chaque formidable lecteur auprès de qui la suite s'est écrite.
- Mes parents pour l'humour et la bienveillance qu'ils ont transmis à Emy, en plus du soutien constant qu'ils m'ont toujours apporté.
- Mon chat pour… tout, sauf les cadavres de souris qu'il laisse sur ma pelouse.
- Éva, Mónica, Nina et l'ensemble des professionnels de Wattpad WEBTOON Studios qui ont œuvré pour permettre à la fiction de devenir réalité.
- L'équipe d'EDEN, et plus particulièrement Anne, Marina et Frédéric, d'avoir accueilli ce tome 1 dans leur maison.
- *Vous*, pour avoir survécu aux mésaventures de notre reine des quiches. Tout comme Emy, je vous souhaite de toujours croire en vos rêves sans jamais en avoir honte. Car ce sont ça, les amours éponymes : des personnes qui se reconnaissent et *s'aiment* pour ce qu'elles sont.

Retrouvez-nous sur les réseaux sociaux :

**Eden**

www.city-editions.com/EDEN/
@Eden_editons
@Eden_editons
@Eden.editons

Achevé d'imprimer en juillet 2024
sur les presses de la Nouvelle Imprimerie Laballery
58500 Clamecy

Numéro d'impression : 405319

*Imprimé en France*

La Nouvelle Imprimerie Laballery est titulaire de la marque Imprim'Vert®